中华典籍与国家文明研究丛书

李玉栓 著

# 中国古代文人结社史

下

上海古籍出版社

# 第五章
# 中国古代文人结社的新变

文人结社发展至清代,呈现出诸多新变的特征:清初明遗民群体庞大,活动频繁,他们的结社为多数朝代所无,社事数量远远超过元初宋遗民结社,即使与民初清遗民结社相比也并不逊色,而且他们从事结社的心态和行为也最具"遗民"色彩。康熙中期以后,女性文人逐渐脱离男性社事而开始独立结社,以蕉园诗社为标志的女性文人结社进入实质性发展阶段,乾隆以后更是出现勃兴局面。词社自南宋后期出现雏形以后一直发展缓慢,一至清代而蔚为大观。嘉庆以后,以角智竞诗为旨趣的诗钟社迅速形成并在京师及东南沿海地区传播开来,成为传统文人结社的重要形式之一,至清末民初更是风行于时。晚清以降,国门打开,西人在华办会和国人境外立社陆续出现,在艰危时局中催生出现代社团。这些都是清代社事相较于前代所呈现出的不同之处,因此将这一时期的社事称为"新变"。

从总体上看,清代的文人结社虽不似明代那么繁盛,但其数量并不在少数,仅在江南地区就有 472 个结社①,有些社事的规模也较为可观,远迈唐、宋、元诸代,在中国古代文人结社史上处于仅次于明代的位置。从发展态势上看,清代的文人结社呈"U"型状态:由于明季结社惯性的使然,清初遗民仍因各种目的而频繁地从事社事活动;在清廷严厉禁盟和文人自我反思的内外合力之下渐趋敛迹,到清代中期社事回落到谷底;嘉庆中期以后随着清廷控制力的衰弱、外族的入侵等社会巨变,结社活动再次活跃起来,至清季达到最高点,并出现了一些新变因子,成为近代社团的先驱。

## 第一节 清初文人结社(顺治—康熙前期)

清初社局庚继明绪,结社风气的惯性使得文人们在天翻地覆之后仍留心社事,顺治至康熙前期尚有大量结社,这既是明代社局的余绪也是清代社局的开端,而其中遍布全国的遗民结社是此期社局中一道独特的风景。不过,由于朝廷不断颁布禁盟政策,加之文人自身出于对明亡的反思而痛恶社盟,在内外合力之下,汹涌近两百年的结社浪潮终于渐渐归于平缓。

### 一、严厉的禁盟政策

立社会盟是文人自由意识和群体意识的反映,在本质上与君主专制的政治体制相抵触,容易发展成党同伐异的朋党之争,从而导致政局的动荡,或者直接干预朝政,动摇皇家统治。因此,从国家管理的角度来说,朝廷对于士子会盟总是比较警惕,大都采取禁止措施。早在汉代,朝廷就对四方游士齐聚江淮之间讲议集论的活动有所顾忌,为此御史大夫桑弘羊甚至认为这是"背义

---

① 王文荣:《明清江南文人结社考述》,凤凰出版社 2015 年版,第 31—35 页。

不臣"之举，应当"诛及宗族"①。在结社如火如荼的明代中晚期更是如此。

嘉靖时期心学流布，引起许多大臣的忧虑，不断上疏反对，终由禁学而禁讲、由禁讲而禁会。嘉靖八年（1529），吏部召集廷臣议论阳明功罪，结果是"申禁邪说以正天下之人心"，世宗准允，并"榜谕天下，敢有踵袭邪说、果于非圣者，重治不饶"，此为禁学之最高指令。嘉靖十六、十七年（1537、1538），在游居敬、许讃的奏请下，世宗颁旨改毁天下书院，以"戒在学生徒毋远出从游"②，此为明廷禁讲之始。此后，戚南玄、张岳、胡价诸人相继进言指斥讲学之弊。至万历三年（1575），张居正出于"徒侣众盛，异趋为事，大者摇撼朝廷，爽乱名实，小者匿蔽丑秽，趋利逃名"的考虑，而且"嘉、隆之间，深被其祸，今犹未殄"③，故上《请申旧章饬学政以振兴人才疏》，疏云：

> 圣贤以经术垂训，国家以经术作人。若能体认经书，便是讲明学问，何必又别标门户，聚党空谭。今后各提学官督率教官生儒，务将平日所习经书义理着实讲求，躬行实践，以需他日之用。不许别创书院，群聚徒党，及号招他方游食无行之徒空谭废业，因而启奔竞之门，开请托之路。违者，提学御史听吏部督察院考察奏黜，提学按察司官听巡按御史劾奏，游士人等许各抚按衙门访拿解发。④

又云："我圣祖设立卧碑，天下利病，诸人皆许直言，惟生员不许。今

---

① 《盐铁论》卷二，第16页。
② 《明世宗实录》卷九八"嘉靖八年二月"条、卷一九九"嘉靖十六年四月壬申"条，第2299—2300页、4191页。
③ 《新刻张太岳先生文集》卷二九《答南司成屠平石论为学》。
④ 《新刻张太岳先生文集》卷三九。

后生员务遵明禁，除本身切己事情，许家人抱告有司，从公审问。"① 这里虽不禁学，但却禁讲，更是禁止"群聚徒党"、"别标门户"，实际上就是禁止结盟会社，这给正处于繁盛之中的讲学运动不啻又一当头重棒，此后再经万历七年（1579）、天启五年（1625）两次大毁书院，讲学类结社因此受到重创，也在一定程度上抑制和阻碍了整个社局的发展势头。

  清廷以"异族"入主中原，疑忌之心甚重，定鼎不久即实施各种文化高压政策，对会盟现象更为警惕，屡屡颁布禁盟法令。顺治九年（1652），由礼部题奏，立条约八款，颁刻学宫。其第八款云："生员不许纠党多人，立盟结社，把持官府，武断乡曲，所作文字不许妄行刊刻，违者听提官治罪。"② 顺治九年、十四年（1657）两次科场案牵连极众，社事活动的积极分子多在其中，如慎交社主将吴兆骞则被充军宁古塔，明季曾与陈子龙结九子社、入清后又主持成立十郡大社的吴伟业被指为复社余党等，以致"社局于此索然，几几乎熄矣"③。顺治十七年（1660）正月，礼科右给事中杨雍建因见福建李时茂所上《恶棍结党立社地方受害难堪》一疏，有感于结社流弊而上《严禁社盟陋习以破朋党之根事》疏，奏请再次重申并严厉实行顺治九年所颁的诸项条约。由于此疏对清代社局影响深巨，故节录于兹：

    臣窃以为拔本塞源之道，在于严禁社盟，苟社盟之陋习未除，则党与未可得而化也。臣闻社盟之习所在多有，而江南之

---

① 《新刻张太岳先生文集》卷三九。此指洪武二年（1369），朱元璋诏天下立学，为防生员干政而颁订戒条，命礼部传谕，立石于学刻之后，其中一条云："天下利病，诸人皆许直言，惟生员不许。今后生员本身切己事情，许家人抱告；其事不干己，辄便出入衙门，以行止有亏黜退。"佚名《松下杂抄》卷下，涵芬楼秘笈本。
② （清）陶越：《过ये纪余》卷下，《四库全书存目丛书》子部第245册，齐鲁书社1995年版，第300页。
③ 《社事始末》，第465页。

## 第五章　中国古代文人结社的新变

苏松、浙江之杭嘉湖为尤甚，盖其念始于好名而其实因之植党，于是家称社长，人号盟翁，质鬼神以定交，假诗文而要誉，刻姓氏则盈千累百，订宴会则浃日连旬，大抵涉笔成文便争夸乎坛坫，其或片言未合，思构衅于戈矛，彼此之见既分，朋比之念愈切，相习成风，渐不可长。又有不肖之徒饰其虚声，结交有司，把持衙门，关说公事，此士风所以日坏而人心由之不正也。臣见福按李时茂《恶棍结党立社地方受害难堪》一疏，内称福州会闹有社党，各分门户，如至德、北林、西蓝等社，其社首陈子佳等结众敛金，横行城市，寻非启衅，攘臂争雄，列款特参，奉旨着该抚行提严究追拟。凡此恶习，皆始于儒生而流及市井，小人尤而效之者也。臣伏读钦饬《学政全书》，有云："生员不许纠党多人，立盟结社，把持官府，武断乡曲，所作文字不许妄行刊刻，违者听提调官治罪。"煌煌功令，非不明肃，但恐学臣视为故套，士子积习难更，若不力行严禁，何以杜渐防微。请敕该部再为申严行该学道，实心奉行，约束士子，不得妄立社名，其投刺往来，亦不许仍用社盟字样，违者治罪。倘学臣奉行不力，听科道纠参，一并处治，则陋习除而朋党之根立破，朝廷大公主正之意，于此见矣。①

此疏于正月二十五日奏上，二月十三日谕旨即下，足显朝廷对这一问题的重视。旨云："士习不端，结订社盟，把持衙门，关说公事，相煽成风，深为可恶，着严行禁止。以后再有这等的，各该学臣即行革黜参奏，如学臣隐徇事发，一体治罪，该部知道。"② 这就不仅仅是禁止士子儒生结社订盟了，而且采取连坐措施，各地学臣如

---

① （清）杨雍建：《杨黄门奏疏》不分卷，《四库全书存目丛书》史部第67册，齐鲁书社1996年版，第227—228页。
② 《杨黄门奏疏》不分卷，《四库全书存目丛书》史部第67册，第228页。

果隐瞒不报，又或奉行不力，就会被视为同罪而"一并处治"。

这种严厉的禁盟政策一直被康熙朝沿用。康熙四十八年（1709）六月，江南道监察御史张莲条上疏称"民间设立香会，千百成群，男女混杂"，"请敕地方官严行禁止"①，吏部议覆从之，禁盟的范围由士人阶层扩大到一般民众。至雍正三年（1725）世宗又颁布了更为严厉的禁令：

> 嗣后如有生监人等，假托文会，结盟聚党，纵酒呼卢者，该地方官即拿究申革。其有远集各府州县之人，标立社名，论年序谱，指日盟心，放僻为非者，照奸徒结盟律，分别首从治罪。如地方官知而故纵，将该管官从重议处。②

禁止的已不再只是"结盟聚党"，"纵酒呼卢者"也不例外，结社立盟的还将按照"奸徒结盟律"治罪；连坐的也不再只有"学臣"，而是扩大到"地方官员"；地方官员也不是"一体治罪"，而是"从重议处"，意图明确，措施严酷。

正是在这样严厉的禁盟政策之下，文人结社渐趋收敛。一些文人畏于禁盟之令而不得不改变结社的称号："自前明崇祯初，至本朝顺治末，东南社事甚盛，士人往来投刺，无不称社盟者，后忽改称同学，其名较雅。"③ 之所以改称"同学"，显然是避讳"社盟"字样。康熙二年（1663年）明史案发，惊隐诗社的主盟者潘柽章等人牵涉其中而被处以磔刑，同死者七十余人，遣戍者更众，尝被称为"吴社之冠"的惊隐诗社倏忽散去。此事对东南社局打击甚

---

① 《圣祖仁皇帝实录》卷二二八，《清实录》第六册，中华书局1985年影印本，第376页。
② （清）昆冈：《钦定大清会典事例》卷三八三，清光绪石印本。
③ （清）王应奎：《柳南续笔》卷二，中华书局1983年版，第171页。据王氏考证，"社盟"改称"同学"始自黄宗羲："（黄）太冲题《张鲁山后贫交行》云：'谁向中流问一壶，少陵有意属吾徒。社盟虽变称同学，惭愧豫州记不觚。'自注云：'同学之称，余与沈眉生、陆文虎始也。'"

大，以致一些文人在从事会社活动时再也不敢标以社名，如康熙年间无锡刘齐、刘学洙、吴世焜等七人为文会，名噪一时，"时士子结社有禁，故不称社，人号蓉湖七子"①。顺、康以后，文人结社逐渐沉寂下去，不能不说是清廷的高压政策所致。

## 二、文人的自我反思

明清易鼎的社会巨变使得许多旧朝文人不得不身处新朝，加上新朝的当政者是与汉族有别的异族，这在文人内心的震荡不亚于实际的政权更迭。这种震荡激发他们进行反思明朝何以会灭亡，从政风到文风、从学风到士风，都在清初文人的反思之列，明中叶以后汹涌澎湃的讲会结社之风自然首当其冲。

早在明亡之前，至迟从万历后期开始，就有文人对于当时的学风士风提出了自己的看法。宁波陆符就说"兵心见于文事，斗气长于同人，乱亡之兆也"，故"凡遇刻文结社求为序者，循环此意，冀使人见之而觉悟"②。顾宪成则对他弟弟顾允成喟然而叹说"今之讲学者，恁是天崩地陷，他也不管，只管讲学耳"③，明确表达了对当时讲学之习的不满。复社成员之一陈瑚与友人论学时则表示出对结社举会的鄙视态度："圣贤躬行实务，不以言求天下，且未免如世俗联社文会之习，其弊必至挑达浮伪，雷同附会，反为风俗人心之大害，或与晋人清谈祸世同"④。在明亡之前也有一些文人不去涉足社事，如在复社鼎盛之时，张履祥却与同里颜统等人"相戒，不与社盟"⑤。

如果说明亡之前这种对结社风气的反思和不参与社事的行为只是汹涌浪潮中的几朵小小浪花的话，那么入清以后这种反思就表现

---

① 《锡金识小录》卷四。
② （清）黄容：《明遗民录》卷四，《明遗民录汇辑》，第789页。
③ 《明儒学案》卷六〇，第1469页。
④ （清）陈瑚：《安道公年谱》卷上，清光绪间太仓缪氏刻《东仓书库丛刻初编》本。
⑤ 邓之诚：《清诗纪事初编》卷二，上海古籍出版社1965年版，第239页。

得更为深广，情感也更为激烈。复社成员之一的黄宗羲在肯定复社能够"网罗天下之士，高才宿学，多出其间"的同时，也指出其"标榜声价，人士奔走，辐辏其门"的弊端，身历其事的他具体分析说："蓬荜小生，苟能分句读、习字义者，挟行卷西棹娄江，东放慈水，则其名成矣。"① 陈瑚面对友人入社之招，认为在丧乱之后结社多为无益之举，只会虚度人生："吾辈丧乱以来正当侧身厉行，若徒溷溷浊浊，餔糟啜醨，暮楚朝秦，东奔西走，日复一日，虚度此生，反不如禁足掩关，坐禅入定，犹不失贤智之过也。"②

上述反思可能还只限于学风、士风，另有许多文人则是将结社与朝政党局、政事国运联系在一起加以反思和总结。海昌朱一是在明季结社极其活跃，但明亡之后友人再招其入社，他不仅不参加，而且还规劝友人也不要结社，并对明季社局作出了带有批判性的思考。他认为"野之立社，即朝之树党"，社局与党局二而实一："朝之党，援社为重，下之社，丐党为荣。"他以东林为例来证明自己的观点：

> 足下不睹东林之害乎？万历中一二大君子研讲道术，标立崖畔，爱别异同。其后同同相扶，异异交击，有好恶而无是非，急友朋而忘君父，事多矫激，人用偏私。始则正人开端，继乃邪正参引，后且邪人薮匿，而百不一焉，即正人不为邪用者几何矣？道术流而意气，意气流而情面，情面流而货赂，狐城鼠社，蔓引茹连，罔止行私，万端一例。遂致事体盘坏，国势凌夷，局改时移，垣垒石破。害深河北之贼，罪浮东海之波。仆每观世务，溯祸源，未尝不叹息痛恨于先朝君子也。

朱氏从现实出发，联系历史上朋党之争导致国事纷乱的事例力劝友

---

① 《南雷文约》卷六《刘瑞当先生墓志铭》，《丛书集成三编》第53册，第349页。
② 《安道公年谱》卷上。按，陈瑚虽持此观点，但明亡之后他实际上仍在自己居住和活动之处如昆山蔚村、虞山隐湖等地组织或参与了许多社事，具见本书附录《中国古代文人结社年表》。

## 第五章 中国古代文人结社的新变

人不要再聚徒结社：

> 今日之事，尤多骇异，朝之党，援社为重，下之社，丐党为荣。官人儒生忘年释分，口言声气，刺列社盟。公卿及处士连交，有司与部民接秩，横议朝政，要誉贵人，喧哗竞逐，逝波无砥，颠倒渝乱，蹴张滋甚。不惟汉衰党锢，召乱黄巾；降至唐季清流，祸投白马，谈之变色，听乃寒心。仆躬在横流，鉴晰极弊，移风易尚，志有未能，推波助澜，义所不出。足下以出尘之上才，树特立之矫节，古堪尚友，归有余师；亦何必置酒张筵，鸠群合类，嚣嚣诡诡，而复谓之求益哉。①

进而有些文人从探寻明朝灭亡原因的角度出发，认为明人大规模地结盟立社、标榜门户是导致明朝衰亡的重要诱因。

华亭杜登春一向热心社事，他将明清之际近百年间吴松社局总结为《社事始末》，在书中不禁慨叹"社事之有关于世道人心，非细故也"，又说"社局原与朝局相表里，明季以朝局为社局，君子、小人迥然分途，君子不得不自相联结以为屏藩"。他在条分缕析地指出明季讲学结社之风的种种流弊之后，提出了"明朝国运夺于党人社局"的观点：

> 盖社之始，始于一乡，继而一国，继而暨于天下，各立一名，以自标榜。或数千人，或数百人，或课材艺于一堂，或征诗文于千里，齐年者砥节砺行，后起者观型取法。一卷之书，家弦户诵；一师之学，灯继薪传。担簦访友，负笈从游，所见无非正人，所闻无非大道，洵足美也。及其流弊，贤者藉以拔茅连茹，不肖者因以阿私伐异；同类者资以讲学考业，异己者

---

① （清）朱一是：《为可堂集·谢友人招入社书》。转引自《明清之际党社运动考》，第171—172页。

指以结党招权;在朝几蹈桓灵党锢之祸,在野又多洛蜀异同之说。说者谓明朝国运夺于党人社局,未必非中綮之论。①

清朝屡屡施行禁盟,在很大程度上也是出于此种考虑。顺治十七年(1660),杨雍建在《严禁社盟》疏中就说:

> 臣闻朋党之害,每始于草野而渐中于朝宁,盖在野既多类聚之私,而服官必有党援之弊,如明季仕途分门立户,意见横生,其时社事孔炽,士子若狂,如复社之类,凡一盟会动辄数千人,标榜为高,无不通名当事,而缙绅大夫各欲下交多人,广树声援,朝野之间人皆自为,于是排挤报复之端起而国事遂不可问矣。我皇上鉴前之弊,特谕臣子当砥砺品行,奉法尽职,不可因事疑揣,致开党与之渐,如明末群臣背公行私,党同伐异。②

关于讲学的反思更是多可充栋。如吕留良就说正嘉以后的讲学简直就是"病谵梦呓",是他"生平所憎疾而不欲闻也"③,朱书也说"讲学于居官之日"是其"所不取"④,李东门则认为讲学只不过是"欺世以盗名",是其所"不屑为也"⑤。凡此种种,不论出发点如何,都是对明人讲学结社所作的思考与总结,其结果

---

① 《社事始末》,第458页。
② (清)平汉英:《国朝名世宏文》卷七《刑集》,清康熙刻本。当然,也有人并不持此观点,嘉、道间贵族昭梿即认为"明非亡于党人":"近日訾议理学者,皆云明人徒知讲学,不知大体,以致亡国。何不察之甚也!按明末君主昏庸,貂珰搏政,其国之势,已岌岌不保者数矣。赖臣下充明大义,遇事敢言,以弥缝其过失。不然,如英宗之被掳、武宗之游荡、神宗之昏昧,其政皆足以亡国。国未遽亡者,未必非诸君子保障之功。迨至魏阉擅政,诛伐贤臣,殆无免者。然后寇势日炽,中原土崩,与东林诸君子何与焉?及夫唐、桂诸王奔窜海上,其势万无可救者,而诸臣日谋恢复,蹈死如饴,是明人之报,亦云至矣。而今犹噢咻不已者,何哉?"(清)昭梿:《啸亭杂录》卷一〇,清抄本。
③ (清)《吕晚村文集》卷一《答叶静远书》、卷二《答某书》,台湾商务印书馆1977年版,第28页、173页。
④ (清)朱书:《朱书集·答王昆绳》,黄山书社1994年版,第103页。
⑤ 《鲒埼亭集》卷二一《五岳游人穿柱文》。

第五章　中国古代文人结社的新变

就是认为身为士人只应当做一个"中立之君子",而不应该随意地会盟结党:

> 桃茢玉敦,昉于《周礼》。春秋诸侯,日事会盟,然屡盟乱长,君子耻之。近代其风乃流于士子,鸡坛歃血,人人管鲍雷陈,一涉利害,操戈下石,有市井所不屑为者矣。当盟之时,创为社名,征文燕集,举国若狂,膏粱子弟、寒畯书生惟恐不附名其中为耻,而有志之士则褰裳远去,深以为畏矣。有能为士而不入盟,居官而不入党,则中立之君子也,足为狂澜一砥。①

正是基于这样的心态和认识,入清后许多文人像朱一是、陈瑚一样对待结社的态度发生了根本性的转变,他们开始对会盟行为深恶痛绝,不讲学、不赴会、不入社成为士人们新的行为准则②。

顾炎武坚决反对讲学,关中的考亭书院邀请他主事,他"不坐讲席,不收门徒,欲尽反正德以来诸老先生之夙习"③。曾在崇祯年间"与友人结社黄山"的海宁陈确在明亡之后,一开始还"与同志十余人会于道士韩养元黄山岭阁"、与省过社"诸子欢相晤,为《省过录序》",后来不仅自己不参加社集,"但一和其诗而已"④,而且还对其他人不参加结社的行为大加赞赏:"(祝凤师)顷从诸少年举一社,其诸父为言,亦止不赴,皆是好消息。"⑤ 曾在明季组织南社的万应隆,入清后不再结社以应声气,并赋诗说"晚知此道能亡国,何敢今时尚署门"⑥。陆大行痛悔结社之害,说"其盟主

---

① (清)陈璜:《旅书》"盟社"条,《丛书集成续编》第189册,第240页。
② 参王汎森《晚明清初思想十论·清初士人的悔罪心态与消极行为——不入城、不赴讲会、不结社》,复旦大学出版社2004年版,第187—247页。
③ (清)顾炎武:《顾亭林诗文集》,中华书局2008年版,第200页。
④ (清)吴骞:《陈乾初先生年谱》"(崇祯)八年乙亥"条、"(顺治)三年丙戌"条、"(顺治)六年己丑"条、"(顺治)十二年乙未"条,清抄本。
⑤ (清)陈确:《陈确集》,中华书局2009年版,第589页。
⑥ (明)万应隆:《七十初度》,转引自《照隅室古典文学论集》上编《明代的文人集团》,第591页。

几若齐秦之欲自帝于东西,署置同事,名曰首勋,摈排异己,谓之屏放,狂惑至此,播为乱气,若澜倒堤决,莫之堙塞",将当时热心社盟之人隐然比于"盗贼",又驰书宣城沈眉生,相期禁绝入社①。达州贺贻孙在明季社事盛行时尝"与万茂先、陈士业、徐巨源、曾尧臣辈结社豫章,及明亡,遂不出"②,后来为了遁世逃名而藚发衣缁,结茅深山,踪迹无复能知。

更有足不入城者、不与人交往者、弃家避世者、杜门谢客者。如曾在崇祯年间召集蕺山亭会的张岱在入清以后三十多年来,杜门谢客,并将明亡之前他叔叔所结的噱社和自己所结的斗鸡社、蕺山亭会视为种种"罪案",顾宪成的孙子顾枢少从高攀龙讲性命之学,明亡之后也是"韬行遁迹,不入城市,不赴讲会"③,嘉定王泰际则隐居不出,"抚按式庐劝驾,皆谢不应","口不谭世务,足不诣城者三十余年"④。翻开明代遗民文献,类似这些行为的记载比比皆是。不仅如此,明遗民的这些行为也影响到当时年轻一辈对于结社的态度,例如被奉为清代浙诗鼻祖、浙西词领袖的朱彝尊当时年仅二三十岁,他曾自言"时方结文社,兴诅誓,树同异,予概谢不与"⑤。这种行为和态度与中晚明时期的东奔西走、叫嚣呼号、竞游标榜之风形成鲜明对照,这正是清初文人结社走向衰落的内在原因。

### 三、乱世中的遗民结社

明清易鼎给繁盛中的文人结社迎头一击,许多明季的社事活跃分子在扰攘纷乱之中死于非命,还有很多社事直接因为战火而被迫

---

① 《鲒埼亭集外编》卷二五《陆大行环堵集序》。
② (清)赵尔巽:《清史稿》卷四八四,中华书局 2003 年版,第 13334 页。
③ (清)孙静庵:《明遗民录》卷八,浙江古籍出版社 1985 年版,第 60 页。
④ (清)萧鱼会、赵稷思:《(嘉庆)石冈广福合志》卷二,清嘉庆十二年刻本。
⑤ 《曝书亭集》卷八〇《亡妻冯孺人行述》。

解散。读书社即因"王师下浙江,诸社名士皆散"①,宣城沈寿国等人结晋社亦因"寇警日逼"而不得不"讽而解之"②,吴江王上寿"结淳社于里中,一时同社皆铮铮知名士",顺治二年(1645)清兵至,王氏因身着故服而被刺七刃致死,社事自然解散③。再加上清廷的禁盟严令和士人的悔罪反思,文人结社的数量和规模都呈明显的下降态势。

不过,由于明季结社之风的惯性使然,作为中国古代三大遗民群体之一的明遗民又是数量最多④,他们出于避世、怀旧、拒清乃至借结社之名而从事抗清活动,所以在清初的顺治至康熙前期社事数量仍不在少数。亲历明清易代的广东人屈大均就说:"慨自申、酉变乱以来,士多哀怨,有郁难宣,既皆以蛰遁为怀,不复从事于举业。于是祖述风骚,流连八代,有所感触,一一见诸诗歌。"⑤ 康乾间常熟王应奎也说:"自前明崇祯初至本朝顺治末,东南社事甚盛,士人往来投刺,无不称社盟者。"⑥ 稍后归安杨凤苞则描述当时的结社状况说:"明社既屋,士之憔悴失职高蹈而能文者,相率结为诗社,以抒写其旧国旧君之感,大江以南,无地无之。"⑦ 何止"大江以南",大江以北乃至全国边陲沿海之地都有明代遗民结社的踪迹。

总体来说,清初遗民结社的分布特点是遍布全国而又相对集中,甬上、吴中、岭南、松江等地秉承明季遗风,仍是社事最为活跃的几个地区。

---

① 《明遗民录汇辑》,第1073页。
② 《姑山遗集》卷一一《晋社序》。
③ (清)沈云:《盛湖竹枝词》卷上,《盛湖竹枝词(附集录)》,本溪师范1937年版。
④ 目前可知的明遗民数量应在两千以上。见谢正光编著《明遗民传记资料索引》,台北新文丰出版公司1990年版。
⑤ 《广东新语》卷一二"诗社"条,中华书局1985年版,第357页。
⑥ 《柳南续笔》卷二"刺称同学"条,第171页。
⑦ (清)杨凤苞:《秋室集》卷一《书南山草堂遗集后》,清光绪十一年陆心源刻本。

浙江的遗民结社以宁波地区最为集中，因其濒临大海，港岛交叉，故而遗民活动较为频繁。全祖望就说："有明革命之后，甬上蜇遁之士甲于天下，皆以蕉萃枯槁之音，追踪月泉诸老。"据全氏所言，当时唱酬最著者有四社，"西湖八子为一社"：陆宇燝、毛聚奎、董德偁、纪五昌、李文缵、周昌时、沈士颖，桐城方授"以寓公豫焉"；"西湖七子又为一社"：宗谊、范兆芝、陆宇爆、董剑锷、叶谦、陆昆，青神余畣"以寓公豫焉"；"南湖九子为一社"：徐振奇、王玉书、邱子章、林时跃、徐凤垣、高斗权、钱光绣、高宇泰、李文胤，后复增倪元楷、周元初二人；"南湖五子又为一社"：林时对、周立之、高斗权、朱钺、董剑锷①。这些社事"豫选者甚严"②，都是"慎选有道遗民"③而结成，他们"以扁舟共游湖上，或孺子泣，或放歌相和，或瞠目视"，肆为遗民行径，以致"岸上人多怪之。全氏又说"其余社会尚多，然要推此四集为眉目云"，则此四社之外尚有多社，如全美闲"国难后，自以明室世臣，不仕异姓，集亲表巨室子弟为弃繻社"④，董剑锷、陆宇燝、陆宇爆、徐凤垣、高宇泰等人皆与之；周齐曾、王玉书、周元初、陆宇燝四人"社榆林，共唱和，甚矜重，不妄与人通"，"苟非其所许可者，虽有重名，皆在割席之外"⑤；毛聚奎"与吴于蕃、管道复、汪伯征、倪端木、邗上周雪山为社"⑥；顺天梁以樟在鄞三年，与高斗权、董守谕、万泰、林时对"相往还唱和"，辑唱和之作为《八子唱和集》⑦；当事者以遗逸荐举"甬东四节"之

---

① 《鲒埼亭集外编》卷六《湖上社老董先生墓版文》。
② 《鲒埼亭集》卷一四《明故兵部员外郎蘖庵高公墓石表》。
③ 《续甬上耆旧诗》卷四九。
④ 《鲒埼亭集外编》卷六《宗征君墓幢铭》、卷六《湖上社老董先生墓版文》、卷八《族祖苇翁先生墓志》。
⑤ 《续甬上耆旧诗》卷七二、卷二五。
⑥ 《鲒埼亭集》卷二七《毛户部传》。
⑦ 《续甬上耆旧诗》卷三二。

一的林时对，林氏不就，"与同榜葛世振、族弟必达、同里孙荣旭诗筒酒社，徜徉泉石间"①，等等。宁波之外，浙江的其他地方亦有大量结社。嘉善魏允枏甲申后，隐居不仕，"柳洲诗社奉为主盟"②；曹勋、曹溪等人"结小兰亭社，以诗文自娱"，凡十有六人③，后娄县曹元曦又有续举④；江都徐宗麟国变后隐于西湖，"与湖中高士订吟社，沉酣于诗赋，闲放以终"⑤；平湖李天植"作忘机吟社，往来皆布衣有声者"⑥，后王涟"与陆亦樵隐君倡结兰社"⑦，亦邀李天植主盟；乌程潘尔倬鼎革后，谢去举业，"与同志闵声、唐大为、从弟伟结社吟咏"⑧；兰溪章有成明亡后"与同邑赵淳、吴鲲、范开文为诗酒社，吟啸以终"⑨；钱塘冯轼鼎革后"不阅题名墨艺，尝与沈谦诸人结平泉诗社"⑩；上虞徐咸清、徐承清结有蓬莱社⑪；海盐彭孙贻"与同邑吴蕃昌仲木创瞻社，为名流所重"⑫。

江苏地区以太湖周边的结社为夥。吴江吴与湛遭乱后，隐居湖浦，"与徐介白、俞无殊、无斁、赵砥之山子、顾茂伦樵水、陈长发、朱长孺、徐松之，其叔闻玮，兄宏人、小修、闻夏，弟汉槎，结诗社于江枫庵"⑬；苏州翁逊倡西郊吟社，徐白、戴笠、顾有孝

---

① （清）曹秉仁：《（雍正）宁波府志》卷二八，清雍正十一年修乾隆六年补刻本。
② 《雪桥诗话续集》卷一。
③ 《明遗民录》卷二三，第179页、180页。
④ （清）王豫：《江苏诗征》卷四一，清道光元年焦山海西庵诗征阁刻本。
⑤ 《明遗民录》卷三一，第237页。
⑥ （清）杨钟羲：《雪桥诗话三集》卷一，民国求恕斋丛书本。
⑦ 陆惟鍙：《平湖经籍志》卷九，平湖陆氏求实斋民国二十六年刻本暨稿本。
⑧ 《（同治）湖州府志》卷八〇。
⑨ 《明遗民录》卷三一，第239页。
⑩ 《（民国）杭州府志》卷一四八。
⑪ （清）陈锦：《越中观感录》，清光绪九年八杉斋重刊本。
⑫ 钱仲联主编：《清诗纪事》明遗民卷，江苏古籍出版社1987年版，第990页。
⑬ （清）袁景辂：《国朝松陵诗征》卷二，清乾隆三十二年吴江袁氏爱吟斋刻本。

与之酬和①；常熟冯班、严熊、钱创成社于里中②；吴江顾有孝寄迹昆山，与郑宽、徐藩、毛锡年集诗社于白云堂③；常熟孙本芝在家乡举诗社，与地方名流唱和④；吴江沈世楸绝意进取，"与同邑顾有孝、吴旦、周安结诗社"⑤；无锡"工诗歌古文者结云门社于惠山，名动远迩"，"邑中凡十人，皆一时之俊"，同时"四方名士如睢州汤孔伯斌、吴门汪苕文琬、慈溪姜西铭宸英辈咸来赴焉"⑥；吴江沈自铤，隐居吴家港，"与诸高士为诗社以终"⑦；吴江朱鹤龄闭户著述，"与昆山归庄、嘉定侯泓、长洲金俊明、叶襄、徐晟、陈三岛会于张奕之假我堂"，赋诗倡酬⑧；无锡顾景文"与弟廷文、从叔塾结诗社于忍草庵，僧读彻相倡和"⑨；商丘侯方域至宜兴，"与诸名士为诗会"⑩；莱阳姜垓避居苏州，"僦居周公茂兰家，日与林公云凤、李公模、叶公襄、余公怀、雍公熙日、徐公枋、韩公俨，或策杖岩阿，或结侣莲社"⑪；太仓陈瑚居蔚村结莲社"以联诗文之友"⑫，同乡王育、盛敬、陆世仪等十余人先后与之，又与友人在苏州"社集含绿堂"⑬，昆山葛芝、太仓陆世仪、长洲袁骏和吉水施男诸人与之。清初吴中遗民结社当以惊隐诗社最为著称，

---

① 《（同治）苏州府志》卷一〇六。
② 《牧斋有学集》卷一三《和成社第一会诗序》，第626页。
③ （清）陶煦：《（光绪）周庄镇志》卷四，清光绪八年元和陶氏仪一堂刻本。
④ （清）王应奎：《海虞诗苑》卷一一，清乾隆二十四年王绍文刻清道光十九年补修本。
⑤ （清）王前：《（康熙）吴江县志续编》卷七，清康熙六十年刻本。
⑥ 《锡金识小录》卷四。
⑦ （清）陈蒉缵、丁元正：《（乾隆）吴江县志》卷三一，清乾隆十二年修石印重印本。
⑧ 《皇明遗民传》卷四，《明遗民录汇辑》，第151页。
⑨ （清）刘继曾：《忍草庵志》卷二《诗传》，清光绪十二年锡山几氏遂初堂木活字本。
⑩ （清）阮升基：《（嘉庆）宜兴县志》卷八，清嘉庆二年刊本。
⑪ 王氏煦：《（民国）莱阳县志》卷三之三，民国二十四年铅印本。
⑫ （清）陆世仪：《桴亭先生诗集》卷三《打乖吟，戏赠确庵序》，《续修四库全书》第1398册，第557页。莲社具体情形可参陈瑚辑选《顽潭诗话》所载篇目。
⑬ （清）施男：《卬竹杖》卷六《重阳后一日，社集含绿堂，次家又王》，《续修四库全书》第1176册，第426页。

堪为"吴社之冠"①。顺治七年（1650）至康熙三年（1664）之间，吴江吴宗潜、叶桓奏创立此社。据杨凤苞《书南山草堂遗集后》所载，惊隐诗社有成员近五十人②，尤以吴地叶、吴两大家族为多，"社中人皆前朝遗老，绝意进取，藉诗歌以写其怀抱，往往愁苦之言多，和平之音少"③。惊隐诗社亦名逃社、逃之盟，归庄、顾炎武、钱肃润等抗清义士皆与其间，其旨或非仅为"乐志林泉，跌荡文酒"④，而实有抗击清廷之意。在江苏的其他地方也不乏遗民的社事活动，如江阴有芳园雅集，"有章耿光、陈芝英、陈廷策、周俊声、薛日宣诸人"⑤；镇江有丁酉社，潘陆、李楷、孙枝蔚诸人订之⑥；扬州有依园诗会，同集者陈维崧、林古度、杜濬等一十七人，"每度一曲，坐上绝无人声"⑦，又有徐石麒与范荃、罗煜诸人所立词曲之社，名曰特社⑧；江宁有寻秋社，王潢与"张可仕、王亦临诸名流"结之⑨。

岭南遗民围绕着广州地区开展结社活动，尤以陈恭尹、屈大均、梁佩兰"岭南三大家"最为代表。高明区怀年国亡之后，韬晦遁迹，隐忧孤愤，"为雅约社"，屈大均尝与其中，"并序其诗"；东莞简知遇栖息东皋，"与同里陈调辈为耆英会，放浪于文字诗酒

---

① 《秋室集》卷一《书南山草堂遗集后》。
② 见《秋室集》卷一。关于惊隐诗社的成员，还可参见《（乾隆）震泽县志》卷三、《吴赤溟集》附录、陈去病《惊隐社中人姓氏录》（未见传）等，合计总数超出五十人。近人谢国桢撰有《顾炎武与惊隐诗社》一文（原载《中华文史论丛》1978年第八辑，后收入《明末清初的学风》），亦可参。
③ 《国朝松陵诗征》卷一。
④ 《秋室集》卷一《书南山草堂遗集后》。
⑤ （清）卢思诚、冯寿镜：《（光绪）江阴县志》卷三〇，清光绪四年刻本。
⑥ （清）孙枝蔚：《溉堂前集》卷七《与李岸翁、潘江如初订丁酉社，喜医者何印源招饮》，清康熙刻本。
⑦ （清）陈维崧：《依园游记》，（清）阮元：《广陵诗事》卷六，嘉庆十年刻本。
⑧ 参吴康《北湖三家词钞序》、徐石麒《临江仙·寄怀特社诸子》。
⑨ 《金陵通传》卷二一。

间";番禺罗谦与同里郝瑷同隐龙溪,陈恭尹、屈大均、邝日晋辈皆与之游,结为诗社;番禺饶平詹韶弃举子业,"与岭南诸名士结珠江社,日以著作自娱"①;东莞王应华隐居水南,"结溪南社,以文酒自晦焉"②;香山何栻高隐南塘,"日与屈翁山、梁药亭、陈元孝、吴山带、王蒲衣辈倡和",又"开湖心诗社","客至不问姓名,觞咏尽欢"③;番禺屈大均"与同里诸子为西园诗社"④;顺德罗孙耀隐居石湖别业,"与陈恭尹、梁梿、彭睿塤、吴文炜、刘云汉结社"⑤;番禺驻防镶黄旗参领王之蛟修葺别业,"聘屈大均、陈恭尹、梁佩兰主其中,名曰东皋诗社,四方投篇赠缟者门不停轨"⑥。清初岭南遗民的结社活动延续了自元末明初以来岭南地区的社局与诗统,为清代岭南文化的繁荣奠定了基础。

　　松江地区的遗民结社也不在少数。南汇朱襄孙不忘故明,"与诸生方用悔等创盟社名怀忠","远近人士多附之"⑦;奉贤金是瀛尝以隐逸征,不起,与吴骐、王光承、王烈"结东皋诗社"⑧;王光承、王烈兄弟乱后蛰遁荒村,"与韩友一、金天石、吴日千、何次张、吴六益联诗社,称云间七子"⑨;嘉定苏渊、苏瀜兄弟举石佛庵诗社,所与皆"一时知名士也"⑩,后又"招延少长缁素四十余人"续举社事,别名湄浦吟社⑪;嘉定王泰际"招骚人于东皋雅

---

① 《胜朝粤东遗民录》卷三、卷二、卷一、卷四。
② 《(光绪)广州府志》卷一二四。
③ 《清诗纪事》明遗民卷,第1003页。
④ 《广东新语》卷一二"诗社"条,第357页。
⑤ (清)郭汝诚:《(咸丰)顺德县志》卷二五,清咸丰六年刻本。
⑥ 《(宣统)番禺县续志》卷四〇。
⑦ 倪绳中:《南汇县竹枝词》按语,民国八年著易堂铅印本。
⑧ 《(光绪)重修奉贤县志》卷一三《金是瀛传》。
⑨ 《雪桥诗话续集》卷一。
⑩ 王欣夫:《蛾术轩书跋》"《惕斋见闻录》"条,王元化:《学术集林》卷七,上海远东出版社1996年版,第23页。
⑪ (清)陈瑚:《确庵文稿》卷一五《湄浦吟社记》,清康熙毛氏汲古阁刻本。

第五章　中国古代文人结社的新变

集,陈瑚、诸士偐、赵世鼎、苏震、陆元辅俱至"①;松江陶悋"于里中创诗会,所刻《棠溪诗选》,凡已仕者不入"②;娄县宋庆远"未第时,尝偕同人结振几、振雅二社,诗文为一时之冠"③;叶永年、叶楠、王未央、彭世瑞、钱金甫、路鹤征、彭椒崖在上海县结七子之会④;嘉定严钰乱后隐迹吴门,与林云凤、陆坦结方外社⑤;上海王天章与周汝谊、徐退谷三人互相唱和,号曰鼎社⑥;山东宋琬寓居松江,与张宪、顾大申、吴懋谦、周茂源等为社集;华亭张安茂与顾景星举菊会⑦;太仓王撰与周肇、许旭、黄与坚、顾湄暨王昊、王揆、王抃、王摅等结课赋诗,宗尚正轨,吴伟业选刻之,名《娄东十子》⑧,等等。

除上述相对集中的几个地区之外,全国的其他地方也处处可见遗民结社的影子。在东北,释函可遣戍沈阳,召集当地流人"为冰天诗社,凡三十三人"⑨,吴江吴兆骞因科场案流徙宁古塔,与张缙彦、姚琢之、钱威、钱虞仲、钱方叔、钱丹季"为七子之会,分题角韵,月凡三集"⑩。在台湾及沿海地区,几社领袖徐孚远从郑成功流亡海外,与卢若腾、沈荃期、张煌言、陈士京、曹从龙"复为几社之集","别称海外几社六子"⑪,鄞人沈光文避难台湾,"创立东吟社,与同人酬倡,有《东吟社

---

① 《(嘉庆)石冈广福合志》卷四。
② 《江苏诗征》卷四三。
③ 《(嘉庆)松江府志》卷五六。
④ 《江苏诗征》卷一六〇。
⑤ (清)赵昕:《(康熙)嘉定县志》卷一七,清康熙十二年刻本。
⑥ 吴馨:《(民国)上海县续志》卷一九,民国七年刊本。
⑦ (清)顾景星:《白茅堂集》卷一四,光绪二十八年补刻本。
⑧ 《江苏诗征》卷四七。
⑨ (清)张其淦:《明代千遗民诗咏》二编卷一〇,《清代传记丛刊》第66册,台北书局1985年版,第733页。
⑩ (清)吴兆骞:《秋笳集》卷八《寄顾舍人书》,清雍正四年吴棫臣刻本。
⑪ 《续甬上耆旧诗》卷一二。

集》，又名《福台新咏》"①。在云南，黄冈何闳中弃官洱海东城，"葺庐结社"，"幅巾道袍，寄情诗酒"②，蒙化陈佐才隐居山寺，"与徐宏泰、张以恒、担当和尚相唱和"③，结有雪峰社。

　　这里有两点特别需要说明。一是清初遗民结社的"遗民"色彩有一个逐渐淡化的过程。大致说来，顺治年间"遗民"色彩最浓，其时明朝新亡、清朝初定，结社多以抒发亡国之痛、故国之思乃至假以抵抗清廷，是真正的遗民结社；康熙初期清廷根基渐固，复国无望，多数遗民亦已步入中晚年，他们借结社以遁世，藉诗酒而自忘，社事表现出更多的是人生意志的消沉；康熙中期尤其是台湾郑氏降清以后，明朝彻底退出历史视野，清朝盛世即将出现，以遗民自居者也大多谢世，取而代之的是在新朝统治下成长起来的一代文人，他们的结社或以课诗研文为宗旨，或以消遣娱乐为目的，"遗民"色彩渐趋褪去。二是清初社事并非都是遗民结社，更不是每一个结社都是"全遗民"结社。判断遗民的依据一般是视其有否出仕新朝或应试科考，而清初参与结社之人在这一点上往往不一致。或者一社之中多数人未仕而少数人出仕，比如含绿堂吟社中陈瑚、葛芝、陆世仪、袁骏诸人皆以遗民终老，惟施男曾一度仕清④；或者某些人参与结社时并未出仕后来却又仕清，这种情况非常普遍，尤其在清廷开科取士以后更是多见，如秀水朱彝尊二十岁时移居梅里，与李绳远、李良年、李符兄弟以及周筼、廖泳、沈进诸人结

---

① 《清诗纪事》明遗民卷，第995页。
② 《明季滇南遗民录》卷下，《明遗民录汇辑》，第173—174页。
③ 李春曦：《（民国）蒙化县志稿》卷二三，民国八年铅印本。
④ 参陈瑚《确庵文稿》卷三下《重阳后一日，含绿堂吟社初集，袁重其索赋》、陆世仪《桴亭先生诗集》卷五《重阳后一日，含绿堂吟社雅集，分韵得七虞》、葛芝《卧龙山人集》卷五《重阳后一日，同人集含绿堂，追赋》、施男《卭竹杖》卷六《重阳后一日，社集含绿堂，次家又王》等。

为诗课①，三十岁后却举博学鸿词科而除检讨，后又入直南书房；当然也有很多结社的成员的确都是明代遗民，这在明朝新亡之时特为常见。所以，如果恪守"是否出仕新朝"这一标准，则很难区分出到底哪些结社是或不是遗民结社，为缕述方便，这里所说的"遗民结社"只能采用较为宽泛的意义。

## 四、清初的其他文人结社

清初文人结社急遽退潮，研文类、怡老类以及宗教类社事虽还有一些，但已明显减少。这些社事也都或多或少地打上了时代烙印，遗民色彩若隐若现。

清初的文社主要集中在松江地区，尤以几社及其分支的活动最为频繁。明崇祯二年（1629），杜麟征、夏允彝、周立勋、徐孚远、彭宾、陈子龙等"六子"创立几社，与复社并举，分主吴松社局。几社取友虽严，社中成员均出"六子"之门及姻娅昆弟，但先后入社者也有一百二十余人②。几社所编《壬申文选》《几社六子诗》和《壬申文选》一集至七集，风行于当时考肆之中。从崇祯十三四年（1640、1641）开始，社事出现分裂之势，求社、景风社两路分驰，已有不能归一之势。十五年（1642），几社再分出昭能、野腴楼、东华诸社，而求社又分出赠言社，景风社又分出雅似堂社，几社后辈则自创西南得朋会。甲申国变，几社及其支派的成员或卒、或遁、或隐，社事随之中辍。顺治二、三年（1645、1646），清庭开南北二闱取士，几社孤贫失志之士，连镳登选，于是宋实颖、何栋诸人在苏州首举沧浪之会，后"六子"之一杜麟征之子杜登春与何栋又订有沧浪合局。六年（1649）冬，社事再次分为慎交、同声两社。稍后，杜登

---

① （清）高层云：《布衣李君墓表》，（清）李符：《香草居集》卷末，《四库全书存目丛书》集部第252册，第70页。
② 《明代文人结社考》，第270页。

春为绍续西南得朋之会，与秦宜兆约松郡人士成立原社，公推张渊懿、施樟为盟长，被视为几社嫡脉。十四年（1657），彭师度联结陶怜兄弟、董含兄弟等另立恒社，以与原社抗衡①。十七年（1660），礼科给事中杨雍建上严禁社盟疏，社事由此衰息。其间，吴松社局先后受十四年奏销案、科场案和十七年通海案的牵连与影响，社事几近灭绝。直至康熙十二年（1673）之后，社事稍稍复兴，出现慎交续社（时习社）、春藻堂社、大雅堂会等，几社一脉，绵延四十余年未绝，真可谓"二百年来所创见也"②。

几社而外，尚有不少社事。与松江毗邻的三吴地带为明末复社腹地，明亡之后仍有一些文社，如宜兴黄义时与同邑吴其雷、卢象观、蒋永修"订秋水社，互相砥砺，文誉大起"③；太仓陈瑚馆于隐湖，与毛晋开昆湖文会，"是日与者三十人，备五经之选，课制义五篇，论、表、策各一道"，"一时传为盛事"④；无锡刘齐、吴世焜、施焘、刘学洙、秦道然、吴遵锳、孙祁雍"七人为文会，名噪一时"，"人号蓉湖七子"⑤；长洲彭定求（1645—1719）"举葑溪文会，陆芝庭、蒋公逊两先生阅社文，并加叹赏"⑥；常熟钱憎邀吴伟业、钱龙惕、邓林梓、王抃等共作拂水山庄会，陶元淳、曾倬亦举文会于里中绳武堂⑦。全国其他地方也有一些文社，在浙江，鄞县万言"与郡中诸大家子为文会"，会中凡二十九人，"皆年少勤

---

① 关于几社社事的原委流变，杜登春《社事始末》记载甚详，可参。
② （明）姚希孟《几社集序》，（明）周立勋：《符胜堂集》卷首，清乾隆十二年几社刻本。
③ 《（嘉庆）宜兴县志》卷八。
④ （清）毛衮《中秋昆湖文会，次确庵师韵》诗注，（清）陈瑚辑：《从游集》卷下，《丛书集成三编》第100册，第681页。
⑤ 《锡金识小录》卷四。
⑥ （清）彭定求著，（清）彭祖贤重编：《南畇老人自订年谱》，清光绪七年长洲彭祖贤刻《长沙彭氏家集》本。
⑦ 分参王抃《王巢松年谱》、曾倬《曾一川自序年谱》。

学",他们"更十日或十五日一会,会试二义",之后"必剧饮尽欢而散"①；鄞县李文胤主持鉴湖社,"仿场屋之例,糊名易书",参与者"甲乙楼上,少长毕集,楼下候之",若有一联为李氏所赏,则"门士胪传,其人拊掌大喜,如加十赍"②,虽不是科场却与科考规制一般无二。在河南,新郑教谕李一榴、县令冯嗣京出于对"卑靡"、"冗滥"、"龌龊拘挛"文风的不满,组织当地蹭蹬场屋的士子们成立两河起社,寓起衰救弊之意③。在山东,新城丛社分为因社、晓社,"二社之宿素英妙,各狱狱不相下"④。在福建,漳州郑亦邹澹于仕进,"结庐白云洞之麓,倡南屏文社,以友教四方"⑤。

入清以后,明朝遗老多隐逸不出而结有社事,亦以江苏地区为多。嘉定王泰际国变后隐邑之东乡,"与乡之耆老结岁寒社"⑥；昆山屠彦征与陶唐谏、郑任、方九皋、沈自凤、徐汝璞、管渊、丁社、僧广明九人"仿香山故事,结耆英社,极一时诗酒诗之乐",又与郑国任、毛莹、徐如璞"社集兰芷轩",时四人适三百岁,乃取白香山"四个老人三百岁"之句,赋诗绘图⑦；常熟毛晋杜门却扫,"与耆儒故老、黄冠缁衲十数辈为佳日社"⑧,又集缁素十三人为尚齿会,"诞期轮次,按月主宾"⑨,稍后还结有隐湖社⑩；武进

---

① (清)万言:《管村文钞内编》卷一《李重明墓志》,《丛书集成续编》第190册,第28页。
② 《雪桥诗话》卷一,《丛书集成续编》第202册,第627页。
③ (清)冯嗣京:《(顺治)新郑县志》卷五《两河起社序》,清顺治十六年刻本。
④ (清)王文简:《仲兄礼吉墓志》,《(民国)重修新城县志》卷二六。
⑤ (清)李维钰:《(光绪)漳州府志》卷三三,(清)沈定均续修,清光绪三年芝山书院刻本。
⑥ 《(嘉庆)石冈广福合志》卷二。
⑦ 《(光绪)周庄镇志》卷二、卷四。
⑧ 《确庵文稿》卷一六《为毛潜在隐居乞言小传》。
⑨ (清)陆瑞徵:《颐志堂小集序》,(清)陈瑚辑:《隐湖倡和诗》卷中,清初毛氏汲古阁刻本。
⑩ (明)顾梦麟:《和友人诗序》,(清)毛晋辑:《和友人诗》卷首,《丛书集成续编》第171册,第87页。

庄朝生告归苏州，与尤侗、宋实颖诸人"为耆年会，优游林壑二十余年"①；太仓陈瑚诸人为娄东十老会，"略仿香山洛社遗意"②。此外，还有莆田林质见时事日非，"飘然归里，与诸老辈周婴结社数，优游山水间"，林丙春绝意进取，"与刘尧章、郑郊、陈玉昆辈结遗老社，互相唱酬"③；黄冈杜濬寓居江阴，与闽中余怀、桐城钱澄之、建昌曾灿、无锡钱肃润"有江干五老之会"④；洛宁人张鼎延、锁青缙、雷鸣皋、韦炳、赵廷桂五人仿万历时田理等人续修怡老之会，"或登高而作赋，或临流而乐饥，或载酒而行游，或开筵而聚饮"⑤，称为后五老会。

讲学类会社在入清以后，数量和规模虽远不及明代，但仍时有出现。黄宗羲弟子陈夔献在甬上"聚同志为经会"，"每讲一经，必尽搜郡中藏书之家"⑥。刘宗周弟子恽日初继承其师遗志，设立"续证人社"⑦。睢州汤斌认为"学者莫先于立志"⑧，因创志学会。休宁吴翟结有泰春会讲，每年举行四次，其族人又分为塾讲与族讲，"虽隆冬酷暑，不因而少辍"⑨。河阳赵士麟留心讲会，所过皆有组织。康熙七年（1668）知容城，成立金容会，"集环邑之士而月一再会焉"；二十三年（1684）巡抚浙江，集绅士僚属为武林会；又两年移抚江苏，举金阊会于苏

---

① （清）黄冕：《武进阳湖合志》卷二六，清道光二十三年刻光绪十二年木活字重印本。
② 《安道公年谱》卷下。
③ 《（民国）莆田县志》卷二九。
④ 《（光绪）江阴县志》卷一八。
⑤ （清）张鼎延：《后五老图序》，《（民国）洛宁县志》卷六。
⑥ 《黄宗羲全集》第十册《陈夔献偶刻诗文序》，浙江古籍出版社2005年版，第28页。
⑦ （清）法式善：《陶庐杂录》卷四，清嘉庆二十二年陈预刻本。
⑧ （清）汤斌撰，（清）王廷灿编：《汤子遗书》卷一附《志学会约》，《景印文渊阁四库全书》第1312册，第437页。
⑨ （清）吴翟编：《茗洲吴氏家典》卷八《讲学议》，清雍正十三年紫阳书院刊本。

州①。清中叶以后，讲求考订的朴学之风盛行，讲学之会更为寂寥。

国事变更以后，不少士人出家避世、祝发逃禅，也有很多结社行为。南海邝日晋削发为僧，"舍其磊园为禅林，招道独之徒函昰为主社"②；平湖陆世楷"结方外社，与禅人通复、今释纵谭清净理"③；桐城方以智"早推许、郭之人伦，晚结宗、雷之净社"④；新安朱孟尝因丧明之戚，大生敬怖，乃"结放生社，每月一举行其事"⑤，等等。此类会社因遗民僧骤然增多，在清初的三四十年中十分常见。

## 第二节　清中期文人结社（康熙中后期—嘉庆）

康熙中后期至嘉庆期间，文人结社的发展相对比较缓慢，既不能与此前的明代后期相比，也不能与此后的清代后期相比。但在长达一百四十年的这一段时间里，文人结社也出现了一些新的面貌：传统的诗社继续发展，进入到最后一个发展高峰；因朝廷高压政策而避讳"社"字的各种集会异常盛行，其中尤以消寒、消夏之会最为典型；女性社事开始勃兴，才女闺媛的参与给此期社局涂上了一抹亮丽的色彩；继宋代以后，词社至此又趋成形并初步兴起，显示出即将取代诗社而成为社局主体的趋势；科举的推行使得文社再次活跃起来，社会的稳定与发展促使怡老社团出现了小小的高潮。凡此种种，都预示着文人结社的复苏和再次繁

---

① （清）赵士麟：《读书堂彩衣全集》卷一《金容会语》、卷三《武林会语》、卷四《金闻会语》，清康熙三十五年刻本。
② 《胜朝粤东遗民录》卷一。
③ 《雪桥诗话》卷二，《丛书集成续编》第202册，第683页。
④ 《静志居诗话》卷一九，第582页。
⑤ 《田间文集》卷二七《放生社引》。

盛景况的即将到来。

## 一、不以社名的集会异常盛行

雅集聚会本为结社的源头，也是结社活动的主要形式，唐代以前的文人活动基本上都是集会，宋代以后的许多社事实际上也只是一、两次的集会，但是清代的集会却是异常盛行，而且都不是用"社"来命名的。综合来看，清代的这些不以社名的集会大致有三种情况。

一种是比较规范的社团组织，如顺治年间杜濬等人的江干五老会、康熙年间陆菜等人的真率会、乾隆年间常州庄氏的南华九老会、嘉庆年间唐昌世等人的东皋尚齿会、道光年张敦仁等人的七老会、同治年间高锡恩等人的九老会等。这些社事多属怡老性质，虽不称"社"，但以"会"名，在本质上也是一种结社形式。

一种是一次性的集会，这些集会有的以季节命名，如春会（或送春会、饯春会等）、夏会、秋会（或延秋会、吟秋会等）、冬会；有的以节日命名，如重九会、灯夕会等；有的以节令或特殊日子命名，如人日会（农历正月初七）、上巳会（农历三月初三）、长至会（冬至日）等。这些集会虽是一次性的，但往往是有组织、有目的的，实质上就是依托于民风民俗开展的社事活动，与文人交游的临时性聚会仍有不同。

还有一种介于前两种之间，它们多以诗会、文会、大会、雅会等为名，其中有的较为正规，如康熙四十五年（1706）陆载昆与群从昆弟结为洛如诗会，月举一集，历时二年，诗作辑为《洛如诗钞》[①]，这已属高级形态的文人结社。有的也只是一次性集

---

[①] （清）陆载昆：《约言五则》，（清）朱彝尊编：《洛如诗钞》卷首，清康熙四十七年陆氏尊道堂刻本。

会，如康熙三年毕际有舣客于扬州韩家依园，"凌晨而出，薄暮而还"①，仅有一天时间，但其会绘有图，参与活动的十七人皆系有诗，所以称之为"诗会"亦无不可，只不过尚属初级形态而已。

　　清代文人集会的盛行与清廷文网严密、屡颁禁盟法令密切相关。一方面，在高压政策之下，文人们为避祸全身尽量不组织、不参与比较正规的结社活动，因为正规的社事往往时间较长、规模较大，容易引起当政者的注意而招致祸难，而一次性集会的最大特点就是"聚后即散"，则无此担忧。以著名戏曲家孔尚任为例，康熙二十五年（1686）至二十九年（1690），孔氏以国子监博士身份被派往扬州治河，其间多次组织或参与了当地文人的集会活动，如"广陵听雨"、"海陵登楼"、"琼花观看月"、"傍花村寻梅"、"红桥修禊"等②，单看这些集会都是一次性的，但若连起来看又何尝不能作为一个结社的数次集会呢？孔氏屡屡举会而不愿标明结社的行为和心理恐怕只能用上述理由来解释。至于怡老类会社虽然比较正规，数量也不算少，因系耆老所立，又旨在怡情悦性，多不涉政事，故而朝廷能够宽容对待。另一方面，雅好风流是文人的本性，无论禁盟之政如何酷烈，宴游唱酬、集会赋诗总是不可或缺，一些交游范围相对稳定的文人多次、长期集会之后，或是主观上萌发结社想法，或是客观上形成结社事实，但他们在给自己社事命名时多避用"社"字而采用"会"字，这也是清代集会数量庞大的原因之一。前述陆载昆与群从昆弟结社，因时处康熙后期，他在给社事命名时仅称为"洛如之会"，社事创始人之一陆奎勋称为"洛如诗会"，后来朱彝尊编纂《洛如诗钞》时称为"洛如雅

---

① 《广陵诗事》卷六《依园游记》。
② 参孔尚任《湖海集》一三卷、袁世硕《孔尚任年谱》。

集"，至四库馆臣时仍称"洛如之唱"①，显然都是在有意回避比较敏感的"社"字。至嘉庆以后文网渐开，文人述此社事则多改称"洛如诗社"、"洛如吟社"②。实际上，除"会"字以外，清代文人还常采用"课"、"集"、"榭"等字来命名社事，如雍正间平湖张云锦结赓花诗课③，道光间吴江仲湘招沈西雒、陈云伯、董琴南等人举延秋词集④，乾隆间海宁查揆与陆素生、查世官等人结东山诗榭⑤等，还有很多文人干脆不给自己的社事命名，只记述与某某宴集、与某某唱和，这些做法与以"会"名社都是出于同样的心理动因。

在数量众多的清代文人集会中，以消（销）寒、消（销）夏为主题的集会尤为引人注目，在气候寒冷的江北地区消（销）寒之会更是难以确计。翻开清人诗文集，有关"消寒（消夏）集"、"消寒（消夏）会"的记述和作品比比皆是。以"毗陵七子"之一洪亮吉为例，他的诗作主要收在《卷施阁诗》和《更生斋诗》两部集子里，其中就有洪氏数次参与消寒活动的作品，按时间先后依次有：乾隆四十七年（1782）至四十八年（1783），在陕西巡抚毕沅幕府中举消寒会，凡九集；乾隆五十七年（1792）至五十八年（1793），提督贵州学政时举消寒会，凡九集⑥；嘉庆六年（1801）之际，自伊犁回籍后家居举消寒会，凡九集；嘉庆八年（1803）之际，仍在

---

① 分见陆载昆《约言五则》（《洛如诗钞》卷首）、陆奎勋《洛如诗钞自序》（《陆堂诗集》卷七）、朱彝尊《洛如诗钞序》（《洛如诗钞》卷首）、《钦定四库全书总目》卷一九四《洛如诗钞提要》。
② 见《两浙辅轩录》卷一九"叶之淇"条、《两浙辅轩录补遗》卷四"冯畿"条、《全浙诗话》卷五三"上绪"条等。
③ （清）张云锦：《艺舫试帖新编自序》，《平湖经籍志》卷一七。
④ （清）仲湘：《宜雅堂词》卷一，清稿本。
⑤ （清）查揆：《篔谷文钞》卷四《东山诗榭序》，《续修四库全书》第1494册，第555页。
⑥ （清）洪亮吉：《卷施阁诗》卷四《官阁围炉集》、卷一四《黔中持节集》，《洪亮吉集》第2册，中华书局2001年版，第538—544页、770—777页。

苏松一带举有消寒会,凡九集①。

清代的文人结社是从嘉庆以后才逐渐步入高潮的,洪亮吉的活动时间主要在乾隆中后期至嘉庆年间,清代的文人结社还没有完全走出低谷,即使如此洪氏的消寒集会仍然数量惊人并且相当完整,可以想见当文人结社再次风行之后全国各地的消寒(消夏)集会是何等的景象。清代的这些消寒(消夏)会虽然也有不少是临时发起、短暂存在的,但在总体上不应将它们仅仅看作是文人间的随意集会,因为这些消寒(消夏)会往往有固定的举会时间、稳定的聚会群体和结集的唱和作品,有的还有一些简单的会事约定,已经具备了结社的形态,甚至有的就径称为词社、诗社,如康熙年间松江张琳、张志京等人结消夏诗社,嘉庆年间安化陶澍等人在京师结消寒诗社,道、咸间仁和葛景莱结消寒词社等②,这是清代文人结社风潮中值得注意的一个现象。

## 二、诗社再现兴盛

继晚明以后,作为文人结社两大主要形式之一的诗社,由于种种主客观因素并没有多大发展,而至清代中期,相对于其他的文人结社形式来说,诗人结社开始变得活跃,在江苏、北京、浙江、广东等地出现了大量诗社,文人结社的复苏首先反映在这一传统的结社形式上。

康熙二十二年(1683)八月,清军攻占台湾,郑克塽投降,明朝的最后一丝遗迹也就从历史版图中消失了。自此,清鼎已建,根基日固,士人结社的遗民色彩渐渐褪去,转而化为新朝文人的社事,创作活动由抒发丧国之痛、故园之思渐渐回复到追求诗酒风

---

① (清)洪亮吉:《更生斋诗》卷四《沪渎消寒集》、卷八《北郊种树集》,《洪亮吉集》第3册,第1298—1304页、1402—1413页。
② 分见《江苏诗征》卷五八、陶澍《陶文毅公全集》"忆昔创此会,其年维甲子"、葛景莱《蕉梦词》。

流、雅集冶游上来。这一时期，由于清朝的酷禁政策，文人结社多有收敛，但在经济比较发达的江南地区仍有不少。此时词社还没有完全兴起，文人的风流雅集仍以诗社为主，中国古代的传统诗社再次发出一丝亮色。其中，以江苏最多，几乎遍布全省，尤其集中在苏、常、松、镇四府。

在苏州，康熙二十五年（1686），吴江叶燮召集文士"大会于二弃草堂，冠带之集，几遍江浙"①。康熙二十七年（1688）前后，长洲顾嗣立与俞犀月结社于秀野园，往还唱和者有桐城钱澄之、宁都曾灿、黄冈杜濬、成都费密、广陵吴绮等十余人②。康熙三十三年（1694）三月，昆山徐乾学举行遂园禊饮，江南士人钱陆灿、尤侗、盛符升、王日藻等十余人应召齐集，乾学辑有《遂园禊饮集》③。康熙三十六年（1697），吴江潘耒、钮琇、徐釚、张尚瑗等在里中举人日会④。康熙三十九年（1700），苏州举行苏轼诞日纪念式，武进邵长蘅、长洲顾嗣立、吴县吴士玉、高邮李必恒等与会，长蘅作有《东坡先生日倡和诗序》⑤。康熙间，顾炎武的外甥徐履忱依其舅避兵尚湖之滨，"读书郡城，与诸名流结社倡和"⑥；吴县徐梅"与何焯、张大受游，结诗社"⑦，同时释潴睿居东禅寺，"与惠侍讲士奇、张检讨大受结诗社"⑧；吴县金綖结社唱和；吴江任大任孝德儒行，"与应嗣寅结狷社"⑨；长洲陆志熙迁昆山南星浜，

---

① 《江苏诗征》卷一六一。
② （清）顾嗣立：《闾邱先生自订年谱》"康二十七年戊辰"条，艺文印书馆1964年影印本。
③ （清）博增细：《藏园群书题记》卷二，上海古籍出版社1989年版，第65页。
④ （清）徐釚：《南州草堂续集》卷一，清钞本。
⑤ （清）邵长蘅：《青门剩稿》卷三，清康熙三十八年刻本。
⑥ 《（光绪）昆新两县续修合志》卷三一。
⑦ 《（民国）吴县志》卷五七。
⑧ 《（同治）苏州府志》卷一二○。
⑨ 《江苏诗征》卷八八、卷八九。

"与归庄、王晨、吴殳辈结社赋诗"①；常熟王誉昌与薛熙、严熊、张远、王材任、孙扬光诸人结诗社②；常熟诗人许天锦家有碧芳亭，"尝于夏月置酒亭中，为吟梅之会"，参与唱和者"悉海内知名之士"③；吴江许硕辅以友朋酬唱为事，"与同里沈餐琅、吴月轩、沈勉庭、顾玉洲诸前辈联岁寒吟社，人称十逸"④。

雍正初，许名仑在吴县结有社，僧心鉴、霏玉、希古等参与唱和⑤。雍、乾间，吴江释大持与妙严、际瞻、源际等吴江少年僧"结诗社，以清新之句相尚"⑥。

乾隆十六年（1751），长洲吴泰来与王昶、王鸣盛、钱大昕、惠栋、僧逸云等十余人在木渎镇遂初园结社唱和⑦。乾隆三十三、三十四年（1768、1769）间，吴江王逸虬客游归里，适朱方毂"结吟社"，"同社数人"奉其"为坛坫主"⑧。乾隆三十九年（1774）之后，吴江计琰归里，杜门不出，"惟与严树、汤钟、陈尊源辈结诗社于读书乐园"⑨。乾隆四十七年（1782），吴县石韫玉会试归里，与张邦弼、赵基、王芑孙、张诒、沈起凤、沈清瑞结碧桃诗社，"每月一会，会之日，晨集宵散"⑩。乾隆五十年（1785），吴江徐燨、金学诗、王元文与震泽杨复吉等先后举会于播琴堂等地⑪，新杭宋景和偕同志在小沧浪"筑屋如舟式，结诗社焉"⑫。乾

---

① 《（同治）苏州府志》卷一〇四。
② （清）郑钟祥、张瀛：《（乾隆）常昭合志》卷九，清光绪三十年活字本。
③ 《海虞诗苑》卷一〇。
④ 《江苏诗征》卷一〇〇。
⑤ （清）钱思元辑，（清）钱士锜补辑：《（道光）吴门补乘》卷五，清道光十年刻本。
⑥ 《（乾隆）吴江县志》卷三七。
⑦ 《（道光）吴门补乘》卷五。
⑧ （清）周之桢：《垂虹诗胜》卷八，民国四年吴江费华尊堂刻本。
⑨ 《（乾隆）盛湖志》卷九《文苑》。
⑩ （清）赵韫玉：《独学庐全稿》之《赵开仲乳初轩诗序》，清乾隆嘉庆道光间递刻本。
⑪ （清）王元文：《北溪诗集》卷一九，清嘉庆十七年王氏随善斋刊本。
⑫ 《盛湖志补》卷一《古迹》。

隆间，吴江王逸虬"倡结春江吟课，偕同志谈论"①；夏间君兄弟"结诗社于莺湖之平波台"，吴江邱冈、邱璋、邱璿兄弟与之②；长洲有雅言堂诗社，与者张邦弼、鄷云倬、王元辰等③；常熟周棨"与同学为诗社，棨诗最工"④；吴江沈宗湘、沈大本诸人立岁寒诗会；吴江沈斯盛结吟社，"一时名士咸集于江干草堂"，辑有《结社吟课》；吴江陈懋、姚梓生、朱尔澄、倪天钧、叶兆泰诸人"结城南诗社"，奉金学诗、周味闲"两先生为坛坫主"，刻有《松陵唱和草》⑤；吴江钱沾尝入夗湖诗社，禾中诸名士以老宿推之；吴江赵汝砺为殷增家塾师，二人结社吟诗⑥；曹沆葺蒨园，"联公荣吟社，与诸名士置酒赋诗"⑦，有《公荣社诗集》；昆山徐二矶"与邑中诗人惠阆孙、朱桐香、邵来九为诗会，时号四狂"⑧；吴江朱春生、顾虬、袁棠、郭凤等先后从顾汝敬学，顾虬等结竹溪后社⑨。

嘉庆间，秀水方泂"尝结社于莺脰湖"⑩。嘉、道之际，吴江黄以正岳父凤推风雅，"尝集吟红诗社，唱和多人"，黄以正与同邑周之桢与之⑪。

在常州，康熙二十三年（1684），纳兰性德至无锡，与严绳孙、顾贞观在忍草庵举行诗会。康熙三十一年（1692）前后，秦突然、

---

① 《（同治）苏州府志》卷一〇二。
② 《垂虹诗胜》卷六。
③ 《（同治）苏州府志》卷一〇二。
④ 《（乾隆）常昭合志》卷九。
⑤ 俱见《垂虹诗胜》卷八。
⑥ 《垂虹诗胜》卷二《题殷东溪先生孤鸿编》。
⑦ 《江苏诗征》卷四一。
⑧ （清）秦瀛：《小岘山人文集》卷三《外祖徐二矶先生诗序》，清嘉庆增修本。
⑨ （清）朱春生：《铁箫庵文稿》卷四，清道光五年姑苏观复斋刊本。
⑩ （清）蔡丙圻纂辑：《（光绪）黎里续志》卷一一《寓贤》，清光绪二十五年禊湖书院刻本。
⑪ 《垂虹诗胜》卷四。

秦五辑、华子山、荣涟、邹景何等无锡士人续结碧山吟社，与者少长凡有二十一人①。康熙三十四年（1695），武进唐悖宸、胡香昊、陈錬、董大伦等作浣花会，纪念杜甫②。康熙间，无锡朱襄"尝与邑中吕庄颐、鲍景先辈为诗会，曰'续碧山吟'"③，社有刻；江阴有从野堂诗会，"朱廷铉、盛树廉、吴永福、周荣起、黄安雅、徐章、赵鸣銮、韩充、陈玖、刘尔鼎、黄子声、陈心涛、赵汇沾、高颛生、朱月川等一十五人"④参与唱和；无锡秦保寅"与严绳孙、蒋遵路辈结诗社，为诸子之冠"⑤；靖江时浚尝与朱漾、羊球、朱凤台"结为吟社"⑥。

康、雍之际，无锡有夕阳社，李崧为社长："夕阳社长推李翁，芥轩其字厥名崧"⑦；释妙复住锡山石林庵，与荣涟、杜诏结诗社，号"九峰三逸"，杜诏又"与顾蒗湄、朱赞皇、华子山偕诸同人社集"，作品载《云川阁集》中⑧。

乾隆五年（1740），宜兴史承谦、储国钧、汪溥等集会南园，作阳羡古迹诗⑨。乾隆六年（1741），陈大钧诸人续举碧山吟社，大钧为社长，先后与者二十余人；乾隆七年（1742）前后，杜汉阶、严元桂、邵燮、秦义均、朱志巨、邹志伊、朱宗颢、张大业等无锡士人结蓉湖吟社，朱廷钟主之⑩。乾隆四十七年（1782），武

---

① （清）杜诏：《云川阁集·诗五》之《题碧山吟社新图（有序）》、《云川阁集·诗十四》之《再续碧山吟社（并序）》，《清代诗文集汇编》218册，上海古籍出版社2010年版，第586页、656页。
② （清）张惟骧：《毗陵名人小传稿》卷二，明文书局1985年版，第48页。
③ （清）裴大中：《无锡金匮县志》卷二二，清光绪七年刊本。
④ 《（光绪）江阴县志》卷二八。
⑤ （清）秦彬：《锡山秦氏诗钞》余集卷一，清道光十九年刻本。
⑥ （清）褚翔：《靖江县志》卷一四，清光绪五年刻本。
⑦ 《梁溪诗钞》卷二六。
⑧ 分见《梁溪诗钞》卷五八、卷二七。
⑨ 《江苏诗征》卷七二。
⑩ 分见《梁溪诗钞》卷三四、卷三八。

进庄勇成、庄绳祖、庄选辰与程景傅、赵怀玉、蒋熊昌等在里举吟社,"每集拈题分体后,各出觞政,务为新奇以取胜,往往达旦不止"①。乾隆五十五年(1790),阳湖刘嗣绾在里,谋续举碧山后社,辑此年诗为《碧山后社集》②。乾隆间,昭文蒋宝龄客吴江,"与诸文人结红梨社,作选诗酒会"③;贺宿寓毗陵,"与邹吁士、陈椒峰辈诗文结社"④;无锡蔡鼎、任甸、顾湜等二十余人结素心吟社,戴礼为社长⑤。

嘉庆十七年(1812),江阴王苏自汴归,与徐镇、许椿颐等举会,椿颐作有《观水嬉》诗⑥。嘉、道之际,宜兴杨树嘉与里人荆履吉、林植本"共结吟社",虞攀桂、刘守中、蒋圻参与吟唱,"每逢春秋佳日,酒酽花香,分笺角艺",极一时人文之盛⑦。

在松江,康熙二十五年(1686),华亭曹重召庐元昌举秋会,元昌作《看菊曹十经斋》诗。康熙三十年(1691),青浦唐璟、唐瑷、唐管兄弟"集名士十九人泛舟小镜湖,觞咏竟日,名素心社","时称青溪韵事"⑧,上海张彦之与华亭卢元昌、钱縠以高年作冬会。康熙间,松江王坚随父寓居黄渡,偕夏时中、沈曾丰、汪存夜、陈兆桢、僧荫天诸人"结社联吟,风雅最盛",后亦以侍养随父归,社事方散;青浦任潢居县城南,"董黄、周纶、王原尝主其家,为文酒会,有《南轩唱和集》"⑨;上海徐殷辂乡闱膺荐未售,

---

① (清)赵怀玉:《亦有生斋集·文》卷一八《文学庄君墓志铭》,清道光元年刻本。
② (清)张维屏:《国朝诗人征略》卷五七,《清代传记丛刊·学林类》第22册,明文书局1985年版,第906页。
③ 《(乾隆)盛湖志》卷一一。
④ (清)张学仁、王豫:《京江耆旧集》卷三,清嘉庆二十三年刻本。
⑤ 《梁溪诗钞》卷四〇。
⑥ (清)顾季慈:《江上诗钞》卷一五九,民国二十年陶社木活字本。
⑦ (清)姜璘:《丹阳县志》卷二〇,《中国地方志集成·江苏府县志辑》第31册,第236页。
⑧ 《江苏诗征》卷六八。
⑨ 《青浦县志》卷三〇、卷一九。

"与诸名流结诗社"①；张琳、张志京、张天授等近十人在松江举消夏诗社，社有《于野集》②。

雍正间，华亭鞠澹如"尝与同里钦吉堂、高药房、改七芗及武昌僧铁舟，结祈雪社于东阳道院，后学争趋之"③。乾隆初，章鸣鹤、章汝琳、董之隽、徐是效诸人在松江结社④；松江姜乐荣、姜尔耀尝偕王永祺、卫柱、王澄、廖景文等结社于北瓮城香穗园⑤。乾隆间，王昶与张熙纯、赵文哲、凌应曾等十六人在青浦"为文酒之会"⑥；华亭杨汝谐在里中结东皋吟社⑦；青浦倪泌"第逢春秋佳日，必作文酒之会"；青浦诸联、陈琮诸人结苔岑诗社，十年三举⑧；青浦张纪宗长于诗，"与诸生陶本华等联吟社"⑨；上海曹锡辰喜交游，"日暇聚同人结诗文社"⑩。

乾、嘉之际，崇明黄廷琛"与杨澧、董曰甫相倡和，刻烛分题"，廷琛诗辄成，为"同社传诵"⑪。嘉庆间，钦善、梅春、高崇瑚、崇瑞、改琦等松江士人结泖东诗课，社集作品辑为《泖东诗课》⑫。

在镇江，康熙间，金坛汤格、蒋超、于云石、高东生、汤栻等结金沙十子社；李一贞、计侨、陈檀禧、贺燕征、陈文荐、张孝思等在丹徒立合社⑬；金坛王诒燕、宜兴储欣"倡金沙社"，招江阴

---

① 《（民国）上海县续志》卷一九。
② 《江苏诗征》卷五八。
③ 《（光绪）重修华亭县志》卷一六。蒋宝龄《墨林今话》"鞠澹如"条有类似记载。
④ （清）博润：《松江府续志》卷二五，清光绪十年刻本。
⑤ 《松江府续志》卷三八。
⑥ 《述庵先生年谱》"乾隆十三年"条。
⑦ 《（光绪）重修华亭县志》卷一六。
⑧ 俱见《青浦县志》卷一九。
⑨ 《松江府续志》卷二五。
⑩ 《（同治）上海县志》卷二一。
⑪ （清）曹炳麟：《（民国）崇明县志》卷一二，《中国地方志集成·上海府县志辑》第10册，第724页。
⑫ 《松江府续志》卷四〇。
⑬ 《京江耆旧集》卷三、卷一〇。

高爆往，爆赋《雨中望良常山》十绝，"一时传诵"①。康、雍之际，丹徒张恕可建春草堂社，余京、章江蔼、夏晓堂、杨石滨、周静植等参与其中，三十年后恕可子学林重修社事，张氏族人及当地名士皆有与者②。雍、乾之际，丹阳布衣孙宏孝以节目高，"与同邑杨志达、眭修年、虞玉辈结诗酒社"③。乾隆间，丹徒管兆桂偶得石刻杜甫像，乃与友人举浣花会，酹酒祭杜，联吟唱和，与者张曾、鲍皋、章慎、蒋徵舆、钱为光等④。嘉庆间，吴朴、应让、鲍文逵、张学仁、顾鹤庆、钱之鼎、王豫等七位诗人尝结社于丹徒，社集作品辑为《京江七子诗集》⑤。

此外，在江苏的其他地方也有不少诗人举会结社。如在扬州，康熙年间江都吴绮、蒋易、卓尔堪与杜濬、孔尚任、闵麟嗣、徐时夏等共会春江社⑥；如皋冒襄、泰州邓汉仪到兴化访孔尚任，谋举花洲社⑦；华亭周稺廉客扬，与江宁周京、通州范国禄、山东孔尚任等先后举诗会⑧；江都吴绮、王方岐、卓尔堪、宝应乔寅等与孔尚任同集禅智寺，修重阳故事⑨。乾隆年间，安徽金兆燕任扬州府学教授，与江都闵崋、华亭沈大成等在晴绮轩举冬会⑩。

在江宁，康熙年间山东孔尚任游南京，与阮柽、郑簠、陈垿等

---

① 《（光绪）江阴县志》卷一六。
② 《京江张氏家集》卷三《春草堂社集》。
③ 《京江耆旧集》卷二。
④ 《江苏诗征》卷一〇六。
⑤ （清）何绍章：《丹徒县志》卷三三，《中国地方志集成·江苏府县志辑》第29册，江苏古籍出版社1991年版，第662页。
⑥ （清）孔尚任：《湖海集》卷二，清康熙间介安堂刻本。《（光绪）重刊江都县志》卷二三《文学》载孔尚任"与文人名士为春江花月社"，第1193页。
⑦ 《湖海集》卷三。
⑧ 《湖海集》。
⑨ 《湖海集》卷七。
⑩ （清）沈大成：《学福斋诗集》，清乾隆刻本。

## 第五章 中国古代文人结社的新变

十余人大会冶山①；安徽方仲舒在南京结皓社，作有《皓社吟》②。乾隆年间安徽吴敬梓与金匮吴培源、江宁龚元忠、上元顾国泰、句容樊明征等在芦渡园举消寒会③；甘泉黄文旸、崇明何忠相、丹阳彭澧结秦淮大会④。嘉庆年间上元严骏生、管同等参与金陵的盇山诗会⑤。

在太仓，康熙年间太仓唐孙华致仕归里，曾祖嶙筑东冈草堂于南横沥之东，与之"为诗社"⑥；太仓毛序与同社共集明王世贞离薋园，以诗题离薋园画卷⑦。雍正年间，徐启晃、陈枚、朱镇、季骏诸人在娄县结西郊吟社⑧。乾隆年间，顾思照、黄之隽、周吉士诸人在娄县结诗社⑨；娄县廖景文在小檀园举会，辑限韵诗一卷⑩。乾、嘉之际，镇洋汪学金暇时"治别圃，结诗社"⑪。

北方的社事以京师最为活跃，但是主盟和参与结社活动的仍以南方文人占居多数。康熙二十三年（1684），常熟陶元淳、曾倬与长洲汪份、何焯等集聚北京，在凝园举会⑫。康熙二十四年（1685），华亭王奭、嘉定孙致弥、高邮吴世杰、上海钱金甫与直隶王源举岁寒会⑬。康熙三十三年（1694），如皋石为崶、高邮吴世焘、娄县姚弘绪等集北京赵吉士家，举会寄园⑭。康熙三十四年

---

① 《湖海集》卷七。
② （清）朱绪曾：《国朝金陵诗征》卷六，清光绪十三年刻本。
③ 《雪村编年诗賸》卷一二。
④ （清）王豫：《群雅集》卷一四，清嘉庆十三年刻本。
⑤ 《金陵通传》卷三四。
⑥ （清）钱大昕：《潜研堂文集》卷四八《敬亭弟墓志铭》，清嘉庆十一年刻本。
⑦ （清）徐世昌辑：《晚晴簃诗汇》卷六四《毛序》，民国十八年退耕堂刻本。
⑧ 《（乾隆）娄县志》卷二七。
⑨ 《（光绪）娄县续志》卷一六。
⑩ （清）王昶：《春融堂集》卷四〇《修禊吟序》，清嘉庆十二年塾南书舍刻本。
⑪ 王祖畬：《（民国）镇洋县志》卷九，民国八年刻本。
⑫ （清）曾倬：《曾一川自序年谱》，清光绪二十年刻本。
⑬ （清）查慎行：《敬业堂诗集》卷六，四部丛刊景清康熙刻本。
⑭ （清）赵吉林：《林卧遥集》卷下，清康熙间刻本。

(1695)，无锡顾彩、常熟徐兰与直隶陈于王等十七人齐集孔尚任岸堂，提前过花朝，尚任作诗纪之。康熙三十五年（1696），金坛于铨、华亭潘钟麟与蒋鑨、陈于王、徐兰、顾卓、朱襄、袁启旭等再集孔尚任岸堂过花朝①。康熙三十七年（1698）前后，嘉定孙致弥与成永健、赵吉士、姜宸英、于汉翔等在寄园举禊会②；金坛于汉翔、太仓吴暻、山东孔尚任、安徽龙燮等又仿修明七子故事，以郎官结社③。康熙三十九年（1700），宝应刘中柱、山东孔尚任、浙江万斯同、直隶陈于王等十五人修禊于草桥，尚任作诗纪之。康熙五十一年（1712），嘉定张大受、泰州宫鸿历、长洲顾嗣立、浙江查慎行与贵州周起渭等集会于樵沙道院④。

乾隆二十八年（1763），上海陆锡熊、南汇吴省钦、嘉定曹仁虎与山阳程晋芳等举行集会，以京中一民俗为题，作《斗鹌鹑联句》。乾隆二十九年（1764），江宁严长明与陆锡熊、程晋芳、曹仁虎、吴省钦等共作《京师食品联句》⑤。乾隆四十年（1775），吴县张埙与山阳程晋芳、直隶翁方纲、安徽戴震等举诗会，以朝鲜茶花为题赋诗。乾隆五十四年（1789），吴县詹应甲旅京，与孙星衍、张燮、顾玉霖等举陶然亭会⑥。乾隆六十年（1795），长洲王芑孙、阳湖孙星衍、浙江吴锡麟与四川张问陶等举会于星衍樱桃传舍，问陶作有图⑦。

嘉庆九年（1804），安化陶澍等人在京师创立消寒诗社，赏菊忆梅，至十九年（1814），吴县董国华约同人复举诗会，"间旬日一

---

① （清）孔尚任、刘廷玑：《长留集》。
② （清）赵吉士：《千叠波余》，清康熙三十年刻本。
③ 《（光绪）金坛县志》卷二八。
④ 《敬业堂诗集》卷四〇。
⑤ （清）吴省钦：《白华前稿》三四、三五，清乾隆四十八年湖北使署自刻本。
⑥ （清）顾玉霖：《五是堂诗集》卷三，清光绪刻本。
⑦ （清）吴锡麟：《有正味斋诗集》卷一一，清嘉庆十三年精刻本。

集,集必有诗"①,以后又改称宣南诗社、宣南吟社等。嘉庆二十二年(1817),镇洋盛大士与太仓毕华珍、钱宝琛在陶然亭举端午诗会。

广东地区的结社虽然数量不是很多,但却不绝如缕。康熙二十八年(1689),南海梁佩兰告归,居于广州丛桂坊,"结社兰湖,以诗酒为乐"②。康熙四十一年(1702),番禺汪后来举翘关乡选,晚年退休家居,"倡社汾江,远近吟士多仰为职志"。康熙五十七年(1718),洪都沈琦侨寓于羊城,开粤台古迹八咏诗社于白燕堂,"预书牍致于城乡吟侣,匝月间共收三千余卷",取梁无技第一。

康、雍间,南海张河图集友人十二各取一字以名堂,结"西园十二堂吟社",何成远诸子继起,"亦仿之为后十二堂",作有《十二楼社诗》③。雍正间,番禺韩海结诗社于广州东皋别业④。雍、乾间,番禺钟瓒居郭中献玉堂,常招名流数十辈雅集,多至二十人,"挥杯待月,探韵分题"⑤,所赋题咏合编为《献玉堂雅集诗》。

乾隆六年(1741)前后,南海陈炎宗与李易简、吴函、左业光"结社佛山汾江","流连文酒无虚日",称"懒圈四子"。乾隆间,南海陈昌言结社汾江朋桥,南海文斗与诸吟侣"因社事同集西禅寺"、"日晡未散"⑥,顺德陈恭尹之子举华封"时偕郡邑名流,分曹结社"⑦,其子举"每招吟,则杖履裙屐咸集",又有"忘年社"

---

① (清)胡承珙:《求是堂文集》卷四《消寒诗社图序》,道光十七年刊本。
② (清)温汝能:《粤东诗海》卷六七,清同治五年顺德龙山聚文堂刻本。
③ (清)罗元焕:《粤台征雅录》,《丛书集成初编》第2333册,中华书局1985年版,第5页、4页、17页。
④ 黄佛颐:《广州城坊志》卷六,《岭南文库》,广东人民出版社1994年版,第676页。
⑤ (清)任果:《(乾隆)番禺县志》卷一五,清乾隆三十九年刻本。
⑥ 《粤台征雅录》,第21页、50页、29页。
⑦ 《粤东诗海》卷七八。

之号①。

嘉庆三年（1798），羊城诗人再开即席吟社于东皋别业，"主会者订定日期，至时同人咸集，延名宿阅卷"，"诸诗人拈笔吟哦，推敲磨琢"②，当堂成诗、评阅、贴示。嘉庆十七年（1812），番禺黄乔松"开红棉诗社，各赋七律十首，将以踵黄牡丹、赤鹦鹉之韵事"③，香山黄培芳、番禺张维屏等七人创建云泉仙馆于白云山，于此结诗社。嘉庆间，番禺潘有原亦尝结社联吟于所居常荫轩④。

浙江的社事也不在少数，尤以平湖地区为盛。康熙四十五年（1706），陆载昆读书西皋，"与群从昆弟相约为洛如之会"，先后参与唱和者四十多人，历时二载，月举一集，"面会诗以唐人试帖为宗"、"次题则古体律绝⑤，成诗两千两百余首，辑为《洛如诗钞》。康熙五十七年（1718），姚廷瓒举花社，"自春徂秋，极觞咏唱酬之乐"⑥，有《鹦湖花社诗》。雍正中，张云锦组织艺舫诗课，后因与修《浙江通志》又与沈德潜等人结社杭州西湖，"分题角韵，击节联吟，跌宕文史，纵横觞咏"⑦。雍正五年（1727），陆奎勋乞归平湖，举赓花诗课⑧。雍正十二年（1734）前后，于东昶、叶銮续举洛如吟社，又名东湖吟社，直至乾隆二、三十年间（1755—1765），张云锦、马爱萝、叶庄、陆培、程光昱、胡云霁、张诰、方树本、茅应奎等先后入社，"来往花南水北间，

---

① 《粤台征雅录》，第 31 页。
② 《广州城坊志》卷六，第 676 页。
③ （清）黄培芳：《粤岳草堂诗话》卷二，宣统二年铅印本。
④ 俱见《（宣统）番禺县续志》卷四〇。
⑤ （清）陆载昆：《约言五则》，《洛如诗钞》卷首。
⑥ （清）陆奎勋：《修竹庐稿序》，《平湖经籍志》卷一二。
⑦ （清）郭麐：《灵芬馆诗话》卷三，清嘉庆二十一年刻二十三年增修本。《平湖经籍志》卷二九亦有其载。
⑧ 《平湖经籍志》卷一七《艺舫试帖新编自序》。

过者望之,以为神仙中人"①,社集作品选为《续洛如诗钞》《再续洛如诗》等。乾隆初,谈玉璜"与周霞村、沈怡村结星社,吟咏无虚日"。嘉庆间,钱洪、钱椒父子倡结红藕花馆吟社,"相与倡和者恒数十人"②。杭州亦有结社,如嘉庆二十一年(1816)钱塘屠倬以父忧居杭,两年后立潜园吟社以觞咏,"宾客稍集,觞咏间作"③,先后有三四十人入社。

在全国的其他地方也有一些诗人会社。康熙二十四年(1685),安徽袁启旭居里,与梅清修社于鼇峰培风阁④。同时,昆山徐秉义旅武昌,与顾景星等为会吸江阁⑤。乾隆四十七年(1782),镇洋毕沅改官陕,集长洲吴泰来、江宁严长明、阳湖洪亮吉、嘉定钱坫等僚友十余人于所居静寄园作消寒会,又以宋苏轼曾任凤翔通判,为轼设生辰祀会⑥。乾隆四十九年(1784)嘉定汪焱、上元黄之纪、镇洋王开沃等集西安,与王昶共作联句,送吴泰来赴开封⑦。乾隆四十年(1775),金匮杨潮观、无锡顾光旭、南汇吴省钦等集会于成都扶雅堂,光旭、省钦各赋诗纪之⑧。嘉庆十七年(1812),历城范坰与友人周乐、何林泉、谢焜、徐子威、李偭、郑云龙、张文简诸人结鸥社于大明湖,互相磨砺,每饮必有作,因"望矶如鸥,遂名为鸥社"⑨。

---

① (清)徐熊飞:《咏花轩遗稿序》,(清)方树木:《咏花轩遗稿》卷首,清道光八年刻本。
② 《平湖经籍志》卷二四"钱椒"条。
③ (清)屠倬:《是程堂倡和投赠集》卷一九《潜园吟社集·序》,道光五年刻本。
④ (清)梅清:《天延阁后集》卷一〇,清康熙间刻本。
⑤ 《白茅堂集》卷二五。
⑥ 分见严长明《官阁消寒集》(《丛书集成续编》第116册)和《苏文忠公生日设祀诗》(清乾隆四十九年甲辰青门节院刻增修本)。
⑦ 《春融堂集》卷一八。
⑧ (清)顾光绪:《响泉集》卷一〇,上海图书馆藏清宣统二年顾氏影印本。
⑨ (清)马国翰:《历下八家诗钞》,《玉函山房诗抄》八卷,清光绪十年秀江李氏补刻本。

### 三、女性文人结社勃兴

从性别上讲,"文人"既包括男性,也应包括女性。这里之所以把女性结社单独列出叙述,是因为女性结社的兴起、发展和演变虽然与男性文人的结社活动有着密切关联,但它也有自身的演变轨迹。

中国古代的女性从事文事活动可以溯及《诗经》中的许穆夫人,此后徐淑、蔡琰、左棻、薛涛、鱼玄机、李清照、朱淑真、管道昇等,可谓代不乏人。但在明代之前,留存姓名和作品的女性作家总体上并不是很多,明中叶以后才有所改观,至清代数量激增,成为中国文化史、文学史上一大奇观。胡文楷在《历代妇女著作考》中收录中国古代的女性作家共计4 000余人,而自汉迄明仅有360多人,明清两代则有3 700多人,占整个中国古代女性作家的90%以上,这其中又以清代最多,有3 500多人,所谓"超轶前代,数逾三千"①,的非虚论。因此,女性文人结社在清代勃然兴起也就不难理解了。

中国古代女性的结社活动可以粗线条地分为三个阶段,不妨简单概括为"三个400年":北朝到五代时期、宋元和明前期、明中叶至清代末期。

东晋至南北朝间,佛教结社广为流行。这类私社一般称为邑、邑义、邑会、法义等,多有佛教信徒结成,以捐造佛像为主要活动。女性结社便是其中一种。最早有关中国古代女性结社的记载见于东魏元象元年(538)②,至宋代初年至少已经发现有15条这样

---

① 胡文楷:《历代妇女著作考》自序(增订本),张宏生等增订,上海古籍出版社2008年版,第5页。据今人研究,仅江浙两省在清代的女性作家就有约3 000人,全国的总量肯定更多。参史梅《清代江苏妇女文献的价值和意义》(载《文学评论丛刊》第4卷第1期)、郭延礼《明清女性文学的繁荣及其主要特征》(载《文学遗产》2002年第6期)等。
② 《元象元年(538)十月合邑诸母造像记》,[日]大村西崖:《中国美术史彫塑篇》,东京国书刊行会1980年版,第257页。

的女性结社资料,活动地点主要分布在东魏、北齐以及敦煌、吐鲁番等北方地区①。她们的结社起初也称邑义、法义等,后来有的称为优婆夷邑、优婆夷社,到了五代末宋初的时候有的就径直称为夫人社、女人社了。最初这些结社是为了"普及法界众生,有形之类,一时成佛"、"舍此秽行,呆(早)登天堂"②,随着社会经济的发展,到唐五代时期,社中女性"大者若姊,小者若妹",她们"危则相扶,难则相救"③,说明女性结社从致力于佛教活动逐渐转变为结义互助,或两者兼而有之,这应当是受到了当时大量涌现的以营办丧葬婚嫁、襄助周济等经济互助性质的私社的影响。

这一时期的女性之所以能够参与结社活动,一方面当时她们的社会地位还比较高,尤其在北方地区更是如此,"争讼曲直,造请逢迎"、"代子求官,为夫诉屈"都是由女性出面,《颜氏家训》说"邺下风俗,专以妇持门户"④ 应是一种普遍现象。另一方面,参与结社的女性在家庭的地位也应当比较高,从文献记载来看,她们多称社中成员为"诸母"、"母人"、"阿婆"等,显然是对中老年女性的尊称,这与唐人对母、姐、嫂、姑等家中长辈女性极意尊崇的情况很是相似。正如有的学者指出的那样:"女性可以单独结社并开展一些独立的经济活动,这证明她们有一定

---

① 参郝春文《再论北朝至隋唐五代宋初的女人结社》(载《敦煌研究》2006年第6期)、宁可《北朝至隋唐五代间的女人结社》(载《北京师范学院学报》1990年第5期)、黄霞《浅谈五代敦煌"女人社"的形态及特点》(载《北京图书馆刊》1997年第4期)、余欣《唐宋敦煌妇女结社研究——以一件女人社社条文书考释为中心》(载《东京都立大学人文学报》2002年第325号)等。
② 《武定三年(545)五月八日郑清合邑义六十人造迦叶像记》,《中国美术史雕塑篇》,第267页。
③ 敦煌文书S.527《后周显德六年正月三日女人社再立条件》,转引自杨森《晚唐五代两件〈女人社〉文书札记》,载《敦煌研究》1998年第1期。
④ (北齐)颜之推著,王利器集解:《颜氏家训集解》(增补本),中华书局1993年版,第48页。

的经济独立性、一定的经济能力和一定的经济地位。"[①] 从北朝开始的邑社、优婆夷社、女人社等是中国古代女性性别意识的初步觉醒，对提高妇女的社会地位和自我认同感都有一定的促进作用，同时也为后代女性开展群体性活动作了有益探索。不过，在长达400多年里的时间里，这些女性结社都局限在西北一片狭小的区域里，所产生的影响也就相对有限，并且她们的社事活动无关乎文事，还不能算是"女性文人"的结社。

宋初以后，理学渐兴，儒家思想对社会的钳制力进一步增强，理学家们所提倡的"存天理，灭人欲""饿死事小，失节事大"等主张从不同侧面戕害着女性的主体心理和社会地位，女性们的活动重又退回家庭，蜷缩在狭小的闺阁之中，以致近400年中公开结社一事几成绝响。

从明中叶开始至清代末期，这是中国古代女性文人结社真正兴起、发展和壮大的阶段。宋元以后，随着社会进步和经济发展，文化知识越来越向下层民众普及，女性的文化水平不断提高，为她们从事文事活动准备了基础条件。明中叶以后，心学流布给社会带来个性解放思潮，一方面逐步唤醒了女性的自我意识，另一方面也改变了社会对于女性的普遍认识，使得女性公开参与甚或组织群体活动成为可能。再加上全国结社之风的带动和一些文学世家的推动，女性文人终于一步一步从闺内吟咏走到闺外结社，并最终融入整个社会的结社运动中。民国时期谢国桢已经对此描述得很详细："结社这一件事，在明末已成风气，文有文社，诗有诗社，普遍了江、浙、福建、广东、江西、山东、河北各省，风行了百数十年，大江南北，结社的风气，犹如春潮怒上，应运勃兴。那时候不但读书人

---

① 孟宪实：《试论敦煌的妇女结社》，载《敦煌吐鲁番研究》第八卷，中华书局2005年版，第99页。

们要立社,就是仕女们也要结起诗酒文社,提倡风雅,从事吟咏。"① 但从总体上来看,女性文人的集会结社主要发生在江南地区,尤以吴中、杭州两地为盛,北方的京师在清代中期以后才稍有增多。

约在明代弘、正之际,女性开始参与社事,起初她们主要是进入到男性文人结社中,或者说是被男性召进他们的结社中来,从而形成了士女共社的现象。当时苏州顾璘在南京结青溪社,就是"士女清华,才俊翕集"②。嘉靖以后,这种现象越来越多,如章丘李开先引官辞归,"归即主盟词社"③,社中一有新作辄付女教师歌唱④,归安李奎在西湖结湖南吟社,尝偕美人登山观雪⑤等。不过,早期参与社事的基本上都是名妓才姬,如嘉靖十三年(1534),武功康海六十大寿,"召名妓百人为百岁会,各书小令付之"⑥;嘉靖三十七、三十八年(1558、1559),宝应朱曰藩、华亭何良俊等续举青溪社,"相与选胜征歌","六朝之佳丽"⑦亦在其中;万历十三、十四年(1585、1586),歙县潘之恒在南京结冬于顾氏馆,"凡群士女而奏伎者百余场"⑧,又为十二钗会,"一时声动白下"⑨;万历十四年(1586),歙县汪道昆受邀至杭州主盟南屏诗社,东道主

---

① 《明清之际党社运动考》,第8页。
② 《列朝诗集》丁集卷七。
③ 《李中麓闲居集》卷五。
④ 《李中麓闲居集》卷二《归休家居病起蒙诸友邀入词社》其二有"新作谁能唱?须烦女教师"句。
⑤ (明)李奎:《龙珠山房诗集》卷下《和童侍御早春偕社中诸友携美人登吴山观雪韵二首》,其一亦有"玄馆芳尊对雪开,美人词客共登台"句。《丛书集成续编》第116册,第852页。
⑥ 《廿二史劄记》卷三四。
⑦ 《列朝诗集小传》丁集上,第449页。
⑧ (明)潘之恒著,(明)陈元素:《鸾啸小品》卷二,明崇祯二年刻本。
⑨ (明)潘之恒著,汪效倚辑注:《潘之恒曲话》中编,中国戏剧出版社1988年版,第108页。

尝"出名姬十二人督诗"①；万历四十七年（1619），归安茅元仪在南京举午日秦淮大社，"曲中之歌妓舞女无不集也"②；崇祯九年（1636），秀水姚漩在南京召国门广业社第三集，"用十二楼船于秦淮"，"每船邀名妓四人侑酒"③；崇祯十二年（1639），顺德欧主遇等十二人修复南园旧社，"会日有歌妓侑酒"④，等等。这些女性或为督诗侑酒，或为奏乐演曲，在社事活动中还处于附属地位，但却为后来女性文人自行结社做好了准备。

明清之际，闺媛淑女开始广泛参与甚或组织集会唱和活动，渐渐占据社事活动的主导地位。在女性文人结社的发展过程中，有着从血缘型到地缘型、从师缘型到人缘型的清晰演变轨迹。吴江沈、叶两大家族的闺阁群体在明代女性文学史上有着重要地位，其中著名戏曲家沈璟的侄女沈宜修是为代表，丈夫叶绍袁称她为"月社良朋，花期好友"⑤，钱谦益曾经描述她与族内闺秀的唱和活动："宛君与三女相与题花赋草，镂月裁云……于是诸姑伯姊，后先娣姒，靡不屏刀尺而事篇章，弃组纴而工子墨。松陵之上，汾湖之滨，闺房之秀代兴，彤管之诒交作矣。"⑥ 宛君为沈宜修字，三女是指沈宜修与叶绍袁的三个女儿叶纨纨、叶小纨和叶小鸾。一些姑姊娣姒也都参与其中，在叶绍袁编辑的《午梦堂集》中，除了自己妻子、女儿的作品外，还有沈宜修的表妹张倩倩、沈璟的小女儿沈倩君、从孙女沈蕙瑞以及当时其他一些女诗人的作品，隐约可见这个闺阁群体的规模，真可谓"一时闺门之内，父兄、妻子、母女、姊妹莫

---

① 《太函集》卷七六《南屏社记》。
② 《因树屋书影》卷二。
③ 《板桥杂记》下卷《轶事》。
④ 《胜朝粤东遗民录》卷二。
⑤ （明）叶绍袁：《百日祭亡室沈安人文》，《午梦堂集十二种》之《鹂吹集》附集下，明崇祯刻本。
⑥ 《列朝诗集小传》闰集，第753页。

不握铅椠而怡风月,弃针管而事吟哦"①。

桐城方学渐的孙女方维仪寡居清芬阁,与大姊方如耀、堂妹方维则经常吟哦阁中,"白首往来,商量文学"②,并誉"方氏三节",方维仪的弟媳吴令仪及令仪之妹令则也经常参加唱和,合称"桐城五姊妹"。潘江在编选《龙眠风雅》时说:"龙眠彤管之盛倡自纫兰(方夫人方孟式)、清芬(姚节妇方维仪),久登词坛……若夫环珠(何孺人吴令则)、棣倩(方夫人吴令仪)咸琢词章……笄帏女士,何减词人?"③朱彝尊则称赞说"龙眠闺阁多才,方、吴二门称盛"④,方于穀也不无自豪地说"彤管流徽,吾桐最盛"⑤。这一闺阁诗群不仅自己创作丰富,人各有集,而且对桐城方氏家族的影响甚巨,教育出了一位"百科全书式"的著名学者方以智,甚至对后来桐城派的思想、文学也有所渗透,在桐城文化中举足轻重。

会稽商景兰在其夫祁彪佳殉国以后,孀居三十余年,组织了频繁的文学活动。《静志居诗话》说商景兰"教其二子理孙、班孙,三女德渊、德琼、德茝,及子妇张德蕙、朱德蓉,葡萄之树,芍药之花,题咏几遍"⑥,《诗观》也说"夫人有两媳四女,咸工诗,每暇日登临,则命媳女辈载笔床砚匣以随,角韵分题,一时传为盛事"⑦。商氏自己对唱和活动描述得更为生动:"但平生性喜柔翰,长妇张氏德蕙,次妇朱氏德蓉,女修嫣,湘君,又俱解读书,每于女红之余,或拈题分韵,推敲风雅,或尚溯古昔,衡论当世。遇才

---

① 陈去病:《五石脂》,江苏古籍出版社1999年版,第288页。
② (清)沈善宝:《名媛诗话》卷三,清光绪鸿雪楼刻本。
③ (清)潘江:《龙眠风雅·凡例》,清康熙十七年潘氏石经斋刻本。
④ 《静志居诗话》卷二三,第725页。
⑤ (清)方于谷:《桐城方氏诗辑·凡例》,道光辛巳镌饲经堂藏版刻本。
⑥ 《静志居诗话》卷二三,第727页。
⑦ (清)邓汉仪:《诗观》,清康熙间慎思堂刻本。

妇淑媛，辄流连不能去。"① 祁氏一门的闺阁文风在商景兰的带领下臻于极盛。此后，类似的名门闺秀内的唱和活动屡见不鲜，如吴江之计氏、云间之张氏、嘉兴之黄氏、阳湖之张氏、嘉定之董氏、归安之叶氏等，仅常州一地，除张氏外可偻指者尚有庄氏、恽氏、左氏、杨氏等，都是"以工诗词于世"②家族型才女群体。这些才女群体以血缘关系为纽带，以家庭聚会的方式开展集会活动，是女性社事中最为原始的一种形态。她们的集会活动多以吟咏唱和为要，并未明确提出结社诉求，反映出她们的结社意识还不是非常明晰。

到了清代康乾时期，女性文人结社终于有了实质性的发展。民国间清晖楼主说"至有清一代，闺阁之中，名媛杰出，如蕉园七子、吴中十子、随园女弟子等，至今犹脍炙人口"③。首列蕉园七子，即是康熙年间杭州地区的一个女性文人社事。在这一结社中，社员之间既有血缘关系，也有地缘关系，开始由闺内吟咏向闺外结社转变，是女性文人结社由血缘型向地缘型过渡的一个里程碑式社事，其意义不可低估。同时，蕉园诗社还是中国古代第一个有名有实的女性文学社团，在中国古代文人结社史、女性文学史以及清诗史上都有着特殊地位，所谓"自来闺秀之结社联吟，提倡风雅者，当推蕉园诸子为盛"④，正是对这种地位的肯定。

清晖楼主所说的"吴中十子"是乾隆后期苏南地区开展结社的代表性女诗人，她们所结的清溪吟社又名林屋十子吟社、吴中十子社等，是清代女性地区型结社的代表，在当时的女性诗人中产生过

---

① （清）商景兰：《锦囊集》之《琴楼遗稿序》，（明）祁彪佳：《祁彪佳集》附编，中华书局1960年版，第289页。
② （清）徐珂：《近词丛话》，唐圭璋辑：《词话丛编》，中华书局1986年版，第4221页。
③ （清）清晖楼主：《清代闺秀诗钞序》，《历代妇女著作考》附录二《总集》，第927页。
④ 梁乙真：《清代妇女文学史》第二章，山西人民出版社2015年版，第24页。

很大影响。当时的蒙古族文人法式善就说:"林屋十子吟社,分笺角艺,哀然成轶,兆麟刻以行世,流播海内,真从来所未有也。"①《吴中女士诗钞》经任兆麟阅定后刊行于世,与稍后袁枚所编的《随园女弟子诗选》堪称双璧,流传甚广,论者以为"清溪吟社,与随园相犄角",又云"所谓吴中十子者,近媲西泠,远绍蕉园,洵艺林盛事"②,又将她们与顾之琼、张藻等人相媲美。

清溪吟社虽然以地缘关系为主要纽带,但若对社中成员之间的关系详加辨析,就会发现它实际上是一个血缘与地缘共生的社事,甚至师缘的关系也若隐若现。社中张允滋与张芬为堂姐妹,朱宗淑为张允滋表侄女;陆瑛与李媪为姑嫂;尤澹仙与沈持玉为表姐妹,表明这是由三个家族里的女性联合起来结成的社,还有血缘、亲缘的影子。但社中其他成员之间以及上述三组成员之间再无血缘、亲缘关系,这完全不同于明末清初沈宜修、方维仪、商景兰等的"一门风雅"。满族女诗人恽珠在记述社事时就说吴门张允滋"与同里张紫繁芬、陆素窗瑛、李婉分媼、席兰枝蕙文、朱翠娟宗淑、江碧岑珠、沈蕙孙缵、尤寄湘澹仙、沈皎如持玉,结清溪吟社,号吴中十子,媲美西泠"③,着重强调了"同里"关系,说明社中成员已经淡化血缘关系转以地缘为主。而据社中成员江珠所说,当时大家都尊奉张允滋为"金闺领袖","远近名媛,诗筒络绎,咸请质焉。惟昔西泠闺咏,有十子之目,清溪欲步其风,乃以先后酬赠篇什,采集一编,为《十子诗钞》"④。也就是说,清溪吟社的活动实际

---

① (清)法式善撰,张寅彭、强迪艺编校:《梧门诗话合校》卷一五,凤凰出版社2005年版,第420页。
② 梁乙真:《中国妇女文学史纲》第七章第五节,《民国丛书》第二编第60册,上海书店1989年版,第416页、417页。
③ (清)恽珠:《闺秀正始集》卷一六"张允滋"条,道光十一年红香馆刊本。沈善宝《名媛诗话》卷四有相同记载。
④ (清)江珠:《采香楼诗集叙》,(清)任兆麟辑,(清)张滋兰选:《吴中女士诗钞》之《采香楼诗集》,清乾隆五十四年刻本。

上并不局限于吴中十子,而是当地才女闺媛们共同的"香奁吟社",地域色彩已经非常鲜明。今存《吴中香奁吟社草》记载,当时参与结社吟诗的吴中名媛除张允滋等人外,尚有王悟源、张蕴、叶兰、周澧兰等17人①,这也可以在《十子诗钞》的诸多诗题、小注中找到印证,从中正可看出一个更大规模的地区性女性诗人群体。

至于师缘,这个"师"就是"金闺领袖"张允滋的丈夫任兆麟。任兆麟对自己妻子与各位名媛的诗词倡和非常支持,不仅亲选张氏作品为《清溪诗稿》,还经常给社中其他女子指点文字、命题课诗或评点定品,如李媺就曾受其亲教:"是日心斋先生(任兆麟)至,阅拙稿,为窜正几字",张芬的诗稿也得其披阅:"(张芬)尽检其箧中所作贻清溪(张允滋),清溪乃以视余……特发而观之",张允滋选好《吴中女士诗钞》(一名《吴中十子诗钞》)更是请其"阅定",任氏自己也说:"闺阁之以诗文质者,至数人之多"②。说明任兆麟不仅是十子的益友,也是她们的良师,诸女亦多以"先生"呼之,师门型社事已经露出端倪。只不过由于任兆麟"性情高洁,鲜食寡欲","且好道家言"③,不似后来的袁枚、陈文述以风流自诩,公开招收女弟子,因此这一群体在当时反响很大,但在后世却不似袁、陈两个女性诗群声名盛隆。

历经顺治、康熙、雍正三朝的治理,乾隆以后的清廷统治已为多数汉族文人接受,政局更趋稳固,经济发达,文教昌盛,必然带来文化的繁荣和思想观念的进步,由此女性集会结社也就越来越多。侯官许琛丧夫归里,"与闺秀廖淑筹、庄九畹、郑徽柔、镜蓉、

---

① 详见沈起凤《吴中香奁吟社草》,上海图书馆藏清抄本。
② 李媺《晴窗偶书呈心斋先生》、任兆麟《两面楼诗稿叙》、任兆麟《吴中女士诗钞叙》、任兆麟《晓春阁诗集叙》,分见《吴中女士诗钞》之《琴好楼小制》、《两面楼诗稿》、卷首、《晓春阁诗集》。
③ (清)江藩:《书任心斋诗后》,(清)任兆麟:《有竹居集》,嘉庆二十四年刻本。

黄淑窕、淑畹，结社倡和，诗学益进"，又与李夫人筠心、方夫人芳佩、福恭人宜鸾"结为文字知"①。永福藏砚家黄任在他的《十砚轩随笔》中也记述说："吾闽闺秀多能诗，更有结社联吟者，若廖氏淑筹、郑氏徽柔、庄氏九畹、郑氏翰莼、徐氏德瑗及余女淑窕、淑畹，皆戚属，复衡宇相比"，她们"每燕集，各拈韵刻烛，或遣小婢送诗简，无立不酬者。士女树坛坫，亦一时韵事也"②。阳湖刘琬怀家园中有红药数十丛，她"与诸昆仲及同堂姊妹常聚集其间，分题咏物，填有长短调六十阕，名《红叶阑词》"③。这种兴盛仍然是建立在数量众多的家族女性群体之上的。

据不完全统计，明清两代从事文学创作的家族女性群体在六十组以上，而清代将近五十组④，主要集中在江苏、浙江两地，其次是安徽、福建，北京、天津、河南等地仅零星有之。以吴中为例，柳亚子曾经概述当地七大望族中的女性诗人："于计则栀生、阮芝、清涵、琴史以及芝仙、心度、南初、青睐、七襄、小娥、蕊仙、芸仙；于邱则心香、宛怀、翠寒、紫烟以及镜湖、菊秋、葵仙、颂年、宝龄、双庆、兰卿、锄经；于宋则柔斋以及香溪、珠浦、琅腴、玉遮；于周则葆文、畹兰、兰娟、咏之；于柳则蓉塘、翠峰；于王则倚云、佩言；于吴则柔卿、安卿、允卿。"⑤

这些极具才情的女性诗人为了研磨诗技、提高诗艺，往往主动拜访名师以求指点，也有很多男性诗人观念开放，尊重女性，

---

① 施淑仪：《清代闺阁诗人征略》卷四，《施淑仪集》，人民文学出版社2011年版，第202页。
② （清）黄任：《十砚轩随笔》，（清）汪启淑：《撷芳集》卷五四，清乾隆间刻本。
③ （清）缪荃孙校辑：《国朝常州词录》卷二八，清光绪二十二年江阴缪氏云自在龛刻本。
④ 参考贵连《试论明清女性文学创作主体的家族化及其根本原因》，载《内蒙古大学学报》2011年第4期，第88—93页。
⑤ 柳亚子：《松陵女子诗征序》，费善庆编：《松陵女子诗征》，民国七年吴江费氏华尊堂刻本。

通过诗词唱和、撰序题跋乃至开门收徒对她们进行点拨和奖掖。编刊《吴中十子诗钞》的任兆麟曾列举了清代以来著名文人与他们的女弟子："闺阁中不少亲师取友之辈，若昭华（徐媛昭华）之于西河（毛太史奇龄），素公（吴媛绡）之于定远（冯文学班），采于（张蘩）之于西堂（尤太史侗），若冰（徐媛瑛玉）之于松崖（惠文学栋）、沃田（沈征士大成），芷斋（方媛芳佩）之于霁堂（翁国子照）、董浦（杭侍御世骏），其尤焯著者。"① 由此逐渐形成了一个个以师缘关系为纽带的女性诗人群体，如阮元、郭麐、沈德潜、陈维崧等门下都聚集着一些才女，称为女弟子，其中规模与影响较大的要推袁枚随园女弟子和陈文述碧城仙馆女弟子两大群体。

袁枚为乾隆诗坛的盟主，在清诗史上有着举足轻重的地位。袁氏诗主性灵而行为放诞，今人评为"风流好色"②，系出有因。但他尊重女性，尤其对女性为诗的态度颇值肯定："俗称女子不宜为诗，陋哉斯言！圣人以《关雎》、《葛覃》、《卷耳》冠三百篇之首，皆女子之诗"③，甚至直接慨叹"闺秀能文，终竟出于大家"④。因此他在自己的重要著述《随园诗话》中对女子诗事颇为留心，数量多达180余条，范围也极为广泛，"清初以还诗媛多有论列，并及当时闺秀，凡为佳什，虽仅为片言只句亦采录不遗"⑤，并对她们褒誉有加："蕊珠之博雅，金纤纤之领解，席佩兰之推尊本朝第一。"暮年时节，袁氏干脆广开门墙招收女性弟子，"以诗受业随园

---

① （清）任兆麟：《晓春阁诗集叙》，《吴中女士诗钞》之《晓春阁诗集》卷首。
② 参王英志《袁枚评传》第三章《风流好色》，南京大学出版社2002年版，第158—168页。
③ （清）袁枚：《随园诗话》补遗卷一，清乾隆十四年刻本。
④ 《随园诗话》卷三。
⑤ 钟慧玲：《清代女诗人研究》，台北里仁书局2000年版，第70—71页。

者，方外缁流，青衣红粉，无所不备"①，一度达到 50 余人②。虽然这些女弟子未必一定都曾谋过面，但她们"愿来受业"、"列弟子班"确是事实。她们以袁枚为中心进行赋诗课词、集会研艺，其中声名较著者是两次湖楼诗会。乾隆五十五年（1790）春，袁枚回杭州扫墓，"女弟子孙碧梧邀女士十三人，大会于湖楼"③，"一时吴会女弟子，各以诗来受业"；五十七年（1792）春，袁枚重游天台，返程途经杭州，"再到湖楼，重修诗会"④，"招女弟子七人"⑤。

由于袁枚的诗坛声望，随园女弟子的求师请业、集会吟诗在当时产生了广泛影响，时人称袁氏所到之处女子能诗者"皆敛衽及地，以弟子礼见"⑥，恐怕并非虚言。嘉庆元年（1796），袁枚选其二十八位女弟子作品为《随园女弟子诗选》，由弟子汪穀作序付梓，进一步扩大了这一女性诗群的影响，所谓"大江以南，名门大家闺阁，多为所诱"⑦，正从反面说出了此种影响。随园女弟子是中国古代第一个明确以师缘为纽带结成的大型女性诗人群体，在社团史、诗歌史上极为罕见，她们已经完全突破了家族的限制，也不完全局限于地域的圈囿，是带有一定派别特征的师门型群体，属于清

---

① 《随园诗话》补遗卷八、补遗卷九。
② 袁枚自言其有女弟子 20 余人，清人蒋敦复称有 30 余人，而据今人考证，袁枚实际招收的女弟子当在 50 人以上，尚不包括袁氏家族的袁机、袁杼、袁棠诸人。见袁枚《随园诗话》补遗卷八、蒋敦复《随园轶事·闺中三大知己》。今人著述详参顾远芗《随园诗说的研究》（中国书店 1988 年版，第 30—34 页）、钟慧玲《清代女诗人研究》（台北里仁书局 2000 年版，第 207—227 页）、王英志《随园女弟子考评》（张宏生编《明清文学与性别研究》，江苏古籍出版社 2002 年版，第 692—714 页）等。
③ 《随园诗话》补遗卷一。
④ 袁枚《十三女弟子湖楼请业图》前跋、后跋，见尤诏、汪恭《十三女弟子湖楼请业图》，上海神州国光社民国十八年版。转引自王英志《袁枚集外文〈十三女弟子湖楼请业图〉二跋考》，载《中国典籍与文化》2008 年第 64 期，第 72 页、73 页。
⑤ 《随园诗话》补遗卷五。
⑥ （清）袁枚：《随园女弟子诗选》卷首，《袁枚全集》第七册，人民文学出版社 1982 年版，第 1 页。
⑦ （清）章学诚：《丙辰札记》，中华书局 1986 年版，第 98 页。

代性灵派后期的重要组成部分。

随园女弟子流风未远,碧城仙馆女弟子步武旋起。碧城仙馆为陈文述室名。在清代女性文学史上,陈文述是继袁枚之后应该大书一笔的人。从嘉庆十二年(1807)开始,陈文述在常熟、虞山、崇明、江都等地为官,时常往来吴门、钱塘,他有意效仿袁枚广泛招收女弟子,据其自言共有三十余人,实际人数可能还要更多①,其中以江浙地区最多,安徽、河北间亦有之。这些女弟子在陈文述的带领下开展集体性的文学活动,如校勘《西泠闺咏》、共咏西湖三女墓、编刊《兰因集》等,成为嘉道文坛上的一道亮丽的风景。她们也有意无意地举行过一些集会,如道光六年(1826)为欢迎仁和吴藻至吴而举行的碧城墨会、道光八年(1828)众女弟子为陈文述重赴汉皋而举行的邗江送别会等,其中道光六年的碧城墨会是一次规模较大的聚会,"座中除沈采石外,皆碧城弟子",这给吴藻留下了深刻印象,她日后追忆说"江南忆,最忆碧城招"、"墨会纪灵霄"②。也正是在这一年,陈文述精选了门下十位弟子的作品编为《碧城仙馆女弟子诗》,并刊刻行世,进一步扩大了这一群体的影响。碧城仙馆女弟子是继随园之后又一个以师缘为纽带结成的大型女性诗人群体,在推动清代后期江南地区女性文学创作方面发挥了重要作用。与随园女弟子群相比,碧城仙馆诗群的门派意识更为明确,也更为强烈。陈文述给每一位入门女弟子都赠送一枚刻有"碧城弟子"的印章,女弟子们也

---

① (清)陈文述:《颐道堂全集·颐道堂戒后诗存》卷一《客有以随园十三女弟子湖楼诗业图求售者为题四绝以当说法》诗注、卷九《题仁和钱蕊仙、女史凝珠遗诗》诗注,清道光间刊本。当时其他人也多次提及这一数据,不过据今人考证,陈文述的女弟子并不止此数,先后列其门墙者共有44人,尚不包括持诗求教、寄诗请益之人。参钟慧玲《陈文述与碧城仙馆女弟子的文学活动》,《明清文学与性别研究》,第761—800页。

② (清)吴藻:《花帘词》之《忆江南·寄怀云裳妹八首》,徐乃昌辑:《小檀栾室汇刻百家闺秀词》,清光绪二十二年南陵徐氏刊本。

无不自豪地宣称"我为碧城诗弟子"①,颇有树帜立派的意味,这与随园相比是有过之而无不及了。

自嘉庆以后,女性参与社事或自行结社已成风气。广东盐商吴氏在莆田"大开诗社,以《红楼梦》事分得四题,各以七律咏之",投卷者以万计,延孝廉洪应晁评阅,"如会试之例",番禹张维屏之女秀端与之,"主人以为女子压卷恐招物议,遂以黄(星洲)卷易之"②。金匮杨芸与长洲李佩金"俱从宦京师,结社分题,裁红刻翠,青鸟传笺,乌丝界纸,都中女士传为美谈"③。嘉定钱瑛亦"与女伴结社联吟"④。到了道光年间,女性文人结社再一次取得了突破性进展。道光十九年(1839)秋天,钱塘沈善宝在京师,"与太清、屏山、云林、伯芳结秋红吟社"。沈善宝撰有《名媛诗话》,多次言及社事,如道光二十年(1840)秋天,众人赏菊举会:"同里余季瑛集太清、云林、云姜、张佩吉及余于寓园绿净山房赏菊,花容掩映,人意欢忻,行迹既忘,觥筹交错",沈善宝性不喜饮,顾春就以山字为韵命其赋七律一章,"逾刻不成,罚依金谷"⑤,嗣后顾春又次韵和之。顾春对她们的社事也一直引以为傲:"深闺雅效群贤集,盛世能容我辈狂。"⑥

在清代约30个女性文人诗社中⑦,秋红吟社的特点极其鲜明。一是突破了血缘、地缘和师缘关系的限制。就沈善宝所说的五位成员,均无任何血缘关系,仅许延祍与钱伯芳稍带亲缘(钱伯芳为许

---

① (清)辛瑟婵《题鸥波夫人碧城摘句图》、(清)吴飞卿《呈颐道夫子并题碧城仙馆诗集》,(清)陈文述:《碧城仙馆诗集》不分卷,民国四年西泠印社铅印本。
② 《清代闺阁诗人征略》卷九,《施淑仪集》,第440—441页。
③ 《国朝常州词录》卷二七。
④ 《清代闺阁诗人征略》第八,《施淑仪集》,第458页。
⑤ 《名媛诗话》卷八、卷六。
⑥ (清)顾太清:《天游阁诗集》卷四,《顾太清奕绘诗词合集》,上海古籍出版社1998年版,第92页。
⑦ 莫立民:《清代女子诗社研究》,中国社会科学出版社2021年版,第466页。

延衽妹妹之娣），她们纯因趣味相投而联吟结社。参与社事活动的其他人员可能存在一些血缘、亲缘联系，但都不是结成社事的主要因素。这种以人缘关系为纽带的交际型结社，实际上已经与当时多数男性文人所结的社事别无二致。二是挣脱了男性文人的笼罩。秋红吟社是女性文人独立开展的社事活动，社中不再有类似于叶绍袁、任兆麟、袁枚、陈文述等具有父亲、丈夫、好友或老师身份的男性文人介入，充分表现出女性意识的觉醒和她们从事文学活动的自觉性，也使女性文学成为真正的"女性"文学。三是打破了明中叶以来江南女性文学活动一枝独秀的局面。秋红吟社的成员主要是随宦京师的女性家眷，所以她们社事活动的地点就在全国的政治中心，意味着女性结社突破了地域限制，开始从江南扩散到北方。这不仅仅扩大了女性文人的活动范围，而且可以借助京畿之地的巨大辐射性使女性文学在全国范围内得到更广更快地传播。四是破除了女性文学的民族藩篱。秋红吟社中除奕绘亲王的福晋顾春为满族外，经常参与活动的栋鄂武庄、富察蕊仙、栋鄂少如、西林仙霞、完颜华香等都是满族，她们之间因诗结友、立社唱和。这种情况虽是基于满族统治的特定条件且带有很大的偶然性，但却使秋红吟社的社事活动突破了地域的同一性，也跨越了民族的同一性，显示出满汉同社、异族共会的奇特景象。由上述种种可见，秋红吟社是清代女性文人结社成熟的标志，也是中国古代女性文人结社的典范，它只有在女性文学的整体水平发展到一定阶段才有可能会出现。

道光以后，社会动荡加剧，国事飘摇，具有近代色彩的女性社团逐步兴起，传统的女性文人结社在急遽的时代浪潮之中完成了向现代社团的转变①。此时，全国各地仅见一些零星社事。江阴金武

---

① 李玉栓：《中国古代文人结社的现代转型》，《中国文学研究》2023年第3期，第111—120页。

祥结湘江吟社，岳母沈珂、妻子黄馥均有诗词到社，"和者皆莫能及"①。成都曾懿、曾彦、曾鸾芷姊妹等结浣花诗社，集会时"诗万卷，酒千觞，吟咏之乐乐未央"②。他如秀水金方荃结东湖消夏社③、宜黄谢漱馨建晚香堂诗社④、海宁陈菊贞与诸姐妹举惜阴社等，因为资料的匮乏今天已经难以知晓社事的具体情况了。

清代女性文人大量开展集会结社活动，是清代女性文学繁荣的表征之一，它与女性作家大量涌现、女性诗文集广为编刻等共同映射出清代尤其是康乾以后女性文学的盛况。集会结社活动为女性作家们提供了更为宽广的创作平台，作品数量较之前代显著增多，在文学史、女性文学史中尤值特书一笔。同时，女性结社活动的广泛性使其成为文学作品中常见的叙写题材，诗词曲赋中的句子难以枚举，小说的例子也是屡见不鲜。《九云记》中桂娘结诗社、《两交婚小传》中红药诗社、《海上尘天影》中佩纕等人结社、《照世杯·七松园弄假成真》中香兰社等，其中最为著名的莫过于《红楼梦》中的大观园结社，先后开展过海棠社、梅花社、桃花社、中秋联吟等活动，后来顾春续写《红楼梦影》也多次提及结社之事，这些都是当时女性文人结社之风在文学作品中的反映。

但是，清代女性文人结社勃兴所蕴含的文化意味可能要远远大于它的文学价值。人类社会的历史已经证明：在一个专制体制的国家中，女性文化的发展往往与这个国家的社会发展同步，而在宋元以后以儒家思想为统治哲学、以男性为权威的中国这一点无疑显得更为突出。秋红吟社主将沈善宝在经过深沉思考后认为："闺秀之学与文士不同，而闺秀之传又较文士不易。盖文士自幼肄习经史，

---

① 《清代闺阁诗人征略》卷一〇，《施淑仪集》，第493页。
② 《晚晴簃诗汇》卷一九二。
③ 叶恭绰：《全清词钞》，中华书局1979年版，第1776页。
④ 《晚晴簃诗汇》卷一九二。

旁及诗赋，有父兄教诲，师友讨论；闺秀则既无文士之师承，又不能专习诗文，故非聪慧绝伦者，万不能诗。生于名门巨族，遇父兄诗友知诗者，传扬尚易；倘生于蓬荜，嫁于村俗，则湮没无闻者，不知凡几。"① 这实际上是对长期以来女性文人文学活动境况的总结。"妇女解放的程度是衡量普遍解放的天然标准"②，明中叶以后女性文人普遍参与社会性、群体性活动，也是中国社会进步的一个标志，其中隐隐透露出广大女性主体意识的觉醒和追求男女平等的试探。当然，清代的女性文人结社也有着诸多不足，比如总体上对男性文人的依附性还比较强，社事作品的题材、内容、情感也还比较狭窄，受家族、地域的影响太大，过于集中在少数地区等等，但是这些都不足以降低它在清代文学史、文化史上应有的地位。

### 四、词社初兴

词社发轫于北宋，南宋后期已经喷薄欲出，但元代以后词体不兴，词社也就罕于见闻。一至清代，词人、词作、词学、词派全面丰收，出现了词的中兴局面。清词的发展可以粗线条地描述为：清初词风嬗变，群体纷立争胜词坛；清中期浙西独大，阳羡争衡；清后期常州兴而复衰，临桂求变③。与词的发展互为表里的是词社的兴盛。清代词社的具体数量目前虽然还不是很清楚④，但可以肯定的是清代词社远迈前代，且后世乏继。伴随着清词复兴，词社也经历了清初的起步、清中期的初兴和清后期的繁盛乃至清季的蔚为大观这样一个过程。

早在顺治二年（1645），清军入关没有多久，徐州万寿祺就避

---

① （清）沈善宝：《鸿雪楼初集序》，《历代妇女著作考》，第367页。
② ［德］马克思、恩格斯：《神圣家庭，或对批判的批判所做的批判》，《马克思恩格斯全集》第二卷，人民出版社1962年版，第250页。
③ 参严迪昌《清词史》（江苏古籍出版社2001年版）、莫立民《近代词史》（人民文学出版社2010年版）等。
④ 可参万柳《清代词社研究》，中州古籍出版社2011年版。

地斜江，填词唱和，"与同志作《遁渚唱和词》"①。顺治四年（1647），华亭宋征璧与陈子龙"相订为斗词之戏"，不旬日即"各得若干首"，"嗣自赓和者"②又有钱谷、宋存标、宋征舆、宋思玉等人，词作集为《倡和诗余》。从顺治九年（1652）开始直至康熙中期，如皋冒襄经常在自己的水绘园宴请友朋，"四方宾至如归，联镳方轨，殆无虚日"③，辑有《同人集》。康熙元年（1662），王士禛与袁于令、杜濬、陈允衡、邹祗谟、陈维崧等修禊扬州红桥，"酒阑兴极"援笔成词，"诸子依而和之"④，辑为《红桥倡和词》。康熙四年（1665），王士禄游杭州西湖，与宋琬、曹尔堪"相与唱和《满江红》词，往复各至数十首"⑤，后曹尔堪游苏州，又与尤侗、宋实颖唱和，分辑《三子唱和词》、《后三子词》流传于世，继和者"几累千百"⑥。康熙十年（1671），曹尔堪至京师，倡和于正阳门秋水轩，龚鼎孳、周在浚助推其事，"一时名流相与争奇夺险"⑦，作品辑为《秋水轩倡和词》，纪映钟、陈维岳、王士禄、宋琬、曹贞吉诸家皆在列中。康熙二十年（1681），淄川唐梦赉与钱塘吴陈琰同游吴越，"联新声于丙夜"、"集清宴于午桥"⑧，唱和作品收入《辛酉同游倡和诗余后集》，何采、曹溶、林云铭、徐喈凤皆曾步和。清初有名词家几乎无一例外地参与过唱和，这些唱和虽

---

① 罗振玉：《万年少先生年谱》"顺治二年乙酉"条，《永丰乡人杂著》，民国十一年刻本。
② （清）宋征璧：《倡和诗余》卷首《倡和诗余序》，清顺治刻本。
③ （清）卢香：《冒巢民先生传》，（清）冒襄辑：《同人集》卷一，如皋冒长清道光五年刻本。
④ （清）冯金伯：《词苑萃编》卷一七，《词话丛编》，第2118页。
⑤ （清）王士禛：《王考功年谱》，《王士禛全集》第四册，齐鲁书社2007年版，第2507页。
⑥ （清）王晫：《峡流词》卷下"庄澹庵语"，康熙十九年霞举堂刻本。
⑦ （清）汪懋麟：《秋水轩倡和词序》，（清）曹尔堪：《秋水轩倡和词》卷首，清康熙十年遥连堂刻十一年增补本。
⑧ （清）唐梦赉：《志壑堂诗集》卷之上，《四库全书存目丛书》集部第217册，第665页。

不以社名，但却有实际的结社行为，更是肇开有清一代词人结社之风。

从康熙中后期至嘉庆年间，词人结社开始活跃，不过受结社之风渐趋沉寂的影响，词社真正兴盛的局面并未到来。康熙二十五年（1686），荆溪路传经举应社，"与天璧昆季相唱和"①。康熙四十九、五十年（1710、1711）间，太仓王时翔在"里中举诗社"②，又与同里毛健、顾陈垿"倡词社"，"王汉舒策、素威辂颖山、嵩存素愫、徐冏怀庾辈起而应之"③，参与者多太仓镇洋里人。就笔者所见，这是对"词社"的最早专门记载，嗣后"词社"一词渐趋常见。

乾隆元年（1736），钱塘厉鹗下第，此后"居傍南湖，结文酒之社，与乡间诸老酬唱之作日益多"④，诗词并作，他们结社的地点或在扬州马氏兄弟的小玲珑山馆："全谢山、符幼鲁、陈楞山、厉樊榭、金寿门、陶篁村、陈授衣诸君来游，皆主马氏，结邗江吟社"⑤，或在张四科、陆钟辉的别墅让圃"自都御史胡公而下，凡十六人，诗社之集，于斯为盛"⑥，后又移至钱塘"已而，钱塘踵为诗社"⑦，后全祖望将社集作品次为《韩江雅集》。

嘉庆七年（1802），汪度与词友联社唱和。嘉庆五年（1800），吴县潘奕隽与潘奕藻、范来宗、张凤翼等在里中举消寒会⑧。嘉庆八、九年（1803、1804）间，钱塘袁通入京，与京中

---

① （清）路传经：《旷观楼词》之《贺新郎·丙寅竹醉日，应社诸子集史纫方斋中，斗文赌酒》后记，（清）聂先、曾王孙编：《百名家词钞》，清康熙绿荫堂刻本。
② （清）王时翔：《小山文稿》卷三《小山词自跋》，《王抱翼小山诗文稿》，清乾隆十一年娄东王景元刻本。
③ （清）吴衡照：《莲子居词话》卷四，《词话丛编》，第2474页。
④ （清）汪沆：《樊榭山房文集序》，（清）厉鹗：《樊榭山房全集》卷首，清光绪十年刻本。
⑤ （清）李元度：《国朝先正事略》卷四二，清光绪十二年刻本。
⑥ （清）张四科：《宝贤堂集》卷二《让圃八咏》附《圃记》，清乾隆间临潼张氏刻本。
⑦ （清）全祖望：《厉鹗墓碣铭》，《樊榭山房全集》卷末。
⑧ （清）潘曾沂：《小浮山人自订年谱》，清咸丰间吴县潘氏苏州刻本。

名流杨夔生、程同文、陈文述、杨芳灿、朱渌等二十余人,"同结探春词社"①,分调咏物,唱和作品裒成《燕市联吟集》。嘉庆十六年(1811)前后,袁通在家乡随园再主唱和,"群贤毕集,古调同拈,妍唱分填,新词共简"②,词作辑为《讨春合唱》。嘉庆十七、十八年(1812、1813)间,袁通与邵广铨、许诰等在京师宣武城南"结联吟之社"③,先后和者数十人。此际,邵广铨、董国华、赵植庭等也在京师举有消寒唱和,词作辑为《樽酒消寒词》。嘉庆二十一年(1816),吴县戈载延请董国琛、朱绶、沈彦曾、陈彬华、吴嘉洤等齐集半树书屋赏花,同时又与蒋志凝、沈汐曾、沈传桂、吴锦等结词社同赋四春,"酒徒诗侣,晨夕过从"④,作品辑为《四春词》。嘉庆二十三、二十四年(1818、1819)间,董国琛举延秋吟社⑤,戈载、朱绶等与之唱和,二十五年(1820)又延秋续集⑥。嘉庆二十五年(1820),戈载、董国琛、朱绶、沈传桂、陈彬华等吴中诸子举消寒之会,先后九集⑦。吴县潘曾沂、吴嘉洤、朱绶、彭蕴章、沈传桂、王嘉禄、韦光黻亦结有社,称为吴门七子⑧。嘉庆二十三年(1818)冬至次年春,昭文孙原湘与吴震、张尔旦等人还在常熟"大举消寒词会,与者九人",始倡者吴震,"始于中冬,成于上巳,信风数番,

---

① (清)袁通:《燕市联吟集》卷四,(清)袁枚辑:《随园著述》,清乾隆嘉庆间刻本。
② (清)李溟:《讨春合唱》卷首《讨春合唱序》,《随园著述》。
③ (清)许诰:《书消寒词后》,孙原湘等:《消寒词》卷末,清刻本。
④ (清)朱骏声:《疏影序》,《全清词钞》,第877页。
⑤ (清)戈载:《翠薇花馆词》卷一〇《一萼红·董琴涵琢卿举延秋吟社,约赋颊桐花,用姜白石体》,清嘉庆二十三年刻本。
⑥ (清)朱绶:《绛锦词》卷一《惜红衣·庚辰秋日余有西湖之游,琢卿、清如、闰生、小云、井叔饯别于鸥隐园池上,明日泊舟吴江城外,歌此奉寄并怀顺卿、功甫。诸君方盛举延秋续集,惜不得移之两堤烟翠间也》,《知止堂词录》,清光绪十二年湖南贤思书局刻本。
⑦ 参见戈载《翠薇花馆词》卷一一、朱绶《绛锦词》卷一、王嘉禄《桐月修箫谱》等。
⑧ 《(民国)吴县志》卷七九。

良宴迭展"①。

此外,乾隆五十三年(1788)至嘉庆四年(1799)间,金匮杨芳灿官宁夏灵武,"幸边城事简,不废吟咏",与侯士骧、周为汉、陆芝田、杨夔生等"分题选韵,月凡三集"②,所得诗词录入《荆圃唱和集》,为这一时期西北词坛的发展注入了新鲜活力。

可以看出,这一时期的词社活动主要集中在直隶北京、浙江钱塘以及江苏的扬州和苏州地区,其中京师为政治中心,向为文人集会的活跃地区;浙江钱塘则是浙西词派的兴盛之地,词社自然比较活跃;而苏州、扬州、松江等地词社的活跃则预示着常州词派的兴起。

**五、清中期的其他文人结社**

随着清朝科举的建立与常规化运行,结社课文以应科考在士子中间重又开展起来,尤以江苏为多。在苏州,康熙中后期,长洲顾嗣立在秀野园中"与吴山仑、汪武曹、张日容、吴荆山、家有常诸君举鸿笔文社"③,大会江浙八郡名士;吴江张尚瑗、陈沂震、吴楫复、陈锐、陈锷、计默等集传清堂,举行文会。嘉庆初,常熟屈轶、黄廷鑑等在里结文社④;潘尊沂"举尊经文会于葑门钟楼之时习堂"⑤。

在常州,康熙中后期,无锡有敬业会,"会以时艺"⑥,显达者张泰开,他如曹辑五、顾预、顾景、华宏宪、顾赞、钱基皆登科甲;江阴曹禾里居,"集后进孔毓玑、汤大辂、耿人龙、徐恪、高

---

① 《消寒词》卷末《书消寒词后》。
② (清)杨芳灿:《荆圃唱和集》卷首《荆圃唱和集序》,清嘉庆四年刻本。
③ 《闾邱先生自订年谱》"康熙三十四年乙亥"条。
④ (清)黄廷鉴:《第六弦溪文钞》卷二,《后知不足斋丛书》第四函,清光绪甲申年刻本。
⑤ 《小浮山人自订年谱》。
⑥ 《无锡金匮县志》卷四〇。

玉行辈为文会"①；武进吕祖辉、刘文定、刘圃三人结文社②；宜兴储掌文与徐双南、徐西庚、徐紫来、陈永若、张景云、史莘斋、吴文锡八人联丽社"互相切劘"，邑中"闻风响应，旋至二十余人"，叶翘、储欣、储善庆、储方庆、许凤、周雪、周涟号荆南八俊，"联八士课，后广之为十二人"，同时又有荆南社"与吴闻、金沙相应和"，社中多耆英老宿，储梅隐执牛耳，储掌文以少年驰骋其中③。乾隆间，阳湖张琦、陆继辂、庄曾仪与江阴祝百十、祝百五等举文会于常州④；武进程景傅归里后，以引进后学为己任"偕年相若者四人为同甲会，乡里称人瑞"⑤。嘉、道间，石鸣玉、任泰、胡淦、鼓虎文等在宜兴倡结森社⑥。

在松江，乾隆间，青浦许宝善与吴蔚光、吴卓信、孙原湘等为会于常熟素修堂⑦；上海秦梦鹤等集四方同志结文社，金秋厓"主持社事，课卷就正于李循圃先生"⑧；金山程运"与同邑卢祖潢、庄映台、金嘉遇、曹相川、汪梦雷等结文社"⑨。嘉庆间，太仓徐元润、镇洋王宝仁等在里共结尊羹社⑩；华亭朱钰、朱鼐"结泖东文社"，时称大小朱，"大谓鼐，小谓钰也"⑪。

---

① 《(光绪)江阴县志》卷一七。
② (清)洪亮吉：《洪北江诗文集·卷施阁文集》卷五《文学吕先生墓表》，上海涵芬楼藏北江遗书本。
③ (清)储其章等：《先府君云溪公行状》，(清)储掌文：《云溪文集》附录，清乾隆三十六年在陆草堂刻本。
④ (清)陆继辂：《崇百药斋续集》卷三，嘉庆二十五年合肥学社刻本。
⑤ 《武进阳湖合志》卷二六。
⑥ 《(嘉庆)宜兴县志》卷八。
⑦ (清)孙原湘：《天真阁集》卷一九，清光绪重刻本。
⑧ (清)秦梦鹤：《金秋厓下榻张氏别业因集四方同志结文社于其中蒙示以诗次韵奉酬》，严昌堉辑：《海藻》卷一四，民国铅印本。
⑨ 《松江府续志》卷二五。
⑩ (清)徐元润撰，(清)徐春祺补编：《徐秋士自订年谱》，清道光三十年太仓徐氏刻本。
⑪ 《松江府续志》卷二四。

他如镇江丹徒，康熙间裴之仙"与宜兴储欣同主江左中孚社，士论推服"，后以会试第一人中式，"人益翕然宗之"①，乾隆间张絃、张崟、茅元铭、郭堃、鲍文逵等以文字相结合，称松溪五友②等，也有一些士子结社。

经过几位皇帝的励精图治，清朝发展至康、乾时期出现了盛世景象，优裕的生活境遇驱使文人们的享乐心态逐渐萌生，表征之一是怡老类社团显著增多，虽不及明代中期兴盛但也出现了一个小小的高潮。康熙间，陆经远、蒋文澜、张孟球、陈世安、宋聚业、章豫诸人致仕在籍，"于沧浪亭招诸名公修香山洛社故事"③，青浦胡大成"与张奂曾、周文选、张世禄、屠起泰结诗社，称金溪五老"④。康熙三十二、三十三年（1693、1694）间，华亭秦望山庄两举耆年会，与者为昔时复社、几社成员，皆苏、松地区之耆宿，有钱陆灿、盛符升、尤侗、黄与坚、王日藻、何栋、孙旸、许缵曾、徐乾学、周金然、徐秉义等⑤。康熙三十四年（1695），平湖陆葇致政归里，与里中耆旧结真率会，长洲顾汧自礼部致仕归，增建凤池园，在园中招集"为九老会"⑥。康熙三十五年（1696），太仓唐孙华致仕归里，坚卧不出，"惟与里中老友杖履相存，文酒数会二十余年"⑦。

乾隆间，武进吴龙应罢归，"与里中诸老仿洛阳会，优游以终"⑧，娄县有十老会，与者诸煌、沈大成、朱万鉴、徐王昱等⑨。

---

① 《丹徒县志》卷三二，第 636 页。
② 鲍鼎：《张夕庵年谱》，民国十五年丹徒鲍氏石印本。
③ （清）梁章钜：《沧浪亭志》卷六《杂缀》，清道光七年刻本。
④ 《青浦县志》卷一九。
⑤ 《（光绪）重修华亭县志》卷二四。
⑥ （清）顾汧：《凤池园诗集》卷首《自序》，清康熙间刻本。
⑦ （清）王吉武：《东江诗钞》卷首《东江诗钞序》，清康熙间刻本。
⑧ 《武进阳湖合志》卷二二。
⑨ 《（乾隆）娄县志》卷一六。

第五章　中国古代文人结社的新变

乾隆十四年（1749），常州庄氏致仕里居者九人，"因为南华九老会，各系以诗"，后来庄氏宗族中"年及六十而未预斯会者复二十一人，各依韵和焉"，庄氏后人辑为《南华九老会倡和诗谱》①。乾隆十六年（1751），弘历南巡，驻跸无锡寄畅园，秦孝然、实然、敬然、荣然、寿然、瑞熙、芝田、东田、莘田等九人皆秦氏宗族中年六十以上者，迎驾园门，奉和御制"近族九人年六百，耆英高会胜香山"之句②。乾隆二十四年（1759），丹徒张学林致仕家居，约"里中戚友叙齿得九人"，"去岁今冬，两会举行已三祀"，后稍增一、二人③。乾隆三十二年（1767），华亭赵骏烈年六十八，在里中举十老会④。乾隆三十四年（1769），松江李宗袞集里中老人举诗会，与者一十九人⑤。乾隆三十五年（1770），无锡邹二知、张有堂、曹之琰、邹捷、华西植、施禹言、华希闵、家迁、邹云城、顾建元诸人续举碧山吟社，"会于慧川园，绘十老图，因系以诗"⑥。

嘉庆九年（1804），上海两举九老会，首举地在嘉荫堂，由李廷敬倡之，与者凌鹤辉、郑盈山、全志南、陈熙、胡绹文、乔凤山、桂心堂、乔钟吴，花朝节再举于李氏吾园，绘有图赋有诗，与者凌鹤辉、郑盈山、桂心堂、沈文炘、陈叙东、唐尔孝、桂海、杨继东、黄荣堃九人⑦。刘墉、纪昀、王杰、徐绩、朱珪亦在京相订作五老之会⑧。嘉庆十八年（1813），仁和魏成宪与钱塘莫溎、仁和高家骏、嘉兴朱邦经、仁和高树程诸同年在杭州修禊雅集，仿宋

---

① 《洪北江诗文集·卷施阁文乙集》卷五《南华九老会倡和诗序》。
② 《无锡金匮县志》卷三八《艺文》。另，浦起龙《秦氏耆英里记》载此事甚详。
③ 《京江张氏家集》卷四《九老会诗（并序）》。
④ （清）沈大成：《学福斋诗集》，清乾隆三十九年刻本。
⑤ （清）钱载：《箨石斋诗集》卷三一《敬承会诗并序》，清乾隆刻本。
⑥ 《梁溪诗钞》卷三三《续碧山吟社诗（并序）》。
⑦ 《（同治）上海县志》卷三二。
⑧ （清）朱锡经：《显承南厓府君年谱》，（清）朱珪：《知足斋诗集》附录，《续修四库全书》第1452册，第436—437页。

代真率会结为苔岑兰会,赋诗作图,"月必有集"①。嘉庆二十一年(1816),荆溪任安上与潘允喆等共举南兴九老会②,武进赵怀玉与庄炘、崔龙见、龚际美、樊雄楚为五老之会,以"五人三百七十二"为首句,即席成诗③。嘉、道之际,松江刘枢归居郡中西郊,"佳日偕黄仁、姚楗等为尚齿会"④,娄县朱光纶"与祁子瑞、黄仁等结老友会以适其志"⑤。可见,这些社事仍然集中在江苏地区。

反映文人享乐心态的另外一个表征就是社事的娱乐性、休闲性明显增强。如康熙三十四年(1695)长洲彭定求邀同里地主举行豆腐会⑥,乾隆五年(1740)嘉定周笠、吴县张宗苍等人在淮安程嗣立的菰蒲庄举行画会⑦,乾隆四十二年(1777)说书艺人元和王周士等在苏州成立光裕社⑧,乾隆五十二年(1787),元和沈三白做幕绩溪尝观花果之会⑨等等。至若高政、钱宪在无锡所结肆情社,更是"家有藏春院"、"炫动闾里"、"雪夜妖姬塞上装"⑩,真可谓"肆情"者也!

## 第三节 清后期文人结社(道光—宣统)

嘉庆以后,国势陵夷,乱象纷呈,到道光即位之时,内外危

---

① (清)魏成宪:《清爱堂集》卷首《仁庵自记年谱》,《清代诗文集汇编》第446册,第10页。
② (清)潘允哲:《长溪草堂文钞》卷下,清道光二十六年潘氏壁楼刻本。
③ (清)赵怀玉:《亦有生斋集·诗》卷三二《古今体诗旃蒙大渊献柔北困敦·樊戎雄楚招饮诵陔草堂》,清道光元年刻本。
④ 《松江府续志》卷二四。
⑤ 《(光绪)娄县续志》卷一七。
⑥ (清)彭定求:《南畇诗稿》卷一,清康熙间刻本。
⑦ (清)程嗣立:《水南遗集》卷二,清嘉庆二十一年刻本。
⑧ 《光裕社一百五十年纪念册》,光裕社1927年印本。
⑨ (清)沈复:《浮生六记》卷四《浪游记快》,《丛书集成三编》第67册,第382页。
⑩ (清)秦瀛:《小岘山人诗集》卷三《咏梁溪杂诗一百首》,清嘉庆刻增修本。

机俱已深重,史有"嘉道中衰"之谓。随着鸦片战争(1840)的爆发,内忧外患日益加剧,清廷逐渐失去对社会的控制,清初、中期所形成的社会钳制力日渐松散,人们的行动变得相对自由,因而从民间的普通民众到智识阶层的文人雅士都开展了各色各式的集会结盟活动,清代后期的文人结社在中期积累的基础上迅速高涨起来。词社出现前所未有的盛况景象,成为中国古代词社的最高峰;诗社继续发展,在地理分布上仍然主要集中在江苏和浙江两个地区;诗钟社迅速形成并在京师及东南沿海地区传播开来,至清末民初更为风行;文社因为科举制度的弊端和彻底取消而失去了存在的依据,逐渐退出结社领域;怡老社团则因国势衰微、时局动荡也慢慢走向下坡。晚清以降,在外国势力的冲击下、在立宪政改的呼吁下、在进步思潮的鼓动下,传统的文人会社开始了现代转型,其中最为明显的标志是新式学会的出现和风起。

## 一、词社鼎盛

从嘉庆后期开始,词社明显增多,复经道光、咸丰至清季终至鼎盛,全国各地尤其是江南地区的词社之兴,如烂漫山花令人目不暇接。据统计,仅道光后期至宣统年间的词社就至少有140余个①。可以毫不夸张地说,中国古代的词社就是清代的词社,而清代的词社就是清代中期以后的词社。

从地域分布来看,清代后期的词社主要集中在江南的江苏和北方的京师两地。清词发展到嘉庆以后,浙西词派流弊日生,衰颓之势已不可挽回,常州词派起而振之,渐趋壮大。故而清代后期江苏地区的词风最炽,词社的数量也是最多。

---

① 据查紫阳《晚清词社知见考略》(载《中国韵文学刊》2010年第2期),道光后期以后清代的词社共有143个。参以其他文献,仅咸丰年间的虹桥词社、嬉春吟社、苹花社、午桥词社等皆不在该文之内。

自道光初期开始,活跃在苏州一带的有两个词人群体。一个以黄丕烈为核心。嘉庆六年(1801),黄氏与同人雅集觞咏,"会者六人":南昌万承继、休宁汪梅鼎、嘉定瞿中溶及同里袁廷梼、李福。道光二年(1822),与潘文恭、吴棣华、吴霭人"至虞山访书",多所唱和,有《四元唱和集》①。道光四年(1824),又邀潘世恩、吴廷琛、吴信中三人在苏州举有状元会②。另一个以戈载为核心,这个群体自嘉庆后期崛起后就一直非常活跃。道光一、二年(1821、1822)间,戈载与董国琛、朱绶、王嘉禄、宋翔凤等人续举消寒会,先后九集③。至咸丰元年(1851),华亭张鸿卓、长洲孙麟趾等人在苏州结词社,是年冬戈载与他们举九九消寒会④,又与吴县王寿庭等人"结消寒社"⑤。同时,长洲宋志沂与词友结销夏词课,"月课诗词"⑥。咸丰八年(1858),长洲潘钟瑞与同人访小市桥遗址,结有嬉春吟社,与嘉定程庭鹭结秋社分咏秋花,咸丰十一年(1861)前后再与苹花吟社⑦。关于这一群体的结社活动,时人张鸿卓在同治三年(1864)尝云:"吴中之社,自戈顺卿始成。咸丰初元,余、权铎元和与顺卿招同人重整坛坫。逾年,余返里,此社渐阑。迨吴清如丈归田,与王养初拙生、宋浣花、刘玉叔、君叔、

---

① (清)江标:《黄荛圃先生年谱》卷上、卷下,《续修四库全书》第557册,第167页、192页。
② (清)黄丕烈:《同人唱和诗集》,清道光四年士礼居刻士礼居黄氏丛书本。
③ 见戈载《翠薇花馆词》卷一一、王嘉禄《桐月修箫谱》。
④ (清)张鸿卓:《绿雪馆词钞》之《绿雪轩论词》,清光绪年间长洲潘氏香禅精舍刻本。
⑤ (清)王寿庭:《吟碧山馆词》之《摸鱼子·翠薇花馆吊戈顺卿先生》,清光绪年间长洲潘氏香禅精舍刻本。
⑥ (清)高望曾:《书宋浣花〈梅笛庵词〉后》,(清)宋志沂:《宋浣化诗词合刻》,清同治十一至十二年刻本。宋志沂《梅笛庵词賸稿》有多篇词作提及销夏词课,亦可参。
⑦ 分见潘钟瑞《香禅词》卷三《忆旧游》、卷三《梅子黄时雨·苹花吟社赋黄梅雨,限用此调》、卷四《疏影·泖生属题古红梅阁图,因忆戊午岁,同人访小市桥遗址,嬉春吟社中以此为题。今或感邻笛,或疏尺书,劫火一飞,风流云散,缅怀古迹,眷系吟朋,黯然谱此,意旨凄绝。壬戌》,清光绪年间长洲潘氏香禅精舍刻本。

## 第五章　中国古代文人结社的新变

子绣及君（潘钟瑞）复续旧社，转盛于前。余至吴，亦与焉。"① 戈载等人自嘉庆后期数举词社，至咸丰初年张鸿卓、戈载再度起社，后因张氏返里而渐散，几年后张清如归田，与宋志沂、潘钟瑞诸人复续前社，社事更盛。活跃在苏州地区的还有其他一些词人群体，如吴江仲湘结有虹桥词社②，又招沈西雕、陈云伯、董琴南等为延秋词集③等。

咸丰十年（1860）三月至五月，太平天国军队在杭州、常州、苏州、南京以及上海一带与清军作战，士人或死或逃，社事明显萎缩，整个同治年间乃至光绪前期很少有人在此结社，就连一直活跃的戈载词人群体也因"庚申之乱，同社诸君伤亡过半"④ 而行止消歇。直至光绪十一、十二年（1885、1886）间，以汉军正黄旗郑文焯为核心的词人群体才在此活动，他们"举词社于吴，专以联句和白石词为程课"⑤，萍乡文廷式、汉州张祥龄、华阳蒋文鸿以及龙阳易顺鼎、易顺豫兄弟等皆相唱和，又专有吴社之称，"歌弦醉墨，陵轹一时"⑥。光绪二十一年（1895），郑文焯在苏州城西的艺圃结鸥隐词社，"四方闻声相慕，缟纻之投无虚日"⑦，先后与者有十五六人，又与阳湖刘炳照、仁和谭献等人结寒碧词社，炳照为社长，每月两期，飞笺唱酬⑧。

江苏其他地方的社事也极为兴盛。在扬州，道光末江都秦黉

---

① （清）张鸿卓：《香禅词》卷首《香禅词序》，清光绪间长洲潘氏香禅精舍刻本。
② 参吴震《铜似轩诗》卷五《癸丑题仲湘辛亥虹桥秋禊图》（清刻本）、陈文述《颐道堂诗外集》卷一〇《题虹桥词社图》（清嘉庆刻本）等。
③ 《宜雅堂词》卷一。
④ 《香禅词》卷首《香禅词序》。
⑤ （清）叶恭绰：《郑大鹤先生论词手简》一，《词话丛编》，第4329页。
⑥ （清）郑文焯：《瘦碧词·大酺序》，（清）易顺鼎辑：《吴社诗钟》，上海广益书局民国三年刊本。
⑦ （清）朱锟：《复丁诗记跋》，（清）刘炳照：《复丁老人诗记》卷末，清光绪三十四年刻本。
⑧ 参顾廷龙《艺风堂友朋书札》、左运奎《小薜荔园词钞序》、金石《蕉畦词》等。

"招同人为淮海词社,分调拈题,一月一会",社不下二十人,"会中诸人,如君之尊人及王西御、金雪舫、箧伯昆仲、符南樵、朱震伯、周小云、张春卿、芮篠庵、吴琹南、李冰朿、许净斋,一时文酒之宴甚盛"①,作品辑为《意园酬唱集》。咸丰间仪征张安保、吴熙载、张丙炎等十余人结午桥词社②,"为文酒之会",刻《淮海秋笳集》行世,甘泉黄锡禧、王荚与仪征汪鋆等举消夏词会,觞咏于黄氏的栖云山馆③,后来秀水杜文澜与郭夔、李肇增等也在此结消夏词集④。同治初,两淮盐运使、嘉善金安清公事之暇"广招才士,大开词坛"⑤,结九秋社于泰州军中,时山西乔松年都转两淮,推其主持风雅,江阴蒋春霖、上元宗源瀚、秀水杜文澜、无锡钱勖、澧州黄文涵、乐平黄泾祥、辉县姚辉第、山阴张熙等与之。光绪前期,仪征张丙炎约汪鋆、王荚、方濬颐、刘涯年等举消寒词会,地在榕园、梅花盦、约园、栖云山馆等处⑥,大城刘涯年还结有延秋社⑦等等。

在松江,道光后期宝山蒋敦复削发为僧,"以僧服结社"于松江北郭之兰若⑧。娄县黄仁罢官归里,与华亭张鸿卓、雷葆廉等举嬉春词社,与同里张祥河、华亭顾夔等结词社于莲花寺,又与雷葆廉等举消寒词集⑨。咸丰间,上海王萃仁与郡人士结社唱

---

① (清)徐穆:《受辛词题辞》,(清)王荚:《受辛词》卷首,清光绪间刻本。
② (清)王鹏运:《蜩知集》之《莺啼序·辛峰寄示与张丈午桥训唱近作,依调赋寄,并呈张丈》,清光绪间刻本。社中张丙炎字午桥,以此名社或因词社由张氏主盟。
③ (清)李肇增:《淮海秋笳集》卷首《淮海秋笳集序》,清咸丰十年迟云山馆刻木。
④ 参杜文澜《采香词》、朱德慈《近代词人行年考》。
⑤ (清)杜文澜:《憩园词话》卷三,《词话丛编》,第2904页。
⑥ 《受辛词》卷下。
⑦ (清)刘涯年:《约园词》卷三,清光绪十二年杨城刻本。
⑧ (清)蒋敦复:《芬陀利室词话》卷三,《词话丛编》,第3647页。
⑨ 参张鸣珂《寒松阁词》卷一《疏影·黄砚北丈仁、家筱峰鸿卓、雷约轩葆廉举嬉春词社,约赋春影》、《莲社词》卷一。

酬，社作刊为《碧纱笼初集》、《二集》①。同治间，吴县朱和羲避难沪上，招华亭张鸿卓、嘉定秦兆兰等为饯春会，又按九一课举销夏之会②，长洲潘钟瑞多次参与销夏词社③。蒙自杨文斌侨寓奉贤青村镇，与林仲葵、阮味苏"晨夕过从，诗酒缔约"，复遇山阳黄天河、上元马骝、曲阿贺少楼、兰溪陆少葵，诸人此唱彼和，"每逢宴集之时，必有诗余之赠"④，作品辑为《海滨酬唱词》。平湖葛其龙侨居沪上，与词友结聚星吟社⑤。光绪间，松江杨葆光、娄县沈祥龙立有龙门词社。上海王萃仁迁茸城，与华亭耿道冲、杨兆椿辈结社唱酬⑥。鄞县蔡鸿鉴寓上海，建别业于黄浦西南，组织吟社，知名之士如王子裳、褚叔筼、万剑盟辈皆馆于家，刻烛分题，唱和成集⑦。华亭朱彦臣与王萃仁、顾雨青、钱小芸、沈子云等人结吟社于上海⑧。阳湖刘炳照与谭仲修、吴晋壬、邓笏臣、宗啸吴、边竹潭诸人续西泠诗社，迭为宾主⑨，炳照奉命掌管南浔电局时，暇结风余词社，与嘉兴张鸣珂、武进左运奎、会稽金石、江阴金武祥、阳湖恽毓巽、会稽孙德祖、上元宗彭年诸人"邮筒往复，无殊觌面"⑩。光宣之际（1908、1909），钱塘陈栩联合龙冈徐元贞、元和王润之、雁门佘啸尘、乌程沈竹荪等人在上海创立丽则词社，全称为海上丽则洁身社，

---

① 《海藻》卷二。
② （清）朱和羲：《万竹楼词选》，清同治刻绿竹斋本。
③ 《香禅词》卷四《忆旧游·西园感旧。潘恭定公（恩）豫园旧址后改建邑庙，易名西园，今西兵驻此（沪城销夏词社第一课）》。
④ （清）昆池钓徒：《海滨酬唱词序》，（清）杨稚虹辑：《海滨酬唱词》卷首，清光绪二十四年蒙自杨文斌香海阁刻本。
⑤ （清）葛其龙：《海滨酬唱词序》，《海滨酬唱词》卷首。
⑥ （清）陶樑：《词综补遗》卷三八，清道光十四年刻本。
⑦ （清）蔡鸿鉴：《二百八十峰草堂影》，民国间张氏约园抄本。
⑧ （清）朱彦臣：《片玉山庄词存》，清光绪二十二年刻自怡轩选稿本。
⑨ 《复丁老人诗记》卷末《复丁诗记跋》。
⑩ 《复丁老人诗记》之《无长物斋诗存》。

是较早的新型文人社团，作品辑为《丽则吟社诗词杂著》，又编有《国魂丛编》刊行①。

在太仓，道光间钱塘袁祖德任宝山县丞，崇尚风雅，与邑人结词社②。咸丰间，华亭张鸿卓举消寒诗社于嘉定，召苏州陈凝福、宝山朱煮、嘉定秦兆兰和同邑周之锦等共九人为集③。宝山陈升与周文禾、沈穆孙、朱诒泰、周日簋等订消夏之集于里中④，陈升又与嘉定程庭鹭、宝山朱煮、宝山沈穆孙、太仓钱恩荣、太仓杨敬傅、镇洋汪承庆结词社唱和，称"后娄东七子"，合刻《沧江乐府》行世⑤。同治初，嘉定周保璋还在里中结雪鸿吟社以填词⑥。光绪后期，太仓许泰游刘江（娄江），适逢歙人周品珊创立吟社，集者千余人。

在江宁，道光中武进汤贻汾退寓南京，与"江宁秦香光耀曾、上元孙伯雨若霖、阳湖孙树仪廷璆、苏州孙清瑞麟趾、吴县戈宝士载、华亭雷介生葆廉"结成江东词社，辑有《江东词社词选》⑦。道光中后期，华亭张鸿卓邀江宁秦耀曾、桐城许丙椿、长洲孙麟趾、同邑雷葆廉等人集金陵五松园作吟秋会。江宁水患，金鳌移居天禧寺听松阁，端木埰与同邑杨朴庵、许仲常、钱渐之、僧花雨及其兄西园、子锡等人常侍其侧，起词社以和金氏《秋影》、《秋声》词，"名曰听松词社"⑧。光绪间，南京陈作霖还与诸词友同集冶麓

---

① 参《丽则吟社诗词杂著》（清宣统元年刊本）、《丽则吟社词选》（《国魂丛编》之三，清宣统元年刊本）等。
② 参《芬陀利室词话》卷三、《宝山县志》卷七。
③ （清）秦兆兰：《听松涛馆词稿》，清咸丰刻同人词选本。
④ （清）陈如升：《尺云楼词钞》，清咸丰八年刻本。
⑤ 参钱溯耆《沧江乐府》、《芬陀利室词话》卷三。
⑥ 参周保璋《镜湄长短句》、《嘉定县续志》卷一一。
⑦ （清）谢章铤：《赌棋山庄词话》续编卷三《江东词社词选》，清光绪十年至民国十四年刻《赌棋山庄全集》本。
⑧ （清）端木埰：《碧瀣词自序》，（清）彭銮：《薇省同声集》，清光绪间刻本。

山房,数举消寒之会①。

在常州,咸丰间阳湖吴唐林、杨汀鹭、管才叔、赵惠甫、汤伯温等八人在里中"合成一社,拈题斗韵,刻烛倚声",名曰云溪词社,后因"中更兵燹,人比晨星"而散②,光绪间阳湖恽毓巽举消寒词集于里中,他的子侄们创立红鸳词社,毓巽亦与之③。光绪至宣统间,无锡还有碧山词社④。

北京为京畿重地,文人荟萃,唱和繁密,自清初即为词人结社的一大中心,至清季更盛。道光九年(1829),丹徒严保庸中进士,与"同人结社都中",地在徐廉峰居住的壶园⑤。道、咸之际,满人长秀引疾归,与旗人瑞泉等结红兰吟社于京师⑥,元和顾文彬举秋词社于都中,与者数十人,"拈百二十题,各限一调,自作三十余阕"⑦。咸丰间,满人恩锡与辇下词人结会消寒⑧,新建勒方锜与同人结香奁词社于北京⑨,无锡俞敦培亦在京结有消寒之会⑩。

同治间,满人宗韶、宝廷、志润等与京师士夫结探骊吟社,又名日下联吟社、探骊联吟社,社事数废数兴,"先后十年,联

---

① 参陈作霖《可园词存》卷一《貂裘换酒·消寒第一会,司马晴丈、秦伯虞、朱豫生、周柳潭、郑叔龙同集冶麓山房,时己亥冬日也》、《西湖月·消寒第四会,集倦游归卧之室。司马丈绘寒檠寿苏图,以是日东坡生日也。感成此解》等词作,清宣统元年刻增修本。
② (清)吴唐林:《留云借月盦词叙》,(清)刘炳照:《留云借月盦词》卷首,清光绪十九年刻本。
③ (清)恽毓巽:《剪红词》,清宣统二年恽毓鼎京师刻本。
④ 碧山词社:《碧山词社帆影词录》,上海图书馆藏清光绪刻本。
⑤ (清)严保庸:《探春慢·游徐氏壶园,登台凭眺,极为旷远。园中蓄一孔雀,问其雌,于去冬亡矣,为之怅然》,(清)丁绍仪辑:《国朝词综补》卷三四,清光绪九年刻本。
⑥ 《词综补遗》卷首、卷五五。
⑦ 《憩园词话》卷三、卷六。
⑧ (清)恩锡:《蕴兰吟馆诗余》,清光绪元年钱塘许氏刻本。
⑨ 参《憩园词话》卷三、《清词玉屑》卷五、勒方锜《太素斋词》。
⑩ (清)俞敦培:《艺云词》,清同治五年汪宝树黄蔡刻本。

吟者五十余人",作品辑为《日下联吟集》,"入选者一千余首"①。杨士昕、魏襄、方履籛、董基诚、董佑诚、赵植庭等人在"宣南结社,觞咏流连",时值武进陆循应方遨游京师,"与之揽辔齐驰,争标树帜"②。此外,满洲镶黄旗奭良举词社③,胏道人与晁彤文、薛寿等结消寒词集,临海周郇雨结消夏词集,仪征张兆兰与词友结社等④,皆当在同治年间。

光绪初,仪征张集馨尝于京师结消寒会⑤,方楷、刘庠继樽酒消寒唱和之后又在京师"相约为倚声之会"⑥,依谱填词,作品汇为《消寒词续录》。光绪四年(1878)至九年(1883)间,任丘边葆枢在京师结词社⑦。

光绪六、七年(1880、1881)间,临桂龙继栋与太谷王汝纯、永宁韦业祥、临桂王鹏运、灌阳唐景崧等集聚在京师的觅句堂,填词唱和,与者皆为粤西士人⑧,王汝纯又与贾筱云、刘蔼如、李荫墀等举消寒词集⑨。

光绪十年(1884)至十六年(1888)间,江宁端木埰、吴县许玉瑑、宁都彭銮、临桂王鹏运、临桂况周颐等薇省(内阁)词人唱和频繁,彭銮辑"同人倡和诸作,并别后所寄"⑩为《薇省同声

---

① (清)文邦从:《日下联吟诗词集序》,(清)简宗杰等:《日下联吟诗词集》,清光绪五年丁溪新馆刻本。
② (清)汤成烈:《鸥汀词序》,《国朝常州词录》卷二三。
③ (清)奭良:《野棠轩词集》卷三《绛都春·社题咏徐虹亭双椿老屋》,《野棠轩全集》,沈云龙主编:《近代中国史料丛刊》第十七辑,文海出版社1968年影印本,第273页。
④ 分见胏道人《石琴词》、周郇雨《黍芗词》、张兆兰《醉经斋词钞》。
⑤ (清)张集馨:《时晴斋词钞》,清光绪二十一年刻朱印本。
⑥ (清)刘庠:《消寒词续录序》,《樽酒消寒词》之《消寒词续录》卷首,清光绪十一年刻本。
⑦ 见边葆枢《剑虹庵词》、吴唐林《侯鲭词》。
⑧ 见《词综补遗》卷四、王汝纯《醉芙诗余》、韦业祥《醉筠居士词》。
⑨ (清)王汝纯:《醉芙诗余》,清光绪十九年京师刻本。
⑩ (清)许玉瑑:《薇省同声集跋》,《薇省同声集》卷末。

集》行世。

光绪十九年（1893）至二十四年（1898）间，南陵徐乃昌游京师，与临桂况周颐、满人盛昱、成都胡延、武陵陈锐、归安朱祖谋、金坛冯煦等海内名辈相庚和，辑有《同声集》①。同时，汉军正白旗继昌亦结有词社②。

光绪二十四年（1898）至次年间，临桂王鹏运在北京"举咫村词社，咏京华胜迹"③，自任社长，月两三集，汉军正黄旗郑文焯、归安朱祖谋、江夏张仲炘、祥符裴维侒、武陵王以慜、江阴夏孙桐、龙阳易顺豫、孝感高燮曾等皆与之。

光绪二十六年（1900），八国联军入侵北京，朱祖谋与临桂刘福姚避居王鹏运家，三人痛伤国运陵夷，"乃约为词课，拈题刻烛，于喁唱酬"，"若忘其在颠沛兀臲中"④，作品辑为《庚子秋词》。后至次年三月，三人的唱和活动又增加了郑文焯、张仲炘、于齐庆、恩溥、左绍佐等十一人，"凡阅者百十八日，拈调四十六，得词百二十四，附录三十五"⑤，成为清季词坛的一大盛事，辑有《春蛰吟》。

光绪三十四年（1908），番禺沈宗畸"肇立吟社，锡名著涒"，"名流墨客，景附云属，曾不逾月，达百余人"，仍然"来者未艾"⑥，至宣统二年（1910）仍有活动，王潜刚、袁祖光、邵福楙、袁士镕等皆曾与之，社中作品辑为《著涒吟社诗词钞》。

浙江、广东、福建等地一直是文人较为集中的地区，也出现了不少词社。浙江的词社主要集中在杭州地区。道光二十二年

---

① 《词综补遗》卷六。
② （清）继昌：《左庵诗余》，清光绪二十七年长沙盐署刻本。
③ （清）郑文焯：《比竹余音》卷二《木兰花慢序》，清光绪二十八年刻本。
④ （清）朱祖谋：《半塘定稿序》，（清）王鹏运：《半塘定稿》卷首，民国三十六年成都薛崇礼堂刊本。
⑤ （清）郑文焯：《春蛰吟》，清光绪二十七年刻本。
⑥ （清）刘梣：《著涒吟社同人录序》，（清）沈宗畸辑：《著涒吟社诗词钞》，清光绪三十四年铅印本。

(1842)，吴县戈载客游杭州西南的袁浦，与钱塘张泰初、无锡沈蓥、长洲尤坚、武林王香谷等结消寒词会①。咸丰初，仁和高望曾与蒋恭亮、高桢、高锡恩、高炳麟等在杭州结吟秋词社。同治年间，全椒薛时雨、泰顺潘其祝等先后与词友在杭州结社②。光绪初，吴县俞廷瑛在杭州结社③。光绪二十六年（1900），武进左运奎、会稽金石、吴县徐沅、嘉兴张鸣珂等在杭州结词社，阳湖刘炳照亦为社友，至次年社事方辍④。光绪二十八、二十九年（1902、1903）刘炳照、左运奎、金石等又结鸥梦词社进行唱和⑤。

广东的词社主要集中在广州地区。道光二十三年（1843），顺德李应田与番禺沈世良、许玉彬在广州学海堂"倡设越台词社，刻镂风月，消遥林溆"⑥，张维屏、李应田、黄玉阶、沈世良、许玉彬、谭莹等二十二人参与唱和，月举一会，凡五会，后因"俗客阑入，竞设盛馔，冠盖赫然"⑦ 而罢。越台词社为粤东词学在清代后期的兴起积蓄了力量。咸丰三、四年（1853、1854）间，番禺沈世良、金锡龄、许其光与南海谭莹结山堂吟社于广州⑧。光绪中，广州藩属西设有公所，公事之余"为诗词征和，名曰鹿园词社"，社中"尝以藕丝命题，和者三十余人"⑨，江阴金武祥、山阴汪琬、番禺叶衍兰皆与之。

清代福建地区的结社亦有不少，先后出现过平远台诗社、读书社、殖社、大社、南社等，若逢"小试之年，大比之岁"，社

---

① 见张泰初《花影吹笙谱》、沈蓥《留沤吟馆词草》。
② 见薛时雨《藤香馆词》、潘其祝《须曼那馆词草》。
③ （清）俞廷瑛：《琼华室词》，清光绪十一年杭州刻本。
④ 见张鸣珂《蔗畦词序》、左运奎《小薛荔园词钞序》、徐沅《瀼溪渔唱序》。
⑤ （清）左运奎：《迦厂词》，清宣统二年阳湖左运奎铅印本。
⑥ （清）谭宗浚：《希古堂集》乙集卷三《李研卿前辈遗集序》，清光绪间刻本。
⑦ （清）陈澧：《东塾集》卷六《许青皋墓碣铭》，清咸丰至光绪间刻本。
⑧ 《（宣统）番禺县续志》卷一九。
⑨ （清）金武祥：《粟香随笔》二笔卷八，清光绪至民国间刻本。

事更盛,"立会者无虑数十"①,其中词人所结之聚红榭词社当推最著,"始不过五人,其后至十余人",与者多为闽人,他们"抽奇骋秘,颇极一时唱和之乐"②,作品集为《聚红榭诗词录》。此外,道、咸之际还有瓯宁许赓皞"于里门举梅崖词社,同社十一人,大半出其指授"③,光绪间则有闽县李宗祎与词友在福州结社④等。

在全国的其他地区也有词人结社,显示出清代词社的分布范围非常广泛,这也是词社鼎盛的表征之一。

在江西,同治元年(1862)江阴金武祥"入赘江西之会昌县廨,与幕客施立之司马、蒋醉园孝廉,渡湘江(会昌水名)探梅成诗,因结湘江吟社",后来他的"外舅黄素庵先生、外姑沈宜人及内子筱云,均有诗词到社","时赣州丛吟石太守及前令吴樵孙先生辈,均以句当公事来县",亦"各有和章"⑤,社中作品辑为《湘江探梅唱和集》。

在湖南,同治初湘潭罗汝怀与黄海萼、李次青等在长沙结消寒会⑥,光绪十七年(1891)宁乡程颂万又"在长沙联湘社唱酬"⑦,月必数集,龙阳易顺鼎顺豫兄弟、道州何维棣、宁乡程颂芳等十余人与之酬唱,刻有《湘社集》行世。

此外,在黑龙江的齐齐哈尔,光绪初王舒毓与"苏荣、轩迎善、卿色子明、陈全斋、常兰亭、双三乐并结词社","时成员中州

---

① 《课余续录》卷二。
② (清)谢章铤:《稗贩杂录》卷三,清光绪十年至民国十四年刻《赌棋山庄全集》本。
③ 《赌棋山庄词话》卷一。
④ (清)李宗祎:《双辛夷楼词》,民国二十二年铅印本。
⑤ (清)金武祥:《陶庐杂忆续咏》,《粟香室丛书》,清光绪至民国间刻本。
⑥ 参罗汝怀《研华馆词》卷三《金缕曲·小除前二日,检理归装,书别怡芬主人,并呈同社诸君子》、《百字令·仲冬十一日,集六福堂消寒。猿叟有望雪二阕,次韵奉和》、《沁园春·十四日,恕堂中丞招集蜕园销寒,时新自成都归》,清光绪间刻本。
⑦ (清)谭献:《复堂日记·辛卯》,清光绪二十六年至二十七年刻本。

王性存，贵筑廖景森，楚北林煜南、孟振林，京都延宪，安徽孙家穆"，皆与之往还，"以道义相尚，并结词社，暇日咏歌，称一时之盛"①。在燕北，嘉庆后期嘉兴沈涛擢守各郡，在洺州时与任丘边浴礼、嘉兴戴锡祺、英山金泰等八人唱酬，"红弦绿酒，笙磬同音"②，先后有《九秋词》、《销夏四咏》、《消寒四咏》诸题，沈氏将作品编为《洺州唱和词》。在贵州，光绪初易顺鼎与顺天张景昌、华阳蒋文鸿同居黔东，在张氏的容园立岁寒三友社和旧鸥新雨社，酬唱无虚日③。不过，这些地区的词人结社远不及江南各地和京师北京，有的仅仅是偶一见之。

相对于前代来说，清代词社数量众多，分布广泛，尤其在嘉道以后全国范围内形成了庞大的社群网络，成为清词中兴的标志之一，也是清词繁荣的重要推力。

首先，词社造就了大量词人。清代词人约至万数④，少有不涉社事者，词名显于世者如毛先舒、曹尔堪、王士禛、陈维崧、顾贞观、纳兰性德、厉鹗、龚自珍、谢章铤、周星誉、文廷式、王鹏运、况周颐、郑文焯等概莫能外，而龙阳易顺鼎先后主持或加入过贵州的榕社、岁寒三友社、旧鸥新雨社（光绪初），苏州的吴社（光绪十一年），长沙的湘社（光绪十七年），北京的咫村词社（光绪二十四年）、著涍吟社（光绪三十四年）等诸多社事，类似词家并不在少数。

其次，词社催生了众多词集。清人本尚选本，古今勿论，词人在结社过程中或选编或全刻，亦常将社集作品裒辑行世。就笔者目

---

① 张伯英：《(民国)黑龙江志稿》卷六〇《艺文志》、卷五五《人物志》，民国二十一年铅印本。
② 《赌棋山庄词话》续编卷三。
③ (清)易顺鼎：《摩围阁词》卷上《岁寒三友社言》、卷下《旧鸥新雨社言》，清光绪八年刻本。
④ 参严迪昌《清词史》，江苏古籍出版社2001年版，第1页。

力所及,清代词人结社有集者将近三十部(见下表),实际肯定不止此数。这些选集、总集不仅是词社创作成果的集中展现(有的属于诗词合集),连同集中的序跋评点往往还是词学理论的载体和词派发展的支撑,存世之集则已成为今人研究清词的重要文献。

**清代词社作品集知见表**

| 序号 | 社集 | 时间 | 地点 | 代表人物 | 词集 |
|---|---|---|---|---|---|
| 1 | 遁渚唱和 | 顺治二年 | 苏州 | 万寿祺 | 《遁渚唱和词》 |
| 2 | 云间诸子唱和 | 顺治四年 | 松江 | 宋存标 陈子龙 | 《倡和诗余》 |
| 3 | 水绘园唱和 | 顺治九年至康熙中叶 | 如皋 | 冒襄 | 《同人集》 |
| 4 | 红桥唱和 | 康熙元年 | 扬州 | 王士禛 陈维崧 | 《红桥倡和词》 |
| 5 | 江村唱和(湖上唱和) | 康熙四年 | 杭州 苏州 | 曹尔堪 王士禄 宋琬 | 《三子唱和词》《后三子词》 |
| 6 | 秋水轩倡和 | 康熙十年 | 北京 | 曹尔堪 龚鼎孳 周在浚 | 《秋水轩倡和词》 |
| 7 | 辛酉唱和 | 康熙二十年 | 吴越 | 唐梦赉 吴陈琰 | 《辛酉同游倡和诗余后集》 |
| 8 | 韩江吟社 | 乾隆元年以后 | 扬州 | 厉鹗 | 《韩江雅集》 |
| 9 | 荆圃唱和 | 乾隆五十三年至嘉庆四年 | 灵武 | 杨芳灿 | 《荆圃唱和集》 |
| 10 | 探春词社 | 嘉庆八、九年间 | 北京 | 袁通 陈文述 | 《燕市联吟集》 |

续 表

| 序号 | 社集 | 时间 | 地点 | 代表人物 | 词集 |
|---|---|---|---|---|---|
| 11 | 讨春唱和 | 嘉庆十六年 | 钱塘 | 袁通 | 《讨春合唱》 |
| 12 | 消寒唱和 | 嘉庆中叶 | 北京 | 邵广铨 | 《樽酒消寒词》 |
| 13 | 四春词社 | 嘉庆二十一年 | 苏州 | 戈载 | 《四春词》 |
| 14 | 江东词社 | 道光二十三年 | 南京 | 秦耀曾 汤贻汾 | 《江东词社词选》 |
| 15 | 淮海词社 | 道光二十五年 | 江都 | 秦㰀 | 《意园酬唱集》 |
| 16 | 午桥词社 | 咸丰三年至十年 | 江苏 | 张安保 | 《淮海秋笳集》 |
| 17 | 聚红词社 | 咸丰五年至同治二年 | 福州 | 谢章铤 | 《聚红榭诗词录》 |
| 18 | 后娄东七子词社 | 咸丰间 | 太仓 | 陈升 | 《沧江乐府》 |
| 19 | 王萃仁结社 | 咸丰间 | 上海 | 王萃仁 | 《碧纱笼初集》《二集》 |
| 20 | 湘江吟社 | 同治元年 | 会昌 | 金武祥 | 《湘江探梅唱和集》 |
| 21 | 探骊吟社 | 同治五年至十五年 | 北京 | 宗韶 宝廷 | 《日下联吟集》 |
| 22 | 海滨酬唱 | 同治九、十年间 | 奉贤 | 杨文斌 | 《海滨酬唱词》 |
| 23 | 续樽酒消寒唱和 | 光绪三年 | 北京 | 方楷 刘庠 | 《消寒词续录》 |
| 24 | 薇省唱和 | 光绪十年至十六年 | 北京 | 端木埰 王鹏运 况周颐 | 《薇省同声集》 |
| 25 | 湘社 | 光绪十七年 | 长沙 | 程颂万 易顺鼎 | 《湘社集》 |

续　表

| 序号 | 社　集 | 时　间 | 地点 | 代表人物 | 词　集 |
|---|---|---|---|---|---|
| 26 | 庚辛唱和 | 光绪二十六、二十七年 | 北京 | 朱祖谋 王鹏运 郑文焯 | 《庚子秋词》《春蛰吟》 |
| 27 | 著湑吟社 | 光绪三十四年至宣统二年 | 北京 | 沈宗畸 | 《著湑吟社诗词钞》 |
| 28 | 海上丽则洁身社（丽则吟社） | 光宣之际 | 上海 | 陈栩 | 《丽则吟社诗词杂著》 |

再次，词社促进了词学的发展。清代词人结社常怀有振兴词学的目的，小山词社"倡言以词参之"①，聚红榭词社则"以词学倡同人"②，有些词社还明确标举所宗，如越台词社"以粤东词学颇少专家"而"约诸词人于学海堂创为词社"③，鸥隐词社即席赋词时"分用宋贤原韵"④以表明尊奉南宋词风。梳理清代词史，不难发现词学兴盛之处如云间、浙西、吴中、京师、闽中、岭南、湖湘等地都曾出现过数量不等的词社，正说明词人结社对于词学发展的促进作用。

最后，词社奠定了词派成型的基础。词社促兴词学，再进一步即有可能形成词派。词社活动可以集聚词人、激发创作和凝炼词学理念，在词人、词作以及词学主张等方面都为形成流派准备了条件。有清一代，凡称词派者多曾结社唱和，云间派有华亭宋氏和陈子龙唱和、柳洲派有江村唱和、闽中派有聚红榭词社、湖湘派有湘

---

① 《小山文稿》卷三《小山词自跋》。
② 《课余续录》卷二。
③ （清）陈璞：《尺冈草堂遗集》卷四，光绪十五年刻本。
④ （清）刘炳照：《感知集》卷上，《无长物斋诗存》，光绪三十四年刊本。

社、临桂派有咫村词社,至若吴中派则先后有吴中七子的消寒词会、梅崖词社、虹桥词社、嬉春吟社、苹花吟社、消寒社等①,数量更是惊人,有些词派未必有自己的专属词社,但派中人物或多或少都曾涉足社事,如阳羡派陈维崧、浙西派朱彝尊等。要而言之,清代词体能够"超乎其他文艺之上",甚至能"与唐诗、宋词继轨"②,词社之功当属其一。

民国以后,词人结社唱和之风未有衰歇,北京、天津、上海、南京四地成为词家活动重镇,社事总量不下百数③,影响较大者亦有数十,如春音词社(1915,周庆云)、白雪词社(1920,蒋兆兰)、聊园词社(1925,谭祖任)、潜社(1926,吴梅)、须社(1928,陈恩澍)、沤社(1930,周庆云)、如社(1934,廖恩焘)、声社(1935,夏敬观)、瓶花簃词社(1937,郭则澐)、雍园词社(1938,乔曾劬)、午社(1939,夏敬观)、梦碧词社(1943,寇泰逢)、庚寅词社(1950,张伯驹)等,他们以新型社团形式从事传统文学活动,形成古典文学与现代文学共生共存的奇特景象④。

## 二、诗社继续发展

随着词社的兴盛,传统的诗社逐渐衰落下去,与词社相比清代

---

① 参万柳《清代词社研究》第四章,第155—180页。
② (清)叶恭绰:《全清词钞·后记》,第2068页。
③ 据统计,民国时期共有词社114个,其中民初至1919年"五四"之间34个,"五四"以后至1937年抗日战争爆发55个,1937年至1949年25个。参曹辛华《民国词社考论》,载《2008年词学国际学术研讨会论文集》。
④ 自道光二十年(1840)至"五四"运动(1919)被史家称为"近代",其间虽有清朝覆灭、中华民国建立的重大事件发生,然治文学者多合而论之,词学尤是。此限于撰写体制,民国以后词社只能舍而不论,相关情况可参阅查紫阳《民国词社的传承以及发展》(载《名作欣赏》2010年第29期)、袁志成《民国词人结社综论》(载《玉林师范学院学报》2011年第6期)、马大勇《近百年词社考论》(载《文艺争鸣》2012年第5期)等。此外,由南江涛主编《清末民国旧体诗词结社文献汇编》(国家图书馆出版社2013年版)收录清末民国时期旧体诗词社团的相关诗词作品集、同人传记等近百种,曹辛华、钟振振主编《清末民国旧体诗词结社文献续编》(国家图书馆出版社2015年版)补收五十余种。

后期的诗社要少了许多。不过，诗词向来联系紧密，赋诗填词的活动在文人结社中也不是截然分开的，诗社可以填词，词社自然也可以赋诗，这或许就是清代后期纯粹以诗名社明显减少的原因之一。清代后期的诗社主要集中在江苏和浙江两个地区。

在江苏，道光三年（1823）正月，吴县黄丕烈邀请同郡尤兴诗、彭希郑至苏州城西积善庵探访古梅，"乘兴欲结问梅诗社"，并邀石韫玉入社，"每月一会，会必作诗"①，其后吴县张吉安、彭蕴章、董国华、潘世璜以及元和韩崶、泾县朱珔、元和吴廷琛等士大夫相继与之，潘世恩、梁章钜、陶澍、林则徐等地方官员亦唱和其中，至道光十三年（1833）举有一百三十余会，是清代后期颇具规模与影响的一个诗社。

道光五年（1825）四月，黄丕烈、石韫玉、张吉安等在彭希郑新居举问梅诗社集会，希郑侄蕴章与会②。道光六年（1826），仪征汪潮生、江都陈逢衡、甘泉谢堃等在广陵西园举上巳会③。宿迁王相构消寒小斋，"邀同人作九九诗会"④，各人"轮转邀集，各所兴致"⑤，凡十二会，王相的两个儿子裘之、禹畴兄弟又与钱樾坡、成序东、黄慎之等结有乞巧吟社⑥。道光十年（1830），吴江沈曰寿、沈曰富兄弟在盛泽共倡红梨社，推周梦台为社长，月举一二会，仅此一年中就举一十四会，唐寿尊、冯泰、张沅、仲湘、沈彬、吴山嘉、蒋宝龄等近三十人参与唱和，沈曰寿岳父陈希恕辑社

---

① （清）石韫玉：《燕居集三·题问梅诗社图诗引》，《独学庐五稿》诗卷三，清写刻独学庐全稿本。
② （清）彭蕴章：《诒穀老人自订年谱》，清同治刻本。
③ （清）经济：《半园诗录》卷二，清道光二十一年刻本。
④ （清）卓笔峰：《白醉闲窗序》，（清）王相：《友声集》附录《白醉题襟集》卷首，清咸丰八年信芳阁刻本。
⑤ （清）王相：《长至日消寒第一会小启》附《会约》，《友声集》附录《白醉题襟集》卷一。
⑥ （清）王相：《无止境存稿》卷一〇《续存稿·乞巧吟社诗序》，《清代诗文集汇编》第563册，第405页。

中诗作为《红梨社诗钞》①。次年，江宁顾槐三"与江厚之、王步康、杨乐山、凌鞠坪、吴兰坪、周竹恬、车秋舲诸君订交，起苔岑社"②。

道光十三年（1833）前后，泽州张敦仁侨居金陵，与唐冕、方体、孙源潮、王玙、钱军、瞿曾辑有七老会，唐冕、方体辞世后召入汤贻汾、任泰，仍为七老之会③。道光十五年（1835），安徽包世臣、仪征刘文淇、江都梅植之等在扬州补举黄庭坚生日会④。道光十六年（1836），沭阳王钦霖、江西黄爵滋、甘泉汪喜孙、山阳潘德舆等为会陶然亭，上元温肇江作有《江亭展禊图》⑤。道光十七年（1837），云南严廷中宦寓扬州，倡春草社。道光十九年（1839），丹徒严保庸客南京，与江西黄爵滋、武进汤贻汾在凭虚阁举秋会⑥。道光二十年（1840），上海张伟、黄家锟、黄步瀛、贾履上、黄煾与华亭王式金、南汇诸士瓒、奉贤鞠有芳、方外空澄等人结竹冈吟社，社事活动历十三年，至咸丰二年方止⑦。

道、咸之际，吴江金械、金其相"尝集彭城诗社"⑧；平湖沈筠游金山卫，"与张鸿卓等结有诗社"⑨；青浦陈镴在城东筑娱甘别墅以"结吟社"⑩；丹阳束允泰结社，三次举会，分别以甘星阶、

---

① （清）周梦台：《红梨社诗钞跋》，（清）陈希恕辑：《红梨社诗钞》卷首，清道光十年刻本。
② （清）顾槐三：《然松阁诗钞》卷下，《丛书集成续编》第138册，上海书店1994年版，第366页。
③ （清）陈韬：《汤贞愍公年谱》"道光十三年"条，民国二十二年铅印本。
④ ［日］小泽文四郎：《仪征刘孟瞻先生年谱》，《近代中国史料丛刊》第八十一辑，第110页。
⑤ 《颐志斋文集》卷一二。
⑥ （清）陈韬：《汤贞愍公年谱》，民国二十二年铅印本。
⑦ 佚名：《竹冈吟社诗钞》，咸丰二年刻本。
⑧ 《垂虹诗胜》卷五。
⑨ 《松江府续志》卷四〇。
⑩ 《松江府续志》卷二四。

周熙庚、薛晓帆为社长,先后与者二十余人①。咸丰六年(1856),常熟陆筼、钱禄泰等在里中结虞山吟社②。咸丰九年(1859),吴县黄丕烈"邀同人赏花,仿黄尧夫先生谈社之举,作竟日谈"③,诗则具文而已。

咸、同之际,上海张伟"与华亭王式金诸人结诗社",诗多咏俞塘故事④;青浦金玉、俞廷飑、庄世骥、庄世骐、李继膺、熊其光、李隽结吟花诗社,称青溪七子⑤,七子又受县令冯树勋召集,在芸香草堂举诗文之会⑥;吴县王炳燮、金兰、沈渊、贝青乔、贝信三等十余人在木渎镇结碧螺吟社⑦;丹徒夏铭好作诗,"与名流结诗社"⑧,社作辑入《京江后七子诗》;吴县许起自沪上归,"立诗社于清风亭,倡酬其中"⑨。

经过太平军之乱和英法联军入侵以后,清朝国势渐衰,民生日非,文人的风流雅集更少。同治间,无锡范镜堂教授乡里,与张晓帆、秦姚臣、许静山、侯翔千诸人"结诗文社,多倡和之作"⑩;丹徒刘炳勋工诗,"与邑人周伯义、解为干结诗社,名岁寒集"⑪。同、光之际,潘元达、王斯恭、吴喻、康乃希、潘宅仁、释扫叶诸人在宜兴结社⑫。光绪二十七年(1901)至二十九年(1903),江

---

① (清)孙国钧:《(民国)丹阳县续志》卷二〇,《中国地方志集成·江苏府县志辑》第31册,第999页。
② 《江苏艺文志·苏州卷》第四分册"陆筼"条。
③ 苏州潘氏:《佛香酬唱集·三集》,民国七年刻本。
④ 《松江府续志》卷二六。
⑤ 《松江府续志》卷二五。
⑥ 《青浦县志》卷一九。
⑦ 《(民国)吴县志》卷六八。
⑧ (清)张玉藻:《续丹徒县志》卷一三,《中国地方志集成·江苏府县志辑》第3册,第666页。
⑨ 《(民国)吴县志》卷六八。
⑩ (清)侯学愈:《续梁溪诗钞》卷一五,民国九年锡成公司铅活字本。
⑪ 《续丹徒县志》卷一三,《中国地方志集成·江苏府县志辑》第3册,第658页。
⑫ 《(光宣)宜荆续志》卷九。

阴金武祥、武进刘树屏在常州屡开鲸华社,"其期会之疏数,宾朋之众寡,无定形,亦无常主"①,集会达四十次,先后与者亦四十余人。光绪间,武进恽敏巽与其侄恽宝元共创诗钟社②;无锡程鸿仪课徒之余"与二三知己结虚白社,吟咏酬唱"③。

在浙江,道光初期,新埭陆增"与邹少府霞轩、杨文学莲塘结诗社于紫藤花下,一时传为韵事"④。道光四年(1824),海昌吴衡照假馆武林驿汪远孙之东轩,与馆主招邀结社,"月一会,会不必东轩,而东轩为多"⑤,故名东轩吟社。该社历时近十年,参与者七十多人,先后集会百余次,在当时影响很大,是清代杭州地区著名的大型文人结社之一。道光六、七年(1826、1827)间,朱逢盛居衙前镇,首倡诗社,"招同人分题角韵,品定甲乙,如是者十余年"⑥,远近属和者十余人。道光八年(1828),钱塘邹绅(1761—1838)移居武林斜桥,与吴鉴、蔡焜、蒋梅、俞薪传、魏谦升、钟荣、邵懿辰、吴理综及二子邹志路(1794—1860)随兴结为古藤书屋诗社,诸人"咸集花下,促膝谈咏,联吟趣豪"⑦,成诗若干。同时,宁波姚燮、定海厉志等人在慈溪叶元阶别业枕湖吟舍邀请"六邑士之能诗者结吟社,月以三集"⑧。道光十六年(1836),平湖张乙舟"聚远近同志十余人为艺舫续课,更倡迭和,以为笑乐"⑨,诗辑为《续艺舫诗钞》。道光末,绍兴周星誉告老家居,起

---

① (清)徐珂:《清稗类钞》第八册,北京中华书局1986年版,第4016页。
② 《江苏艺文志·常州卷》"恽宝元"条。
③ 《续梁溪诗钞》卷一八。
④ 《平湖经籍志》卷二六《鸭船吟草》按语。
⑤ (清)黄士珣:《东轩吟社图记》,(清)费丹旭:《东轩吟社图》附录,清宣统上海世界社影印本。
⑥ (清)陈锦《清吟楼诗稿续编序》,《平湖经籍志》卷二八。
⑦ (清)邹志初:《古藤书屋诗社图记》,(清)丁丙辑:《武林坊巷志》第7册,浙江人民出版社1990年版,第707页。
⑧ (清)姚燮:《复庄骈俪文榷》卷八《叶仲兰文学诔》,清咸丰四年刻本。
⑨ (清)张定闿《续艺舫诗钞自序》,《平湖经籍志》卷二九。

言社,又"创益社于浙东,一时胜流如许棫、孙垓、余承普、周光祖、陈寿祺、孙廷璋、王星诚、李慈铭,星誉、星诒咸隶社籍"①,社推孙垓为长,每年秋冬两大会,后"江南北浙西争以所业来质","于是有益社之广",时有"益社六子、续六子、后六子、广六子之目"②。

道、咸间,平湖张定闰尝结竹林诗社,"与兄子金镛侍讲、炳堃都转辈晨夕唱和,为士林佳话"③,金镛任社长。咸丰四年(1854)前后,黄姑顾鸿熙、顾长清"登高希大夫,结社约同类",举有三十六鸥吟社诗④,同时郁载瑛、俞铿等十余人共结古欢社会,"会必以诗,分题阄韵,颇极文酒之乐"⑤。咸丰六年(1856),平湖沈金藻与丁彭年举洛如嗣音社,先后得二十人,"春秋佳日,吟花醉月,跌宕琴樽"⑥,社集作品辑为《洛如嗣音集》。

光绪四年(1878)至十一年(1885)间,钱塘吴兆麟招族侄吴庆坻、退隐杭州的永康人胡凤丹和同乡沈映钤、丁丙等人在所居铁花山馆结吟社,"流连觞咏,月必一会"⑦。光绪二十四年(1898),新仓钱厚贻与奚其芬、张叔雍、朱维椿、周至刚、龚侣黄等人倡结月桥吟社,"相与唱和,意兴飚发"⑧,可惜不久死亡相继,社事风流云散。

此外,其他地方也有一些诗人在开展结社活动。在京师地区,

---

① (清)金武祥:《二品顶戴广西盐运使周公传》,清宣统二年刻本。
② (清)李慈铭:《越缦堂日记》,江苏广陵书社2004年影印本,第1717页。
③ 钱仲联:《中国文学大辞典》,上海辞书出版社1997年版,第1314页。
④ (清)钟步崧《黄姑竹枝词题辞》,《平湖经籍志》卷三〇。
⑤ (清)王大经《味雪斋诗钞序》,《平湖经籍志》卷三〇。
⑥ (清)沈金藻:《甬西吟榭诗钞序》,(清)陆超升:《甬西吟榭诗钞》卷首,清宣统活字印本。
⑦ (清)吴颢辑,(清)吴振棫重辑:《国朝杭郡诗三辑》卷五二,清光绪二年钱塘丁氏刻本。
⑧ (清)周至刚《听鹂吟馆诗存序》,《平湖经籍志》续录。

道光元年（1820），吴县潘曾沂、福建梁章钜、江西吴嵩梁等在京师举宣南诗社①。道光三年（1823）至六年（1826），闽籍士人在京暇结荔香吟社，"以时钟四刻为限，各成七绝一首，才捷者多多益善"②。道光六年，华亭张祥河与吴嵩梁等共举欧阳修生日会③。道光十年（1830），福建林则徐与浙江龚自珍、江西黄爵滋、广东张维屏、湖南魏源、长洲彭蕴章、吴县潘曾沂等再举宣南社。光绪三十三年（1907），晚清"四大名臣"之一张之洞入值枢府，与南书房、翰林院、御史台三署人物起寒山社，集会时无不"分韵题诗，即最促时间，亦必钩心斗角，作诗钟一二"。直至辛亥革命前夕，在京朝官仍"结社为乐，多浏览题咏之作"④。

在广东地区，"道光间广州多诗社"⑤，三年（1823）前后，番禺冯询、汉军旗人徐荣等在广州结南园诗社⑥；五年（1825），南海谭莹与徐荣、熊景星、梁梅、徐良琛、郑棻、邓泰等结西园吟社，"文酒流连"，"极一时之盛"⑦；十五年（1835），番禺仪克中与熊景星、黄培芳、黄子高、释智度、释成果等十八人在长寿寺"结菊花吟社"⑧；道光时期，还有香山邓大林招名流熊景星、许玉彬、陈璞、陈良玉等吟赏唱和于所辟杏林庄，许玉彬、陈良玉、黄玉阶、谭莹、沈世良、叶衍兰、徐灏诸人联吟于花埭花田⑨。咸丰间，谭莹与许其光、陈沣、沈世良、金锡龄、徐灏等人

---

① 《小浮山人自订年谱》。
② （清）李家瑞：《停云阁诗话》卷一五，清咸丰五年刻本。
③ （清）张祥河：《诗舲诗录》，清道光二十六年刻本。
④ 《清稗类钞》第八册，第3955页、3977页。
⑤ 《（宣统）番禺县续志》卷二〇。
⑥ （清）冯询：《子良诗存》卷一二《杭州呈徐铁孙太守荣》，清刻本。
⑦ 《（光绪）广州府志》卷一六二《杂录三》。
⑧ （清）释成果：《题仪墨农先生大集后》，（清）仪克中：《剑光楼诗钞》卷首，清光绪八年学海堂刻本。
⑨ 《（宣统）番禺县续志》卷四〇。

结西堂吟社①，许相光启诗社于珠江袖海楼②。

在福建地区，道光二十四年（1844），闽县林寿图自京师归，与乡人结西湖诗社，先后参与十余人，至二十七年（1845）活动方止③。又有吟秋诗社，常限为两句（诗钟），联吟既久，佳句遂多，颇为"一时风雅之盛"④。自嘉道以还，福建文人雅好诗钟，绵延至今其风不衰，详见下文所述。

在云南地区，光绪二十二年（1896）夏至次年冬，时任东川知府冯誉骢为"提倡风雅"而倡开翠屏诗社（亦名翠屏诗课），规定"每月十五会课一次"，府内诸生以及"同寅诸友及在籍绅士有愿作者"⑤均可入社，先后参与社事者达六十余人，冯氏将会课之作选刻为《翠屏诗社稿》。翠屏诗社由一地政首创设并亲自参与其中，与清初普通文人开展集会活动也要避讳"社"字形成鲜明对照，说明清廷至此已对文人结社多有宽容，但诗社的创立目的和活动形式多在课诗而非雅集，或许是主创者对于自己的官员身份仍然有所顾忌。

### 三、诗钟社团活跃

诗钟是校诗的一种特殊形式，又名"改诗""作碎""折枝""偶句"等。它以传统诗词的对偶艺术为基础，要求创作者在限定的题目、字眼、格目和时间内创作出一联对仗的诗句，格律要求与律诗的颔联、颈联基本相同，五、六、七言皆有，多至十余言，尤

---

① 见《乐志堂诗集》卷一二《西堂吟社第一集，补和沈氏〈白燕堂粤台古迹八咏〉，同集者许涑文太史、陈兰甫沈伯眉两学博、金芑堂孝廉、徐子远上舍》和《西堂吟社第二集，即事感赋得诗十二首，时丙辰八月二十六日也》。
② 《（宣统）番禺县续志》卷四〇。
③ （清）林春图《西湖社诗存》，清道光二十八年刻本。
④ （清）莫友棠《屏麓草堂诗话》卷一〇，张寅鹏主编：《清诗话三编》第七册，上海古籍出版社2015年版，第5036页。
⑤ （清）冯誉骢：《翠屏诗社稿》卷首《诗社牌示》，光绪二十四年戊戌东川府署刻本。

以七言诗钟为多。但相较于颔联、颈联而言，诗钟的体格极其繁复，有分咏、嵌字、嵌咏三体，其下又细分为五十余种格目①，故而参与诗钟创作的文人往往具有较高的文学修养和一定水平的诗词技艺，近代以来的知名政要、学者、诗人，如林则徐、张之洞、陈宝琛、王闿运、严复、易顺鼎、陈三立、林纾、梁启超、辜鸿铭、唐景崧、施士洁、丘逢甲等多曾参加过诗钟活动并有作品存世。作为旧体诗词的殿军，从道光十二年（1832）至民国初期，全国各地共出现过 100 多个诗钟社团，编印过 50 余种诗钟总集、选集和别集②，不仅在当时蔚为大观，其遗响至今犹存。

诗钟起自福建，也最早在福建文人群体中开始流行，多认为是由福州家塾中的课诗联句发展而来③。在道光、咸丰、同治的较长时期内，当地对诗钟的称呼都是停留在"改诗""夹句""折枝"等只强调形式特点的阶段，后来随着体制的发展与成熟，"诗钟"才成为一种专称④。道光年间的福建钟坛，已经出现各种体格的诗钟。例如吟秋诗社就有咏物和空咏之分："社中亦有限两句者，其法拈平仄两字凑成十四字一联，或咏物，或空咏，自冠顶至坐脚，总以此两字。"吟秋诗社本是一个以近体诗为主要创作内容的社团，诗钟只是兼作，此时诗钟还处于依附于传统诗词社的早期阶段，但

---

① 有关诗钟的基础知识可参萨伯森、郑丽生：《诗钟史话》，萨伯森：《萨伯森文史丛谈》，福州海风出版社 2007 年版。
② 李思语：《清末民初诗钟社研究》下编，上海师范大学 2018 年硕士学位论文（未刊）。
③ （清）易顺鼎《诗钟说梦》云："诗钟一事，自国初闽人记载后，至今近数十年，乃有传作。"王毓菁《说诗钟》云："诗钟盛于闽，闽人不曰诗钟，而曰改诗……改诗为诗钟之祖。"另有说法认为诗钟出于广东，袁祖志《诗钟序》即云："此法创自粤东，而各省文人仿行之。"分见《庸言》1913 年第 1 卷第 10 号，第 2 页；菊庵辑：《如庐诗钟丛话初编》，1922 年铅印本，第 1 页；葛元煦辑：《闲情小录初集》，光绪三年刻本。
④ 曾伯厚认为"诗钟创格推吾闽，诗钟命名非闽人"，其说当符合实际情况。（清）曾伯厚：《题词》，《寒山社诗钟选乙集》，南江涛编：《清末民国旧体诗词结社文献汇编》第十四册，第 16 页。

第五章　中国古代文人结社的新变

这个诗社在当时非常活跃,"联吟既久,佳句遂多",极大地推动了诗钟创作在当地的传播,社中钟作也被"录其尤其萃者,以志一时风雅之盛"①。

筠心社的情况与此类似,只是社中成员都专作嵌字格:"嗣与王直夫、吴小林诸子在筠心社联句,如'香、上'两字,押第五,予句云'三生已负香奁债,一第先探上苑花',阅者以为风流名贵。"② 随着诗钟格目的定型,一些政界要员开始参与其中。同治六年(1867),侯官沈葆桢任福建船政大臣,在长达六年的时间里,经常召集幕僚打钟:"署中宾客,及署外各局厂委员,皆用文士,每公事毕,即拈题限字,夜刻烛若干长为度。"③ 其时诗钟尚被视为文墨之戏,作者多不予重视,沈葆桢自己就说"此游戏之作也,境过则忘之,且弃置之"④,所以他们所课诗钟没有被专门收集起来,今散见于《沈葆桢诗作手稿集》《福州船政局沈葆桢臣僚诗钟会集》以及易顺鼎《诗钟说梦》等。

政界要员的参与使得诗钟被快速推广,逐渐出现专门创作诗钟的社团。著名翻译家林纾率先主持成立琼社,还在上元节时专门组织冷红吟局进行打钟。光绪三十年(1904)前后,闽县陈宝琛与一众友人在福州光禄坊内创建诗钟社,"每数日必有会,每会必十余人或廿余人,皆其邦之名宿"⑤。陈宝琛曾专门为此赋诗云"光禄有吟台,社饮数数至。但期谐里耳,宁料接仙气。佳联觅双璧,断句锻七字。大雅诚所羞,土风庶未坠。"⑥ 所谓"佳联觅双璧,断

---

① 《屏麓草堂诗话》卷一〇,《清诗话三编》第七册,第5036页。
② 《停云阁诗话》卷一五。
③ 《诗钟说梦》,《庸言》1913年第1卷第10号,第2页。
④ (清)谢章铤:《船司空雅集录序》,黄嘉尔:《船司空雅集录》,清光绪十一年昌刊本。
⑤ 《诗钟说梦》,《庸言》1913年第1卷第10号,第4页。
⑥ (清)陈宝琛:《十一月廿六日玉尺山房诗集,实甫同年归有四叠之作,四叠奉正》,易顺鼎著,王飙校点:《琴志楼诗集》卷一三,上海古籍出版社2012年版,第899页。

句锻七字",即是指打钟活动,钟作也被社中成员易顺鼎辑入《诗钟说梦》中。光绪三十四年(1908),陈宝琛、林纾、陈衍等人又在福州创立志社,"最初设于南台乐群社内,嗣移入大妙山去毒社"①。志社在民国以后相当长一段时间内都有活动,民国六年(1917)重建诗楼,陈宝琛为题署额,林苍《志社新建诗楼记》记载民国以后,"时城南诸君子亦有志社之举,与吾社人互相往来,借折枝吟以消遣"②。辛亥革命爆发,政权的更迭导致官员文人出现"弃官潮""返乡潮",福建钟坛再掀诗钟热。林苍返乡后,"招致古人、邑子结一社,命名托社"③,盛极一时,入社者近百人,"先后选出林苍、陈国麋、陈辅敷为社长,历时数载,隽句甚多"④。类似托社的还有还社,社员都是"乡人于辛亥光复后自外省归里者"⑤,因此直接命名为"还"。他如晓社、退闲吟社、观社等,这些弃官返乡的文人之间往来唱和,共同促发了民国初年福建钟坛的繁荣局面。

诗钟在福建形成和流行之后,通过官员调动、文人交游等途径,逐步向其他地区扩散,首当其冲的就是北京。道光四年(1824),闽籍官员曾元海和杨庆琛在京成立荔香吟社,社事活动最初是以传统的击钵吟为主,但随着诗钟的盛行和传入,吟社逐渐开始课钟。之后在京闽人创作诗钟的越来越多,常常三五成群,在北京的福州会馆、福清会馆开展活动,"每夕阳西下,三五知心相从

---

① 陈海瀛:《希微室折枝诗话》,陈海瀛、郑丽生、萨伯森:《〈希微室折枝诗话〉〈诗钟史话〉合编》,长安诗钟社2014年版,第12页。
② 林苍:《志社新建诗楼记》,陈文忠主编:《福州市台江建设志》,福建科学技术出版社1993年版,第110页。
③ 林苍:《志社新建诗楼记》,《福州市台江建设志》,第110页。
④ 萨伯森:《识适室剩墨》,福建人民出版社2003年版,第16页。
⑤ 《希微室折枝诗话》,《〈希微室折枝诗话〉〈诗钟史话〉合编》,第13页。

谈话，或擘笺分韵，作击钵、折枝之娱"①。在福建文人的带动下，来自全国各地的文人们也相继加入进来，先后出现了雪鸿吟社、著涒吟社、寒山社、潇鸣社等众多社团。同治十年（1871）冬，河南项城人袁保龄与豫籍好友十二人创立雪鸿吟社。他们不仅自制打钟器具，而且在值课、评定、奖惩等各方面都制定了严格的规则，"社规严，不少假借，往往得佳句，同人至赞，亦颇自喜"②。雪鸿吟社重点进行嵌字格创作，同时兼顾其它诸格，是诗钟史上第一个格目最为完备的社团，也是第一个将作品专门结集的社团，所课钟作辑刻为《雪鸿吟社诗钟》。

光绪三十四年（1908），广东番禺人沈宗畸创立著涒吟社，诗词之外兼课诗钟，社中汇集成昌、易顺鼎等诸多诗钟作手，也吸引着一众新人，鼎盛时达到120多人："名流墨客，景附云属，曾不逾月，达百余人。"③ 著涒吟社兼作分咏、嵌字二体，含加课在内共课十次，得诗钟近300联，沈宗畸辑为《著涒吟社诗钟集》，著涒吟社在编印《诗钟鸣盛集初编》时也选录部分社员的作品。北京本地的旗人也逐步加入钟坛，还专门成立八旗社团。光绪十一年（1886），盛星、成昌等创立榆社，社员十数人均为八旗子弟，且以满族最多，社中作品后由成昌辑为《榆社诗钟录》。光绪二十九年（1903），乐泰、成昌、定信等人再开钟会，十七位成员中有十二人是旗人。

进入民国以后，北京的诗钟社团未有衰减。民国元年（1912），广东南海人关赓麟时任京汉铁路总办，与江苏杨士琦、广东蔡乃煌、山西王式通、河北高步瀛、江西陈三立、福建陈衍等人借用京

---

① 郭曾炘：《邴庐日记》，郭则沄编：《侯官郭氏家集汇刻》，《近代中国史料丛刊》第三十辑，第169页。
② 李嘉乐：《跋》，王以敏辑：《诗梦钟声录》卷末，清光绪十九年刻本。
③ （清）沈宗畸：《著涒吟社诗钟集序》，《诗钟鸣盛集初编》卷首。

汉铁路同人会会所组织诗钟会，后直接取名寒山诗钟社，每月四集，并制定社章，收纳社费。三、四年之后，原上海淞滨吟社、超社的一些知名钟手如湖北樊增祥、广东梁鼎芬等，纷纷北上加入寒山社，社事得到迅猛发展："樊樊山（增祥）继至，群仰为领袖，海内胜流，如水赴壑，著籍至四五百人，集必三四筵为常。"① 至民国八年（1919），寒山社共集会253次，课钟438唱，创作上以建除体（嵌字）为主，作品格目繁多，先后辑有《寒山社诗钟选甲集》《乙集》《丙集》，《丁集》编成而未能付梓。寒山社是北京规模最大的诗钟社团，社中成员来自河南、江苏、浙江、安徽、福建、江西、湖南、湖北、广东等全国各地，说明辛亥革命以后诗钟不再是局限于一地一域，而是已经在全国范围内风行开来。民国二年（1913），易顺鼎、樊增祥等人又倡有潇鸣社，"每次分咏、建除各具一题，是为常课，其他诸体，间亦为之"②，社中作品由社员顾準辑为《潇鸣社诗钟选甲集》二卷。除此以外，北京还有如兰吟社、艺社、灯社、秭园诗钟社以及杏淡诗社、瓶话诗社、咫社等，社中作品辑有《兰吟》《艺社诗词钞·诗钟选》《灯社吟卷》《秭园吟集甲稿》等。诗钟在北京本地继续发展成熟的同时，也为北方诗钟社的兴起奠定了基础，更为诗钟在全国的推广做好了准备。

  诗钟由福建向外传播的另一条路线是与其距离较近的台湾。台湾诗钟社团的滥觞可追溯至同治四、五年（1865、1866）间，当时沈桐士、李崧臣等任曾在台湾儒学府衙召开诗钟之会，名曰郡斋钟局。沈、李二人都是福建人，闽地早期诗钟总集《雪鸿初集》中就收有他们的作品。沈桐士时任台湾府儒学教授，李崧臣则是"雅擅诗钟之伎"，传经余暇，辄设局相角。不过，此时台湾诗钟还未形

---

① 关赓麟：《秭园吟集甲稿（上）》卷首《编终杂述》，1955年油印本。
② 顾準曾辑：《潇鸣社诗钟选甲集·例言》，《清末民国旧体诗词结社文献汇编》第十四册，第341页。

成风气,大约十年之后沈葆桢奉旨巡视台湾才真正掀起此风。同治十三年(1874),时任福建船政大臣的沈葆桢来到台湾,与幕僚及李崧臣、施士洁师徒数次组织诗钟之会:"幕府十余人,皆诗钟健者,暇则作局。台二百年□□□□制义试帖以外,不知何者为诗钟,至是乃万目共睹。"①"万目共睹"或许有些夸张,但诗钟之风在台湾的流行由沈葆桢开始则非虚言。

又十余年之后,广西唐景崧出任台湾兵备道,在其道署斐亭"邀僚属为文酒之燕"②,"故技复痒,与诸幕客、寓公辈,重整旗鼓于豸署之斐亭,旋拓署西隙地,筑净翠园,排日觞咏其中"③。斐亭吟社是台湾的第一个正式命名的诗钟社团,在台湾诗钟史上有着特殊地位。这表现在三个方面:一是社事规模庞大,参与活动的有将近60人。二是活动程序规范,从限时、收卷、评选、宣唱到奖罚,每个环节都有规定,真正做到了"事虽游戏,规矩宜严"④,给后来的社事提供了示范。三是形成台湾第一部诗钟总集《诗畸》,由社长唐景崧辑选,后社员施士洁再辑《诗畸补遗》,这两部集子的刊印极大地推动了诗钟在台湾的传播。

光绪十七年(1891),唐景崧升任台湾布政使,在台北又组织牡丹吟社,"邀台士百数十人,创为诗钟例,分咏于官厅"⑤,进一步吸引台湾本地文人参与其中,将诗钟的影响扩大到整个台湾。诗钟在台湾逐渐被熟知并开始流行,几乎大大小小的诗词吟社都会涉猎诗钟,如荔谱吟社是台湾第一个专作诗钟的社团,海东吟社是由

---

① 施士洁:《〈诗畸补遗〉自序》,转引自黄典权《斐亭诗钟原件的学术价值》,《成功大学历史学报》1981年第8期,第113页。
② 连横:《雅言》,《台湾文献史料丛刊》第八辑,人民日报出版社2009年版,第39页。
③ 《〈诗畸补遗〉自序》,《成功大学历史学报》1981年第8期,第114页。
④ (清)唐景崧:《诗畸·凡例》,清光绪十九年刻本。
⑤ 林景商:《跋》,王松:《台阳诗话》卷末,《台湾文献史料丛刊》第八辑,台湾大通书局1987年版,第91页。

牡丹吟社成员林鹤年之子林辂存召其"三五小友"而成立的少年诗钟社，竹梅吟社的主要成员参与了荔谱吟社的重振，崇正社许南英、陈望曾则共同创作过同题诗钟，等等。正当台湾诗钟冉冉兴起之时，甲午海战爆发，清廷告败，谕令"署台湾巡抚布政使唐景崧著即开缺来京陛见，台省大小文武各员并著饬令陆续内渡"①，于是官员被迫内渡，大量诗钟作手离开台湾，而台湾本地还未来得及培养和储备诗钟人才，因而诗钟创作迅速沉寂下去，社团寥寥。在日据初期，虽有一批有识之士为延文脉于不坠，纷纷创立文学社团，但诗钟并没有太大起色，传统诗词和击钵吟才是主流。直至20世纪20年代之后，出于对传统诗词和击钵吟的媚日、媚俗之风的反拨，伴随着新旧文学之争、"钟""钵"之争，诗钟才又重新崛起并形成滚滚洪流②。

清末民初江苏（含今上海）钟坛也非常繁荣，足以与福建、北京形成鼎足之势。江苏诗钟社的兴起，源于两条齐头并进的路线：一条是福建陈燮嘉、陈宗濂、郑孝胥等从家乡将诗钟引入南京，组织诗钟会；一条是李嘉乐、潘祖同通过官员调动，从北京将诗钟引入苏州，创立修梅社。这两个会社均成立于光绪十一年（1885）。是年，闽侯郑孝胥因科考落榜寄居于庐江岳父家中，时值岁晏事稀，遂与闽县陈宗濂等人在南京召开诗钟会："朋友时相过从，剧谈已倦，辄随手拈二字，限晷刻各成数联，自一至七，以次而及。"③先后参与活动的有十三人，多为闽籍文人。钟会自腊月二十三日起，至隔年正月十五日止，持续一年多，所课钟作千余联，经陈燮嘉删汰后存300余联，辑为《围炉集》。

---

① 《大清德宗景皇帝实录》卷三六六，《清实录》第五六册，第790页。
② 20世纪20年代之后台湾诗钟的发展情况可参黄乃江《台湾诗钟研究》，复旦大学出版社2009年版。
③ （清）陈宗濂：《序》，（清）陈燮嘉：《围炉集》卷首，清光绪十四年刻本。

## 第五章　中国古代文人结社的新变

修梅社的两位发起人，李嘉乐是河南光州人，早年供职翰林院，以同僚身份参与过袁保龄的雪鸿吟社；潘祖同是江苏吴县人，咸丰六年（1856）进士，选庶吉士，在京期间亦曾召开诗钟之会。光绪十一年（1885）春，李嘉乐赴苏州担任江苏按察使，正值潘祖同罢官居乡，二人一拍即合，召集同僚、旧友十余人创立修梅社进行课钟。修梅社耽于诗钟，钟作辑为《诗梦钟声录》，同时还绘制有《诗梦钟声图》："同社谋所以永之者，既绘图又摘句付梓，俞荫甫学使方主东南坛坫为作序。"① 经南京、苏州肇开其端，江苏诗钟一发不可收拾，其中以鲸华社为其代表。光绪二十七年（1901）四月，武进金武祥、刘树屏在常州开创鲸华社："宾朋之众寡，无定形，亦无常主"，"前集之人，与后集之人不必相谋"②。先后预社者44人，其中42人为江苏籍，是一个地地道道的本地文学社团。他们聚会的成员并不固定，"或过客，傥焉至止，一集辄去，乍归复出，倏来倏往"③。一般每月聚会两至三次，最少三、四个月聚会一次，社事存续的两年半中共聚会40次，所课钟作编为《鲸华社诗钟》二卷。

民国以后，很多遗老退居沪上，甚至终老于此，于是上海成为江苏钟坛的中心。民国二年（1913）正月，樊增祥、瞿鸿禨、沈瑜庆等人在上海创立超然吟社，简称超社，社员十五人，沈曾植、陈三立、缪荃孙、梁鼎芬、杨钟羲等著名文人均赫然在列。他们"或纵情清谈，或观书画，或作打钟之戏，或为击钵之吟"④，无不快哉。超社的打钟活动最为著名的莫过于两次"战诗"，在上海滩引

---

① 《诗梦钟声录》卷首《跋》。
② （清）孟昭常：《叙》，（清）吕景端辑：《鲸华社诗钟选》卷首，《清末民国旧体诗词结社文献汇编》第十四册，第185页。
③ 《清稗类钞》第八册，第4016页。
④ （清）樊增祥著，涂晓马、陈宇俊校点：《樊山集外》卷七《超然吟社第一集致同人启》，《樊樊山诗集》下册，上海古籍出版社2004年版，第1983页。

起巨大轰动,樊增祥为此专门撰写《樊园五日战诗记》《樊园五日战诗续记》记载活动详情,缪荃孙《艺风老人日记》对此也多有记述。民国三年(1914)春,中华民国海军总司令处(上海)的同人张准、黄裳、何品璋等组建袖海楼吟社,先后入社者有50余人,"围炉击钵,月有常期"①,也是蔚为壮观。袖海楼吟社因时局动荡数度废停,总共课钟42期。他们的创作以嵌字体为主,1925年张准将其选编为三集,后统编为《袖海楼吟社诗钟》和《袖海楼吟社选句》,于1936年正式刊行。

除了上述几个比较集中的地区外,在全国的北部、中部、东南、西南等各个地方都出现了一些诗钟社团。北京在诗钟传入之后很快便成为诗钟发展的第二个中心,凭借着帝王之畿这个平台,诗钟得以快速散播至全国各地,首先接收到这种影响的是山东。同治二年(1863),直隶丰润人赵国华考中进士,此后便长期任职于山东。同治三年(1864),赵国华在济南发起鹊华行馆诗钟会,先后参与者二十余人,固定成员也有十三人②,"晨夕过丛,致有韵味,多为诗钟之戏"③。河北大部、山东西部距离北京很近,在清代都属于直隶省,赵国华到任不久就起钟局,当得益于诗钟在这一地区的广泛传播。鹊华行馆诗钟会专作分咏体,今存《鹊华行馆诗钟》所收21人作品,共计98唱、逾100联,全部是分咏体,是历来创作分咏体诗钟规模最大的团体。

此后,山东钟坛开始崛起。其中,旗人赵尔萃、成昌发挥了关键性作用。光绪十一年(1885),赵尔萃邀请湖南武陵人王以敏加

---

① (清)何品璋:《序》,袖海楼吟社编:《袖海楼吟社选句》,曹辛华、钟振振选编:《清末民国旧体诗词结社文献续编》第一册,第347页。
② (清)赵国华:《鹊华行馆诗钟记》,张作梅等编著:《诗钟集粹六种》,《台湾先贤诗文集汇刊》第8辑第20册,第112页。
③ (清)赵国华:《青草堂集》补集卷七《自订年谱》,《清代诗文集汇编》第738册,第710页。

入其在济南组织的湘烟阁诗钟社,社中已有十余人。社事不久暂停,两年后成昌与王以敏再兴社事,"三数年中,所得诗无虑千联"①,王以敏遂辑为《湘烟阁诗钟》一卷。光绪十一年(1885)冬,赵尔萃、成昌与陈冕、李德新等十九人又创诗钟社,其中多数视为原湘烟阁社成员,岁末王以敏再次加入,社中作品后由王以敏选编为《诗钟录》一卷。光绪二十三年(1897),赵尔萃与清平知县朱祖琪进行诗钟唱和,次年赵尔萃将二人作品辑为《蜕庐钟韵》。又两年后,朱祖琪调任泰安县令,赵尔萃恰巧也定居泰安,于是复开诗钟之会,钟作附于《蜕庐钟韵》之后。赵尔萃是正蓝旗人,在北京时是榆社的主要成员。成昌是镶黄旗人,是榆社的倡立者和实际主持者,后来还参加过北京的著涒吟社(陶情社)、惠园诗钟会等社团,是当时京、津、冀钟坛的活跃分子之一。所以,山东诗钟的发展离不开北京钟坛的带动,甚至可以认为它们与北京钟坛实际上就是一个整体,很难区分彼此。

中部地区的诗钟社团主要分布在河南开封和湖北武汉。同山东一样,河南诗钟也是北京钟坛辐射的产物。光绪三十二年(1906),刘梀由京师改任河南候补道,至开封后"组织诗钟社于汴垣,每星期则一叙",社中作品后辑为《寄社诗钟选录》,民国二年(1913)刊发于《文史杂志》。据刘梀所言:"余乡宦京师,约同人为诗钟之戏,旋构拳难,社事遂废。继游大梁,则又集同人为之,命曰寄社。未几,吾鄂革命军起,区宇鼎沸,朋侪星散,事复中辍。"②刘梀后来回到京师,还参加过沈宗畸的著涒吟社(1908)、关赓麟的寒山社(1911)、樊增祥的潇鸣社(1913)等,活跃在辛亥革命前后的北京钟坛。在寄社之前,河南开封原有

---

① (清)王以敏:《序》,(清)陈灌荪辑:《诗钟录》卷首,清光绪十一年刻本。
② (清)刘梀:《寄社诗钟选录序》,《文史杂志》1913年第1期,第1页。

萧惠清创建的秋心社,至寄社成立时易名为梁社,但在很长一段时间内都只作诗词,至民国三年(1914)开始兼课诗钟,辑有《梁社诗钟》。民国八年(1919)梁社改组,更名为衡门诗钟社,转型专门创作诗钟,先后课钟60余次,钟作数千联,编为《衡门社诗钟选》。民国七年(1918),萧亮飞在开封创立夷门诗社,"以期提倡风雅,保存国粹"①,社中共有13人,推举原寄社成员黄璟为社长,每月一会,每会诗词之外加课诗钟,各选印两联付梓。萧亮飞是开封本地人,此前曾参加过北京的著涒吟社、潇鸣社等,至此已将诗钟活动带回开封,显示出诗钟在中原地区生根发芽的征兆,直至今天仍不绝如缕。

  湖北的诗钟团体,以李篁仙所创鹤楼吟社为最早。光绪三年(1877),李篁仙由户部主事转为江汉关候补道,主持武昌经心书院,与"诸名流结鹤楼吟社,仿诗钟体,制有多条"②,作品集结为《鹤楼吟社诗钟》。湖北钟坛最为活跃的群体要属张之洞与其幕僚们。光绪十五年(1889)末,张之洞调任湖广总督,常与幕僚作诗钟之会,其时或稍后文名卓著者如缪荃孙、樊增祥、陈三立、梁鼎芬、蔡乃煌、汪康年、易顺鼎等皆预其事。张之洞自己也时常参与打钟,他的弟子易顺鼎就说张氏"闻余辈作诗钟,因拟即席拟作,不置纸笔,每成一联,但自口诵之",而且是"每用一典,必诵其原文;每咏一人,必举其始末"③,展示出深厚的才学功底。《清稗类钞》"文学类"专设"张文襄好诗钟"一条:"张文襄(之洞)好作诗钟,督鄂时,辄于政暇召集僚友作诗钟,往往限以难字。"④ 张之洞在武昌任上,"怜才爱士,过于毕沅,幕府人才极

---

① 《夷门诗社小引》,《豫言》1918年第69期,第1页。
② (清)丁治棠:《仕隐斋涉笔》卷八《诗钟》,四川人民出版社1985年版,第189页。
③ 《诗钟说梦》,《庸言》1913年第1卷第10号,第2页。
④ 《清稗类钞》第八册,第4017页。

盛,而四方人才辐辏"①,他们的打钟活动影响巨大,很快带动了当地的诗钟创作之风,对诗钟在江汉地区的传播起了决定性作用。稍后就出现了宦应清与同人所创的汉上消闲社,以《公论新报》为阵地开展课钟活动,作品辑有《汉上消闲社外编》四卷。光绪三十三年(1907),张之洞赴京任军机大臣,一些幕僚仍留于湖北继续进行诗钟创作,而张之洞在北京府邸也仍不忘组织诗钟之会。

东南地区的诗钟社团以福建、江苏为最为活跃,其次是浙江和广东。浙江的诗钟团体始于咸丰二、三年间(1852、1853)王堃、应宝时的夹句雅集:"逢集日,事毕文宴,仿都门散饮,请诸客开单选馔,送庖人调治,次第登筵,各极甘旨。"②王堃、应宝时均为浙江人,同为道光二十四年(1844)举人,他们的夹句创作应当是受到北京的影响,所以有"仿都门散饮"之说。同治四年(1865)冬,童叶庚补缺杭州府经历,"同人启消寒之会,闲作诗钟社,即席阄题,或以雅对俗,或以人对物……未几,会中人风流云散,斯社遂废"③。社中作品编为《雕玉双联》。光绪十一年(1885),吴县秦云、秦敏树兄弟客居杭州,作诗钟以消磨时光,秦云将二人所作辑为《百衲琴》。据此书记载,"昔道光壬寅、癸卯(1842、1843)间,福州梁芷林中丞搜辑楹联巧对,不下二十余卷,所载独无此体。近十年来,文人学士,始有作者。"④又称"惟射鹰楼诗话中曾有数联,久已传诵人口,然亦未见其佳"⑤。梁芷(茝)林即梁章钜,福州人,有"楹联学开山之祖"之誉。《射鹰楼诗话》的作者林昌彝,侯官人。由此可见,秦云、秦敏树二人在杭

---

① 《诗钟说梦》,《庸言》1913年第1卷第10号,第1页。
② (清)王堃:《自怡轩对联缀语》卷一,清光绪十二年刻本。
③ (清)童叶庚:《睫巢镜影·雕玉双联序》,清光绪十六年刻本。
④ (清)俞廷瑛:《跋》,(清)秦云、秦敏树:《百衲琴》,何藻辑:《古今文艺丛书》第三集,1913年铅印本。
⑤ (清)秦云:《序》,《百衲琴》,《古今文艺丛书》第三集。

州的诗钟创作虽是由吴地带入，但却与福建钟坛有着紧密关联。

广东钟坛曾以"粤派"与福建的"闽派"分庭抗礼，甚至有学者认为此事至今仍是悬而未决的一桩公案。但若细细究之，"粤派"一词更多的是对蔡乃煌、沈宗畸、关赓麟、梁鼎芬等人"典实"风格的指称，因为他们都是粤籍钟手，故而有此称谓，这与"闽派"对整个福建钟坛的统称是不同的。光绪三十年（1904）末，丘逢甲出任广东学务公所参议，公所在广州南园，而南园自元末明初以后一直是当地文人结社赋诗的场所，于是丘逢甲在此与同僚高凤岐、方子顺等开展课钟活动，长达五年之久，"暇辄为诗钟之会"，"当其寸香甫烬，钟声铿然，斗捷夸多，争执牛耳"①。宣统元年（1909），公所迁移，钟会遂停。丘逢甲虽祖籍广东，但出生于台湾，唐景崧创立斐亭吟社时就参与诗钟创作，后成为台湾钟坛的名家之一。光绪三十三年（1907），咸阳李岳瑞旅粤，"暇辄从朋辈为诗钟之会"②，社中作品散见于李岳瑞《春冰室野乘》、徐珂《清稗类钞》以及《友声》《国风报》等。民国七年（1918），舒菊庵创立如庐诗钟社，社作辑为《如庐诗钟梦影录》。如庐诗钟社的前身是成立于民国二年（1913）的谜会"文虎会"，时间一长社中成员觉得猜谜难以尽兴，"爰以改课诗钟，或即席，或传题，仿闽人互唱之法，而以积分定其高下"③。可见，广东诗钟的发展是受到了来自台湾、北京、福建的多重影响。

西南地区的钟坛与年轻的湖南诗人易顺鼎直接相关。早在光绪七年（1877），易顺鼎就在武汉参加过李篁仙创立的鹤楼吟社，自

---

① （清）丘逢甲：《岭云海日楼诗抄》卷一二，《中国古典文学丛书》，上海古籍出版社1982年版，第274页。
② 李孟符著，张继红点校：《春冰室野乘》，《民国笔记小说大观》第一辑，山西古籍出版社1996年版，第225页。
③ 菊庵：《如庐诗钟梦影录》，菊庵辑：《如庐诗钟丛话初编》，1922年铅印本，第80页。

此开始他的诗钟生涯①。第二年冬天,其父易佩绅携家赴任贵东道,易顺鼎就在父亲的驻地古州(今贵州榕江)结岁寒三友社,社中"尝取东坡'长江绕郭知鱼美,好竹连山觉笋香'一联,化为七联","虽无诗钟之名,已合诗钟之体"。光绪十一年(1885),易佩绅调任四川布政使,易顺鼎"与由甫六弟、香畹五妹及妹婿黄玉宗开诗钟社"②,后范围不断扩大,父亲好友和自己的师友如顾印愚、王闿运、张祥龄等时常参与其中,"簪裾毕集,同作诗钟,往往酒阑烛烬,夜分不休"③,这就由一个纯粹的家族型团体突破为社交型社团,社中所作诗钟由易顺豫辑为《仿建除体分句诗抄》四卷。正是易顺鼎的酷爱和擅长将诗钟带入西南地区并得到一定普及,只是由于远离政治、文化中心,西南地区的诗钟在易顺鼎之外未能再进一步发展。

鸦片战争之后,清政府与星洲(今新加坡)、菲律宾、暹咯(今泰国)等南洋各国的交往日益频繁,不断派遣官员驻领当地,许多官员如黄遵宪、郑观应、薛福成等本身就是极具才华的诗人,一些知名文人如丘逢甲、邱菽园、潘飞声等也都有过丰富的南洋生活经历,而随着诗钟体制的成熟和在国内的盛行,这些官员文人也将它们带到海外,积极开展打钟活动。光绪二十二年(1896),"南国诗宗"邱菽园在新加坡"蒙内地流寓诸君子委校文艺,继左、黄二领事会贤、图南社后,创兴丽泽一社,以便讲习"④。会贤社由光绪七年(1881)新加坡领事左秉隆主持成立,图南社由光绪十五年(1889)继任领事黄遵宪改组会贤社而成,二社在新加坡华侨圈

---

① 易顺鼎《诗钟说梦》云:"余平生作诗钟,以光绪丁丑(1877)在鄂与李篁仙丈同作为最早。……余初作此体,所诣甚粗,不过以惨绿少年偶陪末坐而已。"据此可知其最早接触诗钟当在鹤楼吟社中。《庸言》1913年第1卷第9号,第1页。
② 《诗钟说梦》,《庸言》1913年第1卷第9号,第2页。
③ 《清稗类钞》第八册,第4015页。
④ 邱炜萲:《五百石洞天挥麈》卷二,《续修四库全书》第1708册,第98页。

颇具影响，丽泽社则是邱菽园再度召集原会贤社、图南社的部分成员组建而成。不过，由于社事主持者的身份背景和建社宗旨不同，三个社团的性质、活动内容也有些区别。左秉隆、黄遵宪都是清政府派驻当地官员，他们成立会贤社、图南社的目的是在当地宣传儒家思想，施以文教，以使"叻地渐成衣冠文物之邦"①，每月出题课士，致力于制艺、试策的研磨和选拔，因此这两个社团具有半官办的性质。而邱菽园组建的丽泽社则完全属于民间的文学社团，其初衷只是为了给当地华侨提供一个创作与交流古典诗词的平台。在社团第一年的联诗比赛中，出现了大量"语涉雷同"的现象，故而从第二年开始邱菽园将联诗改为课钟。丽泽社至少进行过四次钟会，前后持续约一年，但今天能见到的钟作只有嵌字格十余联，其余的很可能没有保存下来，丽泽社后期也改为"四书"、"五经"、时务等科举时文的创作。与此同时，流寓文人王会仪、童梅生等人组建有会吟社，邱菽园以"董事"身份担任值课人："与丽泽社同时有会吟社，为王会仪、童梅生所创设，而延余董其事。"② 会吟社是目前可知的南洋地区第一个专门进行诗钟创作的社团，可惜钟作也未能保存下来。

民国以后，诗钟在南洋地区进一步扩散。比如在菲律宾："结社联吟，为消遣一法，侨胞以旅邸闲情，作雅人韵事，征诗选对，不下十余次，其间清词丽句，美不胜收。"民国六年（1917）秋，吴警予等11人在怡朗省创立寄社，专门进行打钟活动。据吴警予称，社事命名为"寄"，是因为当时"神州板荡，家国陵夷"，社中之人"空怀壮志""无术澄清"，只能"远托异国""万里投荒"，"聚风萍于海峤，留雪泥于天南"，是"伤心人别有寄托耳"③。寄

---

① 叶季允：《德源园题襟记》，《叻报》1888年第5期。
② 《五百石洞天挥麈》卷一一，《续修四库全书》第1708册，第252页。
③ 吴警予：《寄社诗钟汇录自序》，《菲律宾华侨教育丛刊》1919年第2期，第46页。

社历时十月,社中作品编为《寄社诗钟汇录》,部分刊发于菲律宾华侨中西学校主办的《菲律宾华侨教育丛刊》。马来西亚诗巫(今属砂拉越州)也有诗钟创作:"诗巫之有诗钟,始于民元七年(1918年)之秋,其时擅于折枝吟者,厥为陈桐侯、严菁斋、黄艾庵、诸茂才,每当课余之暇,集作诗钟。"① 嗣后诗钟在诗巫迅速普及,乃至有"诗钟吟作,几遍垒场"② 之叹。三十年代,牧师李涤凡联络马来西亚钟友,倡立诗社,公开征集和创作诗钟,获奖钟作发布于《鹅江日报》。太平洋战争结束后,诗巫光复,诗钟活动再起,后来还成立诗潮吟社,定期开展打钟活动,至今不绝。

## 四、清后期的其他文人结社

清代佛教政策基本承续明代,在格外重视藏传佛教的同时,对全国佛教的管理采取了一些控制措施。如顺治二年(1645),禁止京城内外擅自建造寺庙佛像,造寺必须经过礼部允许。也不许私度僧尼,对于僧道一律由官方发放度牒,并令师徒相传,不再另外给发。因此清代佛教的状况相对此前来说有所衰微,各个宗派的发展大体继承明末遗绪。同时,朝廷的禁盟禁社政策从清初一直延续至清末,对僧侣的行为方式也产生了重大影响,立会结社有所收敛。

入清以后,中晚明以来兴起的居士佛教大为昌盛,如清初的宋文森、毕破、周梦颜、彭绍升、罗有高、汪缙等,清中期的钱伊庵、江沅、裕恩、张师诚等,清后期的杨文会、沈善登等,他们热心研究和传播佛教,包括刻经、著述、赋诗、弘扬教义以及

---

① 《诗潮吟社诗钟选集序》。转引自陈辉《马来西亚的福州诗钟文化》,《福建日报》2023年5月16日,第11版。

② 程光培《序(一)》,《诗潮吟社诗钟选集》第五集,光华印务有限公司1991年版,第2页。

结社念经等，成为清代佛教发展的重要力量。清代佛教的世俗化程度继续加深，乾隆以后随着人口的上升，私度僧尼急遽增多，一时难于查补给牒，不得不通令取消官给度牒制度，此后未再有更改，因而僧侣的数量不减反增，仅《中国历代僧诗总集》就收录清代诗僧1900余位，为历代之最①。诗僧数量如此众多，他们与居士、俗士的结社立会也屡屡见诸记载，主要见于清前期和清后期。顺治间，释函可被遣戍沈阳，与当地流人左懋泰等"皆引为法交，函可因招诸人为冰天诗社，凡三十三人"②。无锡顾景文"与弟廷文、从叔埜结诗社于忍草庵"③，释读彻相与倡和。顺康之际，明朝遗老黄登辟探梅诗社，"约名流饮酒赋诗，其下梁无技、僧成鹫皆预焉"④。

康熙间，松江僧荫天工吟咏，"与王坚、夏时中、沈会丰、汪存夜、陈兆桢等结社联吟，风雅最盛"⑤。释成鹫年结庵于南海之阳，"与暮冈诸子为莲社游"，又仿东林故事，"结社于城东之河泊高氏园林"，"同时入社三十余人"⑥。释达津以诗名，与弟子愿光及"梁佩兰、陈恭尹、周大樽诸词人结社于兰湖"⑦。何栻开湖心诗社，"四方名士云集"，其中就有"海幢呈乐和尚、华林铁航和尚、鼎湖契如和尚、尘异、雪木、迹珊、心月、敏然等"⑧诸多方外之交。此际社事多属遗民结社。清后期社事如光绪二年（1876），"八指头陀"释敬安与吕文舟、胡鲁封等"仿远公故事，结社吟唱

---

① 参杨镰总主编《中国历代僧诗总集》，广陵书社2017年版。该书收晋唐五代诗僧415人、宋代诗僧274人、元代诗僧300余人、明代诗僧400余人。
② 《明代千遗民诗咏》二编卷一〇，《清代传记丛刊》第66册，第733页。
③ （清）刘继曾辑：《忍草庵志》卷二，清光绪十三年锡山尤氏遂初堂木活字本。
④ 《（宣统）番禺县续志》卷四〇。
⑤ 《（光绪）松江府续志》卷四〇，《上海府县志辑》第3册，第999页。
⑥ （清）释成鹫：《纪梦编年》，商务印书馆1939年版，第12页。
⑦ （清）陈恭尹著，陈荆鸿笺释，陈永正补订，李永新点校：《陈恭尹诗笺校》上册，广东人民出版社2015年版，第645页。
⑧ 《清诗纪事》明遗民卷，第1003页。

精进，极一时之胜"①，此前曾与湘阴郭增颐结社，"歌明月，吟松风，诚一时之佳会，千秋之胜事也"②，后来又与"与湘绮翁、玉池老人诸公，开碧湖吟社，会者数十人，宾主酬唱，一时文人之胜"③等等。总体来讲，清代的宗教类结社以民间秘密会社为主，文人参与的佛教结社无论是数量上还是规模上，都无法与明代相比，特别是晚清以后西方宗教传入，教会教团的建立和扩大，在社会上产生了广泛而深远的影响，中国传统的宗教类结社则因此受到了很大的遏制。

科举制度发展到清朝后期流弊丛生，科场舞弊案迭出不穷，如嘉庆三年（1798）的湖南乡试案、咸丰八年（1858）的戊午科场案等，屡禁不止，于是关于科举制度的存废之争、变革之声也就越来越激烈，所以清代后期的研文之社数量极其有限，就所见资料来看主要集中的江苏地区。道光年间，昆山陈燮参与"和声文社"，"每构一艺""常屈其坐人"④；上海郑櫆晚年归政，"主文社者又数年"⑤；太仓吴中顺馆于上海李氏，"执文社牛耳"；嘉善袁荫槐居上海，"倡文会，至者如云"⑥；上海徐德杰喜与后生结文字缘，"尝集张焕纶、凌贞镛、林曾望诸人就所居咏华馆设文社"⑦；何其超、陈渊泰、沈莲诸人在青浦结二卯文社⑧。

---

① （清）释敬安：《寄怀明州吕文舟、胡鲁封二首并序》，《八指头陀诗文集》，岳麓书社出版，第186页。
② （清）释敬安：《丁丑秋寄湘阴郭增颐少君》，《八指头陀诗文集》，第446页。
③ （清）释敬安：《致郭菊荪先生书》，《八指头陀诗文集》，第451页。
④ 《（光绪）昆新两县续修合志》卷二九。
⑤ 《（同治）上海县志》卷二一。
⑥ 《（同治）上海县志》卷二三。
⑦ 《（民国）上海县续志》卷一八。
⑧ 《松江府续志》卷二五。

道、咸之际，殷汝述、刘德熙、金华、沈莹生在吴江结灵莹文社①；唐张煜家塾授徒，"立文社，督课塾徒甚严"②；上海翁尊三尝"与副贡生张本均结文社"，李林松称为"二难"；青浦胡家濂居郡城西，"与华亭蒋树本等结文社，家濂辄冠其曹"③。同治年间，归安吴承潞知太仓，于此结社会文④。同、光之际，汪人骥率人举文社于上海南园，后南园又有步瀛社⑤。光绪二十四年（1898），袁希濂、许镛在上海创立城南文社，"每月会课一次，课卷由张蒲友孝廉评阅，定其甲乙"⑥。

光绪二十六年（1900）的庚子国难促使朝廷内外痛下改革决心，以拯救岌岌可危的清王朝，次年七月慈禧颁谕全国，废除八股文，乡试、会试的首场改试中国政治史事论五篇，二场试各国政治艺学策五篇，并诏开经济特科。光绪二十九年（1903），张之洞、袁世凯上《请递减科举折》，张氏又与张百熙、荣庆联奏《请递减科举注重学堂折》，均提出废除科举之法。光绪三十一年（1905）八月，应袁世凯、张之洞、赵尔巽、周馥、岑春煊、端方诸人之请，清廷颁谕废止科举"所有乡会试一律停止，各省岁科考试亦即停止"⑦，实行了近一千五百年的人才选拔制度就此退出历史舞台，由其催生、附着其身的研文类会社自然也就随之消亡。

宣统二年（1910），华亭张本良有感于世道之衰、斯文将丧，"思所以挽颓风而振坠绪"创立春晖文社，"以文会友，以友辅仁，

---

① 《垂虹诗胜》卷四。
② 《（光绪）昆新两县续修合志》卷二八。
③ 俱见《松江府续志》卷二四。
④ 《（宣统）太仓州志》卷一二。
⑤ 《（民国）上海县续志》卷三○。
⑥ 林子青：《弘一大师传》，载《弘一法师》，文物出版社1984年版，第7页。
⑦ 朱寿朋：《光绪朝东华录》（十），《中国近代史料丛刊三编》第九十八辑，台湾文海出版社2006年版，第5392页。

第五章　中国古代文人结社的新变

相应相求，极一时之盛"①，社员多达160余人，范围覆盖沪、江、浙、皖、赣、鲁等多个省份。此社成立于时文废止以后，显然不再以科举考试为最终目的，它在活动方式上虽与传统文人结社非常相像，但不能简单地将其划为旧式文社，而应看作是在现代社团起步阶段的一种新型会社，它的很多社员后来加入了南社即是最好说明。

在风雨飘摇的清代后期，也还偶见一些怡老社团。如道光七年（1827），湖南陶澍巡抚江苏，重修沧浪亭，与潘奕隽、吴云、石韫玉、韩崶举沧浪亭五老会。道光十七年（1837），上海张明信、何秉礼、周国珍、朱莹然、陈梦洙、程廷焜、毕学海等举秋水亭耆年会，与者凡二十三人②。道光二十年（1840），华亭周萼芳偕其友范蕃、张鸿、吴墀、沈履田、冯东骥、曹垣、凌若驹、张铭为九老之会，黄仁、唐曦、姚培柱、侯法地先后与之，其会"岁不恒举，举必作终日饮，饮必成诗"③。同治初年，仁和高锡恩乱后归杭，与钱塘吴振棫、许乃钊、张应昌等人慕香山洛下遗风，结为九老之会，"春秋佳日，一觞一咏"④。光绪十年（1884），吴县潘尊祁与里中顾文彬、彭慰高、吴艾生、蒋德馨、吴嘉椿、潘曾玮举七老会，即席呈和，后艾生、曾玮辞世，复邀蒋德澄、蒋斗文入社。光绪十七年（1891），钱塘汪曾唯召同乡十六人为千龄之集，"酒酣赋诗，伫兴偶作"⑤，等等。随着甲午战争失败、八国联军入侵等重大变故，清代王朝一步步走向衰落，在内忧外患中老年人优裕结社

---

① （清）张本良：《春晖文社社选弁言》，《进社第一二三集》，民国七年进社丛刻本。
② 《（同治）上海县志》卷三二。
③ 《（光绪）重修华亭县志》卷二四。
④ （清）谭献：《复堂类集·文》卷三《清故中宪大夫道衔候选府同知高先生行状》，《清代诗文集汇编》第721册，第39页。
⑤ （清）谭献：《复堂文续》卷三《千龄初集记》，《清代诗文集汇编》第721册，第244页。

的条件已不复存在。

鸦片战争爆发（1840）尤其是庚子国难（1900）以后，一方面具有现代色彩的新型社团逐渐兴起，另一方面传统的文人结社很难再纯粹地耽于吟咏而逐渐染上政治色彩，如柳亚子等人发起成立的南社、许承尧等人秘密结成的黄社①等，甚至有些社事名为"诗社""文社"，实则宣传立宪或者倡言革命，如柳营诗社、三千剑气文社、春阳社等，具体情况可参见后文。

---

① （清）呈孟复：《简论许际唐先生的疑庵诗（代前言）》，（清）许承尧：《疑庵诗》卷首，黄山书社 1990 年版，第 3 页。

# 余论
# 中国古代文人结社的现代转型

道光二十年（1840）鸦片战争爆发，中国步入近代社会，至宣统三年（1911）孙中山领导辛亥革命成功，清朝在全国的统治彻底结束，人们习惯上将这一段历史称为晚清时期。随着西方列强用鸦片和枪炮打开国门之后，西方科学技术和文化知识也随之传入中国，现代社团的组织与理念被智识阶层广泛接受和推广，政治、军事、经济、文化等各类社团都取得长足发展，传统的文人结社开始向现代社团转型。

## 一、转型历程

晚清时期中国社会被迫发生了许多惊天动地的大事件，其中鸦片战争、甲午战争和庚子国难无疑是给国人震动最大、影响最深的三个事件。以这三个事件为节点，中国社会一步一步地发生着深刻变化，传统文人结社的转型也据此可以划分为三个阶段：道光二十年（1840）至光绪十九年（1893）处于酝酿之中，光绪二十年（1894）至二十四年（1898）开始起步，光绪二十五年（1899）至宣统三年（1911）基本完成。

中国现代社团的起步要从西方来华的传教士说起。19世纪以后,来华的传教士们为了"使全中国福音化"采取了各种策略,如创办学校、建立医院、翻译书籍等,而组织学会便是策略之一。道光十四年(1834),广州的传教士与洋商发起成立益智会(Society for the Diffusion of Useful Knowledge in China,又译为在华实用知识传播会),在翻译传教学校所需课本的同时也将西方知识输入中国。道光十六年(1836),为纪念第一位来华的更正教传教士马礼逊(Robert Morrison),外国商人和传教士在广州成立马礼逊教育会(Morrison Education Society),创办或者资助学校以推动教育事业发展。道光十八年(1838),第一位来华的美国医疗宣教士柏驾(Peter Parker)和其他一些传教士在广州成立医疗传道会(Medical Missionary Society),借助医疗工作进行传教。这些学会的活动时间都不是很长,到道光二十年(1840)前后陆续停办。

鸦片战争爆发后,闭关锁国政策被迫打破,外国人大量涌入,自康熙后期开始施行的禁教法令有所松动,各种不平等条约和列强扩张势力也为传教士的活动提供庇护,尤其是第二次鸦片战争之后,传教士可以在内地自由传教,他们兴办的学会越来越多。其中,上海文理学会(Shanghai Literary and Scientific Society)、益智书会(School and Textbook Series Committee)和广学会(The Christian Literature Society for China)在当时影响较大。这三个学会均属欧美传教士的学术团体,办会地点都在上海。上海文理学会由英国人伟烈亚力(Alexander Wylie)创办于咸丰八年(1858),次年并入英国皇家亚洲文会(Royal Asiatic Society),更名为皇家亚洲文会华北分会(North-China Branch of Royal Asiatic Society),主要业务是出版会报,兼办藏书楼(图书馆)、博物馆、美术品陈列所等,到1911年以后仍有发展①。益智书会成立于光绪三年（1877），原为在华新教传教士大会的附属委员会，至1916年成为一个独立机构，并最终定名为中国基督教教育会（The China Christian Educational Association）。该会主张传授西方科学文化知识，从事教科书的编纂审定工作，每三年在上海召开一次会员大会，光绪三年第一次大会成立学校与教科书委员会时，会员主要有狄考文（Rev. C. W. Mateer）、丁韪良（W. A. P. Martin）、韦廉臣（Alexander Williamson）、利启勒（R. Lechler）、林乐知（Y. J. Allen）、傅兰雅（John Fryer）等人，第二次大会时已有35名会员，至宣统元年（1909）增为490人，其中绝大多数为外国人②。广学会源于同文书会（The Society for the Diffusion of Christian and General Knowledge Among the Chinese），意即在中国人中广泛传播基督教与一般知识的会社，由英国伦敦会传教士韦廉臣（Alexander Williamson）于光绪十三年（1887）组建，以后每年举行一次年会，至光绪二十年（1894年）中文名称改为广学会，光绪三十一年（1905）英文名称改为 The Christian Literature Society for China。

广学会与光绪三年在华传教士第一次大会所产生的学校与教科书委员会也有密切关系，创立的目的一如其名，传播基督教义、介绍西方文化并宣扬殖民主义思想以影响中国的政治方向，主要活动是出版书籍、发行期刊，是当时诸多基督教宗派都参加的全国最大的教会出版机构，所出版的《万国公报》《中西教会报》《大同报》等都有较大的知名度③。由传教士与洋商在华兴办的这些学会不仅

---

① 参胡怀琛《上海的学艺团体》，《上海市通志馆期刊》1935年第2卷第3期，第922—923页。
② 参王树槐《基督教教育会及其出版事业》，《基督教与清季中国的教育与社会》，广西师范大学出版社2011年版，第50—76页。
③ 参王树槐《清季的广学会》，《基督教与清季中国的教育与社会》，第85—116页。

将新知识、新思想传入中国，启迪和推动了清末维新运动，对中国的近代化进程产生了广泛影响①，而且在这些传教士和洋商的示范下，中国的智识人士开始仿效他们创建自己的学会，现代社团呼之欲出，传统的文人结社即将受到冲击。

光绪二十一年（1895）三月，甲午战争失败、《马关条约》签订，朝野震惊，民族危机进一步加重。知识分子中力求变革图强的有识之士努力寻找救国道路，试图通过兴办学会来宣传新思想、传播新知识。最初，由孙中山、陆皓东、郑士良等人在广州筹备成立农学会，旨在搜罗各国农桑新书、造就农学之师，是年八月十八日发表《创立农学会征求同志书》，正式宣告农学会成立。以康有为等人为代表的资产阶级改良派发动"公车上书"，无果而终，于是他们愤而自救，先于六月创办《万国公报》（非广学会所办《万国公报》，后改为《中外纪闻》），再于九月组建强学会，又称译书局、强学书局，列名会籍的有康有为、梁启超、沈曾植、文廷式、陈炽等，李鸿藻、翁同龢等也给予支持。接着，康有为又南下南京游说两江总督张之洞，拟在南北之汇的上海建立强学会，很快上海强学会也得以成立，并拟定章程。至十一月（1896年1月），再创《强学报》，倡导维新变法。然而一周以后，后党御史杨崇伊就上疏弹劾康有为等人"植党营私"②，请饬严禁，北京强学会遂遭封禁，上海强学会也随之解散。

就在强学会立散之际，其他地方也开始兴办学会，如汪康年在武昌创立中国公会、孙诒让在北京创立兴儒会、叶耀元在

---

① 如广学会，在民国以后仍然活动频繁，至1941年太平洋战争爆发时迁往成都，1945年抗战胜利后再次迁回上海，1949年中华人民共和国成立后，会中的外国人逐渐撤离中国。1956年，又与中华浸会书局、中国主日学合会、青年协会书局等基督教出版机构联合组成中国基督教联合书局，继续出版基督教书刊。直到1966年以后在"文化大革命"运动中，联合书局才被彻底关闭。
② 《德宗景皇帝实录》卷三八一，《清实录》第五六册，第986页。

上海创立新学会等,中国的现代社团开始起步。在光绪二十一年(1895)至光绪二十四年(1898)之间,全国各地先后建立的学会将近 90 个①,如果将具有学会性质的学堂、报馆等计算在内还要远远大于这一数字。在明确以会命名的 67 个团体中②,湖南、上海、北京居于前三甲,其中湖南 17 个、上海 14 个、北京 12 个,共占总数的 60% 以上。之所以出现这种局面,除了北京是政治中心、上海是西方文化传播较早的地区、湖南是历来南北文化交汇之地等个性因素外,还与维新运动领袖康有为、梁启超的政治活动有着极大关系。康有为在北京创办的强学会和保国会、在上海创办的强学会,对全国各地学会的兴起有着普遍的激励作用,北京、上海两地当然首当其冲。梁启超在湖南长沙创办时务学堂,受其影响的当地官绅们也多热心新政,因而地方性的学会以湖南最为发达,仅长沙一城就有 9 个,在这些学会中又以谭嗣同等人创立的南学会和江标等人创立的湘学会(又名校经书院学会)影响最大。郴州生员罗辉山等在创办舆算学会的禀请公文中就指出了这一情况:"前学宪江奏请开办湘省校经学会,分门设教,奉旨允准,厥后学会如林,闻风继起。"③

---

① 关于戊戌时期学会的数量目前尚无准确数字。汤志钧统计为 50 个(《乙未戊戌间全国各地主要学会负责人题名》,载《戊戌变法人物传稿》下册),王尔敏统计为 63 个(《清季学会汇表》,《晚清政治思想史》,台湾华世出版社 1970 年版,第 135—162 页),张玉法统计为 68 个(《戊戌时期的学会运动》,载《历史研究》1998 年第 5 期),闵杰在他们统计的基础上又增补 16 个(《新发现的戊戌时期学会及其意义》,载《求索》1993 年第 6 期),另有 103 个之说(《历史教学》1982 年第 9 期下半月刊封三),但这应当还不是全部数量。

② 此处依据张玉法统计的数据。张玉法统计为 68 个,其中包括日本人小田切、万之助在上海成立的亚细亚协会(上海分会),虽有不少中国士人参与,但实为日本势力在中国的渗透之举,不应与国人所办之救国图存的学会并列。参张玉法《戊戌时期的学会运动》,《历史研究》1998 年第 5 期,第 10—19 页。

③ 汤志钧:《戊戌时期的学会和报刊》,台湾商务印书馆 1983 年版,第 587 页。

从地域分布来看，起步阶段的新式社团比较集中在几个地区；如果再从学会成立的时间来看，光绪二十一年成立的有5个，二十二年（1896）3个，二十三年（1897）21个，二十四年36个①，这反映出现代社团在起步阶段的曲折过程。光绪二十一年的甲午之败直接刺激了先进知识分子通过创办学会以图变革的探索，客观上突破了只有洋人在华建立会社的局面。但因这些学会主张立宪治国，保守派极力抵制，北京、上海两地强学会很快遭到朝廷封禁，办会之风未张即息，导致二十二年的立会数量不增反减。二十三年瓜分祸生，国疆不保，士人激愤，再起立会，此时光绪皇帝决定变法，也不再有封会之论，伴随着维新运动的酝酿立会议政风气大开，在不到两年的时间里全国各地创立了大大小小近60个学会。嗣后，百日维新失败，慈禧听政，即谕康有为"结党营私，莠言乱政"，著褫职治罪，再申"联名结会之禁"②，严禁会社，拿办社员。"六君子"被戮，康有为、梁启超、黄遵宪、江标、李端棻、皮锡瑞等或亡命、或革职、或发边，他们组织成立的各种学会随即星散，仅有少数纯学术性的还在继续活动，现代社团刚刚起步不久就受到了阻滞。

光绪二十六年（1900）五月，八国联军攻占北京城，最终迫使清廷议和，签订《辛丑条约》，中国主权彻底沦丧，清朝统治已成风中残烛，士人更加迫切地追寻救国图存之道，现代社团在经过戊戌时期的短暂曲折之后很快又重新兴起。从现有资料来看，成立时间可以确知在光绪二十六年（1900）至三十一年（1905）之间的社团有83个（见下表），这个数据与此前和此后社团状况相比隐含着三层意义。其一，虽然朝廷屡颁禁令，但受

---

① 另有2个学会成立时间不详。参张玉法《戊戌时期的学会运动》。
② 《清史稿》卷二四《德宗本纪二》，第926页、927页。

时局所迫，清廷也不得不逐步解除禁盟政策，如光绪三十年（1904）慈禧七十寿辰时就下谕说：因立会获罪之人除康有为、梁启超、孙文三人外，其余"著宽其既往，予以自新"，革职者"开复原衔"，通饬缉拿者、监禁者以及地方管束者"一体开释"①，牵涉人物陆续被赦。因此学会的数量在戊戌党禁之后仍在继续增长。其二，维新变法的失败，导致许多组建学会的主要人物流散各地，立宪运动严重受挫；紧接着庚子国变，国人疾首，一些士人陷于国痛而迷惘无措，建会热情暂时消歇；再加上政府的禁盟禁社法令，学会的发展速度还比较缓慢。其三，在这 83 个会社中，革命志士建立的有 45 个，表明立宪派在遭受打压的时候，以孙中山、章炳麟、黄兴等为代表的革命派正在迅速崛起，立宪团体渐渐让位于革命团体，革命运动趋于主流，并与民间秘密会社桴鼓相应，最终形成滚滚洪流而冲垮清室统治。

光绪三十二年（1906）七月，清廷为西方列强侵夺和革命党人斗争所迫，出于维护自身统治的需要颁布《宣示预备立宪谕》，各地为促成立宪而组建的社团再次活跃，至宣统三年（1911）已有将近 50 个立宪团体。同时，革命运动更加如火如荼，全国各地成立的革命团体数量更多，总数超过 100 个，影响较大的兴中会、同盟会等还在国内国外建有分会。有鉴于此，光绪三十三年（1907）十一月，朝廷命宪政编查馆会同民政部拟订结社条规，以治理势如怒潮的会社现象。宪政编查馆认为结社集会"论其功用，实足以增进文化，裨益治理"，除秘密结社潜谋不法者应行严禁外，那些"讨论政学，研究事理，联合群策以成一体"的结社集会"虽用意不同，所务各异，而但令宗旨无悖于治安，即法

---

① 《德宗景皇帝实录》卷五三〇，《清实录》第五九册，第 59 页。

令可不加以禁遏"①，因此最终拟订的律令多在规范结社集会行为而非禁止结社集会（详见下述）。

此后虽屡有党禁之令，如宣统三年（1911）三月颁谕："近闻沿江沿海暨南北各省皆设有党社，倡立名目"，"托名研究时务，阴图煽乱，扰害治安，若不严行查禁，恐将败坏大局"，命令民政部、各省督抚、步军统领、顺天府等严密查访，"遇有此项社党，即行严拿惩办，勿稍疏纵"②。但是，一则当时结社集会风潮已起，朝廷的实际控制力薄弱，收效甚微，二则政府禁令只是针对政治结社尤其是秘密会社，其他各种社团"诣民政部立案者，则无不立准"，甚至如宪政实进会、宪友会、辛亥俱乐部乃至统一党等政治性党团也准予立案③，因而这一时期会社大量涌现。据统计，自光绪二十六年（1900）至宣统三年（1911）的十二年间，全国共有政治类、文化类社团515个（见下表），尚不包括经济类和军事类④，如果全部算上将会超过800个，甚至更多⑤。其中，光绪三十二年（1906）至宣统三年（1911）之间全国共有政治类、文化类社团262个，数量之大、增长之快令人惊叹。

---

① 朱寿朋：《光绪朝东华录》（十），《中国近代史料丛刊三编》第九十八辑，台湾文海出版社2006年版，第5841—5842页。
② 《请看政府严厉紧急之命令》，《时报》1911年4月12日，第2版。
③ 《政府与民党》，《时报》1911年6月16日，第2版。
④ 晚清时期的社团种类更为繁多，依照本书"政治、经济、军事、文化"的四分法，当时的立宪、革命和外交团体可归为政治一类，教育、学术、文学、艺术、语言、宗教、风俗等团体可归为文化一类，商业、工业、农业等可归为经济一类，军事类与革命团体多有交叉，同时与民间秘密会社联系紧密。由于政治类、文化类社团与传统文人结社在性质上更为接近，因此这里仅就此两类展开论述。
⑤ 按张玉法在《清季的立宪团体》中所收，尚有商业类社团265个、农业类26个、工业类4个、慈善类4个。而据张氏称，因限于资料他的统计并不完全，如《第一回中国年鉴》（商务印书馆1924年版）所统计的清季商会至少有657个。见《清季的立宪团体》第三章，北京大学出版社2011年版，第67页、110页。

**1895—1911 年全国政治类、文化类社团统计表**

| 性质 | 成立时间 | | | | 合计 |
|---|---|---|---|---|---|
| | 1895—1899① | 1900—1911② | | | |
| | | 总数 | 1900—1905③ | 1906—1911 | |
| 政治类 | 24（2）④ | 196 | 45（45） | 151（104） | 220 |
| 教育类 | 11 | 103 | 10 | 41 | 114 |
| 学术类 | 20 | 60 | 8 | 25 | 80 |
| 外交类 | | 45 | 14 | 24 | 45 |
| 风俗类 | | 25 | 2 | 7 | 25 |
| 艺文类 | | 15 | | 8 | 15 |
| 青年类 | | 10 | 2 | 3 | 10 |
| 宗教类 | | 6 | 2 | | 6 |
| 合计 | 55 | 460 | 83 | 262 | 515 |

---

① 此期数据依据张玉法《戊戌时期的学会运动》一文，文中张玉法将所考学会分为"介于学术与政治之间者"（22个，不含亚细亚协会上海分会）、"介于学术与文化之间者"（7个）、"介于学术与教育之间者"（11个）、"介于学术与农业之间者"（4个）、"纯粹以研究新学为目的者"（13个）、"目的不详者"（8个，实为9个，漏计长沙地学公会），另有长沙延年会未计入。本表"性质"栏中所列种类则是依据张玉法在《清季的立宪团体》一书中的分类。为便于统计，本表将戊戌时期的学会亦按此归类，其中"介于学术与政治之间者"归为政治类，"介于学术与教育之间者"归为教育类，"介于学术与文化之间者"和"纯粹以研究新学为目的者"归为学术类，"介于学术与农业之间者"和"目的不详者"未计。

② 此期数据主要依据张玉法《清季的立宪团体》（第68—110页），其中会址在国外的社团不在计内。

③ 此栏与后栏所列数字为成立时间明确可知之会社，前栏总数减去此两栏数字，为1900—1911之间时间不可知之会社，张玉法《清季的立宪团体》亦未标注确切年份。

④ 括号中数字为张玉法《清季的革命团体》（北京大学出版社2011年版，第474—481页、487—499页）所统计的革命团体数量，按张氏分类法当归为政治一类，其中会址在国外的社团不在计内。

## 二、社事概况

晚清时期的会社数量众多，活动涉及的范围非常广泛，因而种类也较为繁杂，反映出当时社会的复杂状况。

仅就上表所列来说，各种会社的发展并不是一致的。政治类居于首位，达到 200 个以上，其中主张立宪的约有 70 个，推崇革命的约有 150 个（其中相当数量属于军事类社团或者带有军事性质）。其他各类会社可能在具体活动中并不涉及政治，但就其目的而言都或多或少带有一些政治性。其次为教育类和学术类，此两类会社都是试图通过兴办学会来普知识、开民智、合群力，最终达到自强救国的目的，在活动方式上也有相通之处，如编办报刊、翻译西书、集会宣讲等，只不过一类侧重于教化大众，一类侧重于研究新学。外交类会社的数量也不在少数，主要是庚子国难以后，很多热血志士出于抵制外国侵略、争取国家主权的目的而创立，如要求日本归还台湾的拒日会（厦门，光绪二十六年）、反对中美不公平工约的工人和平社（上海，光绪三十一年）、支援中俄交涉的中国国民总会（上海，宣统三年）、反对清廷将国权轻让外人的国权挽救会（广州，光绪三十三年）等；有些会社是为了保路、保矿、保境而成立，如福州闽路公会（光绪三十三年）、上海路矿联合共济会（光绪三十四年）、北京保蒙会（宣统二年）等；还有一些会社是为了坚拒外款、筹付国债而成立，如杭州全省国民拒款会（光绪三十三年）、北京国民拒款会（光绪三十三年）、上海筹还国债会（宣统元年）等。此类会社无论在本质上还是在具体行动上无疑都属政治一类，只是它们活动的目标并不是指向国内统治者，而是指向外国侵略者，是民族矛盾重压下催生的产物。风俗类会社的宗旨多是为了改良社会习俗以淳民风、正人心，在内容上主要分为两种，一种是戒烟戒毒的，如福州去毒社（光绪三十二年）、北京中国国民戒烟总会（宣统二年）等，一种是摒除封建迷信和生活陋习的，如杭州放足会(光绪二十九年)、镇海风俗改善会(光绪三十二年)、武昌改良风俗会(光绪三十三年)等,它们更接近于民俗型结社。

从上表还可以看出,与传统文人结社最为接近的艺文类会社数量非常有限,究其原因是国家屡遭重创,社会扰攘不定,神州大地经历着前所未有之变故,闲适自在的结社心态和怡情悦性的活动方式不再有适其植根的社会土壤。同时,清朝政府对待各类结社的态度也不是一视同仁,政治类会社(尤其是革命团体)多数情况下是被禁止的,党禁政策直到武昌革命事起才真正放开,只不过时势政局促使民间势力对此有令不从并且愈演愈烈。教育类、学术类社团是政府所允许并倡导的,包括教育会社、学务会社、改良会社以及各种新学研究会社等,这与民间力量在救亡图存的途径上契合一致,如光绪三十二年(1906)清政府在《学部奏定各省劝学所章程》中就规定"各属地方,一律设立宣讲所"[1],宣统元年(1909)在《城镇乡地方自治章程》中又要求各地须将"中小学堂、蒙养院、教育会、劝学所、宣讲所、图书馆、阅报社"等学务之事纳入当地的自治范围[2],所以这些会社的发展比较顺畅。而对于艺文类会社清廷则是严格限制的,一方面是因为不少仁人志士借艺文社团之名行立宪革命之实,如贺公侠的文学研究社、谢超武的柳营诗社、徐镜心的戏曲改良社等,有些艺文社团即使不实际参加革命运动,但也借助文艺形式发布排满言论、鼓吹武力,如王钟声的春阳社、黄人的三千剑气文社、高燮的觉民社等,这自然会引起清廷的管制。另一方面,自清初以来一直实行的文化专制政策,至清末有所收敛但仍未完全停止,如光绪三十三年(1907)十一月,清廷还颁谕禁止学生"干预国家政治,及离经叛

---

[1] 《四川官报》1906年第20期,第64—68页。
[2] 《北洋法政学报》1909年第91期,第1—16页。

道联盟纠众立会演说"①,春阳社因所演剧目比较激进,创社者王钟声被捕入狱,社团成立不到一年就被迫解散,南社成员也常常被冠以"革命党人"的罪名而屡遭缉拿。因此晚清时期其他各种社团能够风起云涌而艺文类社团却发展迟缓。

虽然相对于其他社团来说,新型的艺文类会社的数量不是很多,但是现代文人结社(包括文学社团)却是以它们为基础发展起来的,其意义不可低估。根据社事活动内容,晚清时期的艺文类社团总体上可以分为三个大类。

一为诗文语言社团。除前文所述的传统词社、诗社、文会外,新型社事如江西的废时文会,认为"时文积弊太深,愚我震旦,抑我士气,为患靡穷"② 而力主改革科举、废除时文,阳湖吴百揆主事,章启祥、沈兆祎、沈兆祉、吴璆、邵召、蔡震等人与之。无锡裘廷梁(1857—1943)联合邑中顾述之、吴荫阶、汪赞卿、丁仲祜诸人创建白话学会,提倡运用白话文来开启民智,旨在"令识字之民,皆能开拓见闻,激发意气,研究学术",所刊《无锡白话报》成为我国近代最早白话报刊之一③。陆式楷在上海率先建立世界语学会,紧接着戈丽生、张继善组织世界语学社皆以传播世界语为宗旨。

二为曲剧音乐社团。光绪三十二年(1906)冬,留日学生李叔同、曾孝谷等在东京组建春柳社,次年十月王钟声为"唤起沉沉之睡狮"④ 在上海发布成立春阳社《意见书》,陆续组织演出《秋瑾》《徐锡麟》《孽海花》《官场现形记》《新茶花》《猛回头》

---

① 《光绪朝东华录》(五),《中国近代史料丛刊三编》第九十八辑,第 5806—5807 页。
② 上海图书馆:《汪康年师友书札》,上海古籍出版社 1989 年版,第 1958 页。
③ 范放:《中国官音白话报》,《近代史资料》总 32 号,第 109—113 页。
④ 天津《大公报》1907 年 10 月 15 日。转引自王卫民《我国早期话剧流派述略》,《广东民族学院学报》1987 年第 1 期,第 81 页。

等剧目。其中由曾孝谷编写的《黑奴吁天录》，肇开中国新兴话剧之先端，春柳社、春阳社先后在日本、国内演出，引起社会广泛反响，今天的学者认为它"是中国戏剧史上的一个历史性转折，是中国戏剧从古典形态向现代形态的发展中迈出的重要一步"①。此后十余年间，全国各地纷纷组建新剧社团，如广州的振天声剧社、上海的进化团、香港的振天声白话剧社、天津的南开新剧团、澳门的民乐社等，仅在广州一地，在振天声剧社之后"继起者为琳琅幻境、清平乐、达观乐、非非影、镜非台、国魂警钟、民乐社、共和钟、天人观社、光华剧社、啸闻俱乐部、霜天钟、仁风社、仁声社等"，以致"戏剧之风，为之一变"②。

三为书法绘画社团。如道光十九年（1839），昭文蒋宝龄（1781—1840）至沪消暑，"集诸名士于小蓬莱，宾客列坐，操翰无虚日"，被誉为上海近代画会之嚆矢③。咸丰九、十年间（1860、1861），钱塘吴宗麟（？—1864）在上海县学署问字亭组建蘋花吟社，社集作品编为《蘋花社诗》④。后于同治元年（1862）夏，又集江浙诸名士于城西牧龙道院之自在楼船，仍名曰萍（蘋）花，"起短至，迄重九，凡六集，集二十四人"⑤，推俞少甫、顾梦芗为社长，并请同社钱吉生、包子梁、王秋言合画有《萍花社集雅图》，吴宗麟书有《题记》，显然这是一个诗书画兼修的社团。光绪三十年（1904），杭州丁仁、吴隐、王褆、叶铭四人集聚孤山，倡立印

---

① 董健：《中国现代戏剧史稿·绪论》，中国戏剧出版社1989年版，第8页。
② 痴：《余之论剧》，《梨园杂志》1918年。转引自易云《广东的话剧》（上），《广东艺术》1997年第4期，第40页。
③ （清）高邕：《海上墨林序》，（清）杨逸：《海上墨林》卷首，民国八年刻本。
④ （清）吴宗麟：《可久长室诗存》卷五《蘋花社诗并引》，《晚清四部丛刊》第六编第106册，台湾文听阁图书公司2011年影印本，第106页。
⑤ （清）吴宗麟：《萍花社集雅图题记》，转引自林树中《近代上海的画会、画派与画家》（上），《南京艺术学院学报》1981年第4期，第45页。

社，以"保存金石，研究印学为宗旨"①，但也兼及书画，"社因地名，遂曰西泠"②，后推清末艺术大师吴昌硕为首任社长，当时及后来许多著名文人如李叔同、丰子恺、黄宾虹、马一浮、吴湖帆、杨守敬、康有为等皆为社员或赞助社员，一些日本、朝鲜的文人也慕名加入成为海外社员，大家聚在一起"评论印学，迨无虚日"③。西泠印社以现代社团形式从事传统文艺活动，百余年来始终坚持着"诗书画印的守望"④，被誉为"天下第一名社"。

晚清时期的这些艺文类社团主要集中在上海、广州两地。除上述提及的会社外，上海尚有陈栩的文学会、高燮的寒隐社、姚鸿的豫园书画善会、汪渊若的上海书画研究会以及研究戏剧的竞义会等，广州尚有麦君博的民镜乐社、方悟琴的书画社以及研究诗联的对会等。其他地方也有一些，如天津有林兆翰的移风乐会、邓汝析的音乐讲习会，武昌有蒋伯夔的文学社，苏州有柳亚子等人组建的南社等，不一而足。值得一提的是，台湾地区此时正处在日本殖民统治之下，文人士子出于传承文化血脉考虑而大量结社，较著者有光绪二十八年（1902）林朝崧、林幼春、赖绍尧在台中成立的栎社，三十二年（1906）连横、陈渭川在台南成立的南社，宣统元年（1909）谢汝铨、洪以南在台北成立的瀛社，并称为日据时代的三大诗社。其中，栎社的规模和影响最大，后来发展出很多支社，如台湾文社（1918）、鳌西吟社（1918）、大冶吟社（1921）、中州吟社（1922）、樗社（1923）、南陔吟社（1925）、青莲吟社（1925）、怡社（1926）、东墩吟社（1929）、萍社（1934）、中州敦风吟会

---

① 秦康祥编纂：《西泠印社志稿》卷三《西泠印社社约》，浙江古籍出版社2006年版，第25页。
② 胡宗成：《西泠印社记》，《西泠印社志稿》卷四，第45页。
③ ［日］河井仙郎：《西泠印社记》，《西泠印社志稿》卷四，第43页。
④ 叶辉：《诗书画印的守望——西泠印社走过一百一十周年启示录》，《光明日报》2013年2月18日，第1版。

(1937)、应社(1939)等①。

此外,与三大诗社同时或稍后的还有吴萱草等人创办的屿江吟社(1913)、林逢春等人创办的酉山吟社(1914)、张汉等人创办的研社(1915,后更名星社)、王佛来等人创办的虎溪吟社(1918)等,又有浪吟诗社、鹿苑吟社、桃社、竹社、瀛东小社、朴雅吟社、巧社、天籁吟社、小鸣吟社、萃英吟社、高山文社、潜社、松社、罗山吟社、聚奎吟社等,数量着实不少,所谓"诗社多至百计,诗人且达三千",其繁荣程度并不亚内陆各地。台人于此亦有解释和评价:"日据时期,游宦游幕,弃台而去。而台之士不能内渡者,寄人篱下,百念俱灰,闭门谢客,多以诗酒自晦;为维系祖国文化,出为结社,提倡击钵。于是一呼百应,诗社林立,至此风气一变,昨浸润于八比试帖,以取功名,今则击钵催诗,以吟咏为乐,以夺元为荣",而他们"所作击钵吟诗,别成一格,可传者虽少,然而陷落初时之作品,则较多佳构,备受内外人士之嘉许"②。

在名目繁多的晚清会社中,女子社团格外引人注目。伴随爱国主义、民族主义的高涨,妇女启蒙与解放运动出现前所未有的局面,兴办女校、推动女学成为时代共识,类似"女学乃当今急务救本之始基"③、"欲强国必由女学"④ 的思想言论屡见报端,妇女自身的主体意识也空前增强,并且不仅仅停留于男女平等的一般性认识,"天下兴亡,匹妇亦有责焉"的呐喊亦时时可闻⑤。光绪二十四年(1898)四月资产阶级维新人士经元善在上海创办中

---

① 参许俊雅《黑暗中的追寻——栎社研究》,东方出版中心2006年版。
② 台湾省文献委员会编:《台湾省通志》第42册,台北众文图书股份有限公司1980年版,第1—2页。
③ 郑观应:《致居易斋主人谈论女学校书》,《中国妇女运动历史资料(1840—1918)》,中国妇女出版社1991年版,第82页。
④ 梁启超:《变法通议》,华夏出版社2002年版,第96页。
⑤ 刘纫兰:《劝兴女学启》,《中国妇女运动历史资料(1840—1918)》,第96页。

国女学堂（初名桂墅里女学会书塾，又称经正女学、经正女塾），开启中国近代女性教育的大门，至光绪三十三年（1907）一月，清廷颁布《女子小学堂章程》和《女子师范学堂章程》，女子学校教育正式纳入国家教育体系，女子学堂开始遍地开花。光绪二十三年（1897）七月，康广仁、梁启超、谭嗣同、汪康年、麦孟华等人在上海发起成立戒缠足会，是为不缠足之总会，广东、福建、湖南等地此前或此后设有分会，至光绪二十八年（1902）慈禧下诏全国禁止妇女缠足，三十年（1904）十二月上海再次成立天足会，宣传妇女放足。

　　女学普及和各种不缠足会的创办分别从主客观两个方面为女子社团的建立和发展提供了社会条件。约在光绪二十三年、二十四年（1897、1898）之交，谭嗣同妻子李闰、康广仁妻子黄谨娱等人在上海组建中国女学会，讨论妇女权利，提倡女性教育，成为中国近代第一个纯粹的妇女社团，后办有中国第一份妇女报刊《女学报》，并促成中国女学堂建立，在中国妇女运动史上和中国社会近代化进程中意义非凡。光绪三十三年（1907），时任北洋女子公学总教习的吕碧城发表《女子宜急结团体论》一文，疾呼女性同胞尽快"结成一完备坚固之大团体"[1]，更助推了女子立社的新风气。就笔者所见资料来看，武昌起义爆发之前在国内的女子社团至少有20个（见下表），加上国外的将近30个，尚不包括起义爆发之后为支援革命而成立的各种具有军事性质的会社，她们所开展的活动则大都在教育、政治、慈善或者风俗改良方面[2]。

---

[1] 《中国女报》1907年第2期。
[2] 有学者统计，辛亥革命时期共有女子社团35余个，分布于全国八省四市以及国外地区，主要分为"与教育有关的"、"与政治运动有关的"、"与谋职有关的"、"与福利有关的"、"与社会运动有关的"五种。见蒋美华《略论辛亥革命时期知识妇女群的解放心态》，《江海学刊》1998年第6期，第140—145页。

**晚清时期女子社团简表**

| 性质 | 名称 | 成立地点 | 成立时间 | 创建者 | 宗旨与活动 | 备注 |
|---|---|---|---|---|---|---|
| 教育类 | 中国女学会 | 上海 | 光绪二十三年、二十四年之交 | 李闰 黄谨娱 沈瑛 | 兴办女学，倡导女权，办有女学会书塾和《女学报》。 | 《中国女学会书塾章程》，载《湘报》1898年5月19日第64号。 |
| 教育类 | 女界自立会 | 昆明 | 光绪三十二年 | 张雄西 | 拯救女界困苦，使女界人人能自立。 | 张雄西《创立女界自立会之规则》，载《云南》1906年10月第1号。 |
| 教育类 | 女子教育会 | 天津 | 光绪三十二年 | 吕碧城 | | 严复《女子教育会章程序》，《北洋学报》1906年第37期。 |
| 教育类 | 女学教授研究会 | 奉天 | 光绪三十三年 | 吕眉生 | | |
| 政治类 | 对俄女同志会 | 上海 | 光绪二十九年 | 郑素伊 陈婉衍 童同雪 | 抵御外侮，恢复国权。后更名慈航社，结束拒俄使命。 | 《文明绍介》，载《中国白话报》1904年第8期。 |
| 政治类 | 女界保路会 | 苏州 | 光绪三十三年 | | | |
| 政治类 | 女国民拒款公会 | 上海 | 光绪三十三年 | 俞树萱 张世芳 | 集资买股，拒绝外款，力保主权。 | 《女国民拒款公会公启》，载《神州女报》1907年12月第1卷第1号。 |

续 表

| 性质 | 名称 | 成立地点 | 成立时间 | 创建者 | 宗旨与活动 | 备注 |
|---|---|---|---|---|---|---|
| 政治类 | 女界保路会 | 上海 | 光绪三十三年 | 王梦龄 苏本楠 周佩莲 | 响应江浙保路会倡议，集资买股。 | 《女界保路会传单》，载《神州日报》1907年11月3日。 |
| | 世界女子协会 | 上海 | 宣统三年 | 周佩宜 吴景宣 | 联络女界情谊，振兴女权，结合团体。 | |
| | 妇女宣讲会 | 上海 | 宣统三年 | 丁乘时 | 主讲妇女问题和教育问题。 | |
| | 中华女子侦探团 | 上海 | | 张侠琴 康天琴 郭莲花 | 帮助革命党人刺探清廷情报。 | 桑寄生《清末妓女组侦察团》，载《粤华报》1944年12月16日。 |
| | 中国女子国民会 | 上海 | 宣统三年 | 尹维峻 尹锐志 | 改良家庭柔靡之俗，倡导女子习武。 | 由尹氏姐妹所创建的锐峻学社成立。 |
| 慈善类 | 女子兴学保险会 | 上海 | 光绪三十年 | 张竹君 | 主张女性求学、合群，以摆脱男性控制。 | 张竹君《女子兴学保险会简章》，载《警钟日报》1904年4月25日。 |
| | 中国妇人会 | 北京 | 光绪三十二年 | 邱彬忻 | 提倡女界公益，实行自立立人、慈善博爱。 | 《中国妇人会章程》，载《中国新女界杂志》1907年4月第3期。 |

续　表

| 性质 | 名称 | 成立地点 | 成立时间 | 创建者 | 宗旨与活动 | 备　注 |
|---|---|---|---|---|---|---|
| 慈善类 | 中国妇女会 | 北京 | 光绪三十二年 | | 筹集赈款。 | 从中国妇人会中分出。 |
| | 中国赤十字会第二团女子协助会 | 上海 | 宣统三年 | 张善甫 | 为武昌战事救死扶伤。 | 隶属张竹君组建的中国赤十字会。 |
| 改良类 | 卫生讲习会 | 上海 | 光绪三十年 | 张竹君 | 学习卫生常识，追求女性自立。 | 张竹君《卫生讲习会演说》，载《警钟日报》1904年5月30日。 |
| | 女子天足会 | 金山 | 光绪三十二年 | 华吟梅 | 反对妇女缠足，宣传妇女解放。 | |
| | 基督教女青年会 | 上海 | 光绪三十四年 | | 本基督精神促进妇女教育，进而服务社会，造福人群。 | |
| | 中国复古女服会 | 上海 | 宣统二年 | 康同璧 | 号召妇女穿古代服装。 | |
| | 女子戒食纸烟社 | 北京 | 宣统二年 | 孔劳绷 | 力劝世人戒食纸烟。 | 《女子戒食纸烟社开办简明章程》，中国第一历史档案馆《清末结社集会档案》，载《历史档案》2012年第1期。 |

就此表来讲，有两点需要指出。一是有些女子社团不在国内，尤以留日女生所建为多，如胡彬夏等人组建的共爱会（光绪二十九年）、李元等人发起成立的中国留日女学生会（光绪三十二年）、何震创立的女子复权会（光绪三十三年）以及秋瑾为重兴共爱会而成立的实行共爱会（光绪三十年）和稍后成立的女子雄辩学会（光绪三十一年）等，她们的活动地点虽在国外，但对国内戊戌变法失败以后女子社团的重新兴起起了至关重要的推动作用，上表虽未列出这些会社但不应忽视她们。二是一些教育类社团依托于女子学校（学堂、学社）而存立，或者社团与学校两位一体，名称和实体都是如此，如嘉兴爱国女学社、绍兴明道女学、上海城东女学社等，如果将此种情况也计作社团的话，那么教育类会社远不止表中所列之数，晚清女子社团的总数自然也要多出很多。

女子创立社团标志着中国妇女解放运动迈入新阶段，相对于当时的其他新型会社来说，这些女子社团受传统因素的影响更不显著，她们基本上都是在新学的影响下、仿效西方建立起来的，正如女权首倡者吕碧城所言那样："自欧美自由之风潮掠太平洋而东也，于是我女同胞如梦方觉，知前此之种种压制束缚以副各人之原理，乃群起而竞言自立，竞言合群。"[①] 与传统女性文人结社的最大区别就在于清季女性社团是建立在女性主体的独立意识之上，所追求的目标和所发挥的作用是女性这一群体的社会价值。如果从社团史的角度来观照，女性从男性主导的社团中完全独立出去自行建社组团，也是现代社团成熟的重要标志之一。晚清的女子社团虽还不够完善，比如活动时间比较短暂、成员流动过于频繁等，但这是任何新生事物都必须经历的阶段，她们在中国社团现代化进程中的意义不可小觑。

---

① 吕碧城：《女子宜急结团体论》，《中国女报》1907年第2期。

### 三、新变特点

由上文所述可知，晚清时期的社团在转型过程中连续发生"三变"：由洋人在华建立学会变为国人自己创立学会、由立宪为主的团体变为以革命为主的团体、由传统的文人结社变为规范的现代社团。戊戌以前主要是外国人在华创办学会，戊戌以后新兴资产阶级为图自强而开始自行办会；庚子以前为推动维新运动立宪派成立了众多团体，庚子以后革命运动蓬勃发展，革命团体激增；辛亥以后传统文人结社终于完成向现代社团的转变。所以，这一时期会社的状况比较复杂，且始终处于变化之中。有学者认为"戊戌时期是民间自由创建社团时期，各种目的不同的社团多假学会以行；庚子以后，由于政府对职业团体加以规范，学会渐从一般社团中独立而出；辛亥以后，专业性的学会与一般社团的界限更严"①，正指出了这种转变过程。这也是传统文人结社向现代社团转型的过程。

在戊戌时期社团起步之初，各种社团还明显带有传统会社的特点，比如社团负责人由发起人自任或由发起人聘请，较少由会员选举产生；社团的活动还比较松散，且多难以持久；虽有一些社团规定活动经费由会员平等缴纳，但更多的是来源于社会捐助等。这是因为当时组建会社的士人多曾受过传统教育，传统文人的结社观念、结社方式和结社习惯还在起着重要影响。随着国门被进一步打开，西方社团理念得到广泛传播，同时越来越多的知识分子从海外留学归来，他们组建会社主要是仿效西方学会，而不是承袭传统诗社文会的做法，此时的会社开始具备一些现代社团的特性。这主要表现在：

一是从事立会活动的士人结社观念趋于明晰、强烈。受时局所

---

① 张玉法：《戊戌时期的学会运动》，《历史研究》1998 年第 5 期，第 26 页。摘引时标点符号有所更改。

迫，中国传统的"群"的观念发展至清季得到进一步深化。光绪二十一年（1895）严复完成《天演论》翻译，认为人群进化不为自然淘汰，最重要的是人有群体："善保群者，常利于存；不善保群者，常邻于灭"，并引荀子之语加以佐证①。严复的这种观念在当时有识之士中间普遍存在，他们在组织学会时总是以联合群力为口号，如康有为在《上海强学会后序》中说"今者思自保，在学之群之"②，梁启超在《论学会》中比较"群""独"的结论是"道莫善于群，莫不善于独"，黄遵宪在南学会的演讲中解释"世界以人为贵"的原因是："禽兽不能群，而人能合人之力以为力，以制伏禽兽也。故人必能群而后能为人。"这种群体意识在各种学会的章程中都有体现，群萌学会说"本学会以群萌为名，盖因群学可以由此而萌也。他日合群既广，即径称为群学会"，致用学会说"群则强，不群则弱"，学战会则说"此会以联通群力、振兴新学为主"③。

二是学会奉行的宗旨趋于明确、实用。此时的社团或为推动维新立宪，或为发动武装革命，或为传播西方科学知识，或为宣传学术理念，或为研究富强之学，或为教育社会大众，他们都有各自的活动领域，努力在政治、经济、社会、文化、教育等方面寻求救国良方，目的性很强，宗旨也就特别明确。这从上文社事概况的阐述中也可以看出。其中，光绪二十四年（1898）初在湖南龙南成立的致用学会可为代表："今之人才，动曰泰西以商战，不知实学战也；商苟无学，何以能战？学苟无会，何以教商？"稍后在长沙成立的学战会更是直接以"学战"为名，明确表达"兵战不如商战，商战不如学战"的立会宗旨④。

---

① 严复著，王栻主编：《严复集·群治》，中华书局1986年版，第1394—1396页。
② 《戊戌时期的学会和报刊》，第80页。
③ 王尔敏：《中国近代学会约论》，《食货月刊》复刊1971年第一卷第六期，第290—291页、292—293页。
④ 《戊戌时期的学会和报刊》，第582页、610页。

三是会社的形态趋于成熟、高级。这主要表现在四个方面。

其一，会约更规范。此时的会社一般都会制订自己的章程，有的还会在报刊上公开发表，内容多是说明会社的创建宗旨、业务范围、机构设置、活动方式、成员纳退以及会费来源等。

其二，机构更严谨。此时的会社有很多都设立了管理机构，如上海强学会设提调4人、坐办2人、会办2人、董事8人，桂林圣学会设总理2人、值理4人、会办2人、坐办2人、董事若干人，北京保国会则设有总理、佐理、董事、常议员、备议员等职，当然也有一些学会明确表示不设会长、会董。值得一提的是，设置管理机构的会社，在确定相关人选时有不少是采取公举推选的办法产生，这一点非常具有现代性。而像北京兴儒会在其设想的管理模式中，每省公举总董1人，常川驻会，主持会务，各省省城各设1分会，每府推1人常川驻会，主持分会事务，并循序于各府设立支会，已经具备现代社会中全国性社团的总会、分会、支会的组织构架。

其三，活动更规律。不少学会都对将要开展的活动作出了明确规定，如上海强学会每季一集、每年一大集，衡州任学会每年大会一次、两月小会一次，成都蜀学会每月集讲两次，龙南致用学会每旬初一为集会之日，北京关西学会每周聚会一次，长沙南学会每周日宣讲一次，上海工商学会每晚轮流讲学等等。与传统文人结社相比，他们的活动更频繁、更固定、更有规律，反映了近代社团在活动方式上的进步性。

其四，经费更稳定。此时的会社仍有很多通过社会捐助来获得活动经费，比如孙中山在广州创立农学会就得到当地官绅十余人的资助；康有为在北京组织强学会时，袁世凯、张之洞、杨锐、丁之钧、沈曾植等都曾捐资，在上海组织强学会时，又有张之洞、黄遵宪等捐助；汪康年在武昌组织中国公会，拟请时任湖广总督的张之洞分函各省让地方官员捐助，这些都还具有传统色彩。但也有不少会社开始采取会员集资的方式，活动经费主要依靠入会人员捐资或缴纳会费，这与现代社团已经颇为相像，至于像瑞安农学会、江苏中西学会、威远农学会等设置会股、要求会员缴纳股银的做法就更为先进①。

随着创社立会风潮的高涨，清朝政府开始介入社团管理，逐步规范各类社团的组建程序和活动方式，在限制社团进一步发展的同时也在客观上为社团成长创造了政治条件和社会环境。光绪三十三年（1907）十一月，宪政编查馆会同民政部拟订结社条规，共计三十五条，于次年二月九日奏呈后即奉旨施行。这一条规是借鉴西方社团理念和社团法规的成果，是我国政府管理社团的历史性突破，开启了传统的文人结社向现代社团极速转型的道路。

首先，这一条规明确界定了何为结社："凡以一定之宗旨合众联结公会经久存立者为结社"，同时也指出了结社与集会的区别："凡以一定之宗旨临时集众公开讲演者为集会"②，表明政府当局和知识分子已经具备非常清晰的社团概念，这是此前政府和士人不可企及的。

其次，条规规定成立会社须报经管理部门核准："在京申呈民政部核准，在外由巡警道局申呈本省督抚核准，咨民政部存案"，并要求呈报下列条款："（一）宗旨，（二）名称，（三）社章，（四）办事处，（五）设立年月日，（六）首事人、佐理人姓名、履历、住址，（七）办事人姓名、履历、住址，（八）现有入社人数"。这就促使各个社团在成立之初就要明确自己的宗旨、制定活动章程，社团由此趋于规范，不断向高级形态靠拢，最终演进成为真正意义上的现代社团。复次，条规规定了政事结社的规模"以一百人

---

① 相关材料参见王尔敏《中国近代学会约论》、张玉法《戊戌时期的学会运动》。
② 《光绪朝东华录》（十），《中国近代史料丛刊三编》第九十八辑，第5841—5842页。此处论述所引文字均出自该文。

为限"和禁入人员,如妇女、僧道、"不识文义者"、"非本国人民"等不得参与政事结社和政论集会;规定了集会、游行的开展程序和相关要求,如政治集会"倡始人于开会前一日"呈报当地巡警或官署、"集会讲演之际,如有语言悖谬或有滋生事端、妨害风俗之虞者"须饬令中止、"凡集会或整列游行之际,不得携带军械凶器"等,这些都在客观上督促社团健康有序发展,而不会像一些传统文人结社那样因为管理不善导致乱象丛生,很快就消散无形。

最后,条规明确规定了各种惩罚条款,或罚金、或拘留、或监禁,这既是传统禁盟法令的延续,也是现代社团管理先进性的体现之一,虽在一定程度上会制约社团的发展,使其不能演变为政党,但也会引导各个社团规范自己的活动方式而有利于自身的稳定性。

晚清时期的会社是传统文人结社向现代社团转型的过渡形态,在前后不到二十年时间里,士人的立社心态、社团的活动方式、政府的管控尺度都有一个变化过程,这个过程快速、短暂而又非常复杂,当这个转变过程结束之际就是现代社团诞生之时。宣统三年(1911)八月武昌事起,清廷颁谕全国:"所有戊戌以后,因政变获咎,与先后因犯政治革命嫌疑惧罪逃匿,以及此次乱事被胁、自拔来归者,悉皆赦其既往,俾齿齐民"[①],党禁政策彻底解除,士人结社立会不再有所顾忌。辛亥革命胜利后,南京临时政府制订并实施《中华民国临时约法》,其中规定人民享有各项"自由权",包括"言论、著作、刊行及集会、结社之自由"[②],结社正式成为一项合法的政治权利,社会各界人士竞相结社,社团数量急遽增加,一如漫天星斗遍布全国,中国社团史再一次迎来发展高峰,传统的文人结社也完全实现了向现代社团的演进。

---

① 《宣统政纪》卷六二,《清实录》第六〇册,第1153页。
② 翦伯赞、郑天挺主编:《中国通史参考资料·近代部分》下册,中华书局1980年版,第340页。

# 附录
# 中国古代文人结社年表

## 凡　例

　　一、本表上起汉景帝前元元年（前156），下迄清末帝宣统三年（1911），历时两千余年。

　　一、本表所系仅为社事时间可考之文人结社，兼及部分雅集吟会等文人群体活动。

　　一、本表所收唐以前为雅集唱和等文人群体活动，唐五代时期兼收会、社与雅集唱和，宋以后原则上只收有明确记载的会和社，雅集唱和则从严收录。

　　一、本表时间标注顺序为：公元纪年、干支纪年、帝王纪年，帝王纪年中多个朝代并列者，以先建朝者或入载正史者为先。

　　一、本表各年内社事排列顺序为：先列当年之前社事，标注"此前"；次列当年社事，一般不予标注；末列当年之后社事，标注"此后"。

　　一、本表结社时间为约略可考者，标注"此际"，以示有别；

若具体时间可以确考则标注具体的季节、月份、节令、日期等。

一、本表文献出处或标为作者与具体篇名，或标为书名与卷数，每条社事最多出注三种文献。

## 前156年　乙酉　汉景帝前元元年

此际，刘濞受封于吴，招致天下娱游子弟，枚乘、邹阳、严夫子之徒从之。(《汉书》卷二八下)

## 前144年　丁酉　汉景帝中元六年

此前，梁孝王刘武在睢阳修建梁园（又名睢园、菟园），招延四方豪杰，文人雅士如枚乘、邹阳、司马相如、羊胜、路乔如、公孙诡、韩安国等，皆善属辞赋，诸人云集梁园，即景咏乐，染翰成章。(《汉书》卷四七、卷五一)

## 前122年　己未　汉武帝元狩元年

此前，淮南王刘安都于寿春，招致宾客方术之士数千人著书立说，各竭才智，著作篇章，分造辞赋，以类相从，纂有《淮南鸿烈》。(《汉书》卷四四、王逸《招隐士章句序》)

## 前115年　丙寅　汉元鼎二年

武帝筑柏梁台，宴集群臣，共赋七言诗，所谓"柏梁体"。(《世说新语》卷下、《佩韦斋集》卷一八、都穆《南濠诗话》)

## 196年　丙子　汉献帝建安元年

此际，曹操、曹丕父子，笃好斯文，攀龙托凤、自致于属车者，盖以百计，邺下文人彬彬盛焉，其中孔融、陈琳、王粲、徐干、阮瑀、应玚、刘桢，于学无所遗，于辞无所假，世称"建安七子"。（《文心雕龙》卷九、钟嵘《诗品序》、曹丕《典论·论文》）

**245 年　乙丑　魏正始六年　蜀汉延熙八年　吴赤乌八年**

此际，谯国嵇康、陈留阮籍、河内山涛、河南向秀、籍兄子咸、琅邪王戎、沛人刘伶七人相与友善，常游于山阳竹林之下，肆意酣畅，世谓"七贤"。（《三国志》卷二一、《晋书》卷四九）

**300 年　庚申　晋惠帝永康元年**

此前，南皮石崇有金谷别庐，引致宾客，日以赋诗，崇与欧阳建、陆机、陆云、刘琨、左思、潘岳、郭彰、杜斌等二十四人并以文才称，号曰二十四友。（《晋书》卷五五、卷六二）

**353 年　癸丑　晋永和九年**

三月初三，王羲之、谢安、孙绰、郗昙等四十余人修禊于山阴兰亭，曲水流觞，一觞一咏，诗不成者罚酒三斗，所赋诗三十七首，编为《兰亭集》，王羲之为之序。（王羲之《三月三日兰亭诗序》《临河叙》、《会稽志》卷一〇）

**386 年　丙戌　晋太元十一年**

释远公与慧永、（慧）持、昙顺、昙恒、竺道生、慧叡、道敬、道昺、昙诜、白衣、张野、宗炳、刘遗民、张诠、周续之、雷次宗、梵僧佛驮耶舍十八人者，在庐山共修净土之社，号白莲社。（《莲社高贤传》、《高僧传》卷六、《庐山记》卷二）

**410 年　庚戌　晋义熙六年　北魏永兴二年**

阳夏谢弘微与继叔父知及族内灵运、瞻、曜并以文酒尚会，谓之乌衣之游。(《宋书》卷五八)

**416 年　丙辰　晋义熙十二年　北魏神瑞三年　泰常元年**

刘裕大会彭城，命纸笔赋诗，群臣并作。(《南史》卷一九、萧绎《兴王篇》)

**433 年　癸酉　宋元嘉十年　北魏延和二年**

此前，会稽谢灵运与族弟惠连、东海何长瑜、颍川荀雍、泰山羊璇之，以文章赏会，共为山泽之游。(《宋书》卷六七)

**487 年　丁卯　齐永明五年　北魏太和十一年**

此际，竟陵王萧子良居建康鸡笼山，开西邸，招文学，萧衍与沈约、谢朓、王融、萧琛、范云、任昉、陆倕等并游焉，号曰八友。(《梁书》卷一、《南齐书》卷四〇)

**519 年　己亥　梁天监十八年　北魏神龟二年**

此际，梁武帝每所御幸，辄命群臣赋诗，沈约、江淹、任昉并以文采妙绝当时。(《梁书》卷四九)

**531 年　辛亥　梁中大通三年　北魏建明二年　节闵帝（前废帝）普泰元年后废帝中兴元年**

此前，昭明太子萧统与李爽、张正见、贺彻、阮卓、萧诠、王由礼、马枢、孙登、贺循、刘删为文会之友，后蔡凝、刘助、陈暄、孔范亦预其中，众人游宴赋诗，勒成卷轴，盛传一时。(《佩文韵府》卷六八、《陈书·徐伯阳传》)

**540 年　庚申　梁大同六年　西魏大统六年　东魏兴和二年**

此际，济阳江总年少有名，范阳张缵、琅邪王筠、南阳刘之遴雅相推重，结成忘年友会。(《陈书》卷二七)

**555 年　乙亥　梁贞阳侯天成元年　敬帝绍泰元年　西魏恭帝二年　北齐天保六年**

此际，扶风鲁悉达雅好词赋，招礼才贤，与之赏会。(《陈书》卷一三)

**569 年　己丑　陈宣帝太建元年　北周天和四年　北齐天统五年**

此前，盐官顾越无心仕进，归隐武丘山，与吴兴沈炯、同郡张种、会稽孔奂诸人常为文会。(《南史》卷七一)

**581 年　辛丑　隋文帝开皇元年　陈宣帝太建十三年**

此际，安平李德林尝燕集陆乂、马元熙，时德林子百药侍立。(《旧唐书》卷七二)

**600 年　庚申　隋开皇二十年**

此际，安平崔赜与元善、王劭、姚察、诸葛颖、刘焯、刘炫相善，每因休假辄清谈竟日。(《北史》卷六八)

**636 年　丙申　唐贞观十年**

此际，华阴杨师道任职朝中，每退朝，必引当时英俊，宴集园池，文会之盛，当时莫比。(《旧唐书》卷六二)

**641 年　辛丑　唐贞观十五年**

荆州刘孝孙卒，早年尝与虞世南、蔡君和、孔德绍、庾抱、庾

自直、刘斌等登山临水，结为文会。(《旧唐书》卷七二)

**691 年　辛卯　武周天授二年**

柏人李嗣真出任存抚使，举朝有诗送之，名曰《存抚集》，杜审言、崔融、苏味道等诗尤著。(《唐会要》卷七七)

**693 年　癸巳　武周长寿二年**

此前，华阴杨炯尝在药园请诸文会之游，以纪当年之事。(杨炯《晦日药园诗序》)

**710 年　庚戌　唐景龙四年　少帝唐隆元年　睿宗景云元年**

景龙间，中宗李显每有感赋诗，修文馆学士皆属和。(《景龙文馆记》、《新唐书》卷二〇二)

**711 年　辛亥　唐景云二年**

天台道士司马承祯自京师放还，睿宗作诗送之，皇太子李隆基并朝廷之士无不属和，凡三百余人，徐彦伯编而叙之，谓之《白云记》。(《白云记》、《旧唐书》卷一九〇)

**713 年　癸丑　唐先天二年　开元元年**

开元初，玄宗作《龙池篇》，群臣和之，次年左拾遗蔡孚献《龙池集》，王公卿士以下凡百二十篇。(《册府元龟》卷二一、《享龙池乐章十首》)

**727 年　丁卯　唐开元十五年**

开元中，张说出塞，张九龄、韩休、崔沔、王翰、胡皓、贺知章作歌送行，贾曾编为《朝英集》三卷。(《旧唐书》卷八、《新唐

书》卷六〇、《文苑英华》卷一七七)

开元中，蔡孚献《偃松篇》，玄宗和之，一时和者甚众，孚编为《偃松集》。(韦璞玉《大唐故朝议郎京兆府功曹上柱国韦君墓志铭并序》、张说《遥同蔡起居〈偃松篇〉》、《事类赋》卷二四)

**739年　己卯　唐开元二十七年**

金坛戴叔伦卒，尝结沧洲诗社。(戴叔伦《卧病》)

**740年　庚辰　唐开元二十八年**

此前，襄阳孟浩然尝举有吟会。(孟浩然《同曹三御史行泛湖归越》)

**741年　辛巳　唐开元二十九年**

开元间，玄宗李隆基讲道艺文，与群臣唱和甚丰。(《旧唐书》卷九、《册府元龟》卷四〇、《资治通鉴》卷二一二)

此际，王维与裴迪多相唱和。(王维《辋川集》)

**756年　丙申　唐天宝十五载　肃宗至德元载**

此际，道士吴筠避乱东游会稽，与越中文士为诗酒之会，所著歌篇，传于京师。(权德舆《吴尊师传》)

**763年　癸卯　唐宝应二年　广德元年**

至大历五年间，汾阴薛兼训官浙东观察使，辟鲍防为从事，与幕府文士常举文会，会必联句，作品辑为《大历年浙东联唱集》二卷，列名者五十余人。(穆员《鲍防碑》、《新唐书》卷六〇、《通志》卷七〇)

**773年　癸丑　唐大历八年**

至十二年间，万年颜真卿任湖州刺史，与当地诗人、文士、僧道及其弟子多所唱和，其饯别之文及词客唱和之作辑为《吴兴集》十卷，列名者九十余人。（殷亮《颜鲁公行状》、《新唐书》卷六〇、《通志》卷七〇）

**780年　庚申　唐德宗建中元年**

吴兴钱起卒，尝避暑结为文会。（钱起《太子李舍人城东别业与二三文友逃暑》）

**782年　壬戌　唐建中三年**

此际，会稽秦系避乱剡溪，与刘长卿多相唱和，辑为《秦刘唱和诗》一卷。（权德舆《秦征君校书与刘随州唱和诗序》、秦系《耶溪书怀寄刘长卿员外寓睦州》、刘长卿《赠秦系征君》）

**792年　壬申　唐贞元八年**

至十九年间，晋阳唐次官开州刺史，所为诗，公卿、僚属、处士、才子皆予稽合属和，权德舆编为《盛山唱和集》一卷。（权德舆《唐使君盛山唱和集序》、《新唐书》卷六〇、《通志》卷七〇）

**799年　己卯　唐贞元十五年**

蒲州卢纶卒，尝举有诗会。（卢纶《题贾山人园林》）

**804年　甲申　唐贞元二十年**

此际，河东裴均、弘农杨凭暇与僚属唱和，辑有《荆潭唱和集》。（韩愈《荆潭唱和诗序》、《新唐书》卷六〇）

## 805年　乙酉　唐贞元二十一年　顺宗永贞元年

贞元间，德宗李适多与群臣唱和。(《旧唐书》卷一三、《册府元龟》卷四〇、《国史补》卷下)

贞元间，刘太真、柳浑等访顾况宣平里环堵之宅，赋六言诗以纪会，属文之士翕然而和之，作品编为《贞元朝英六言诗》一卷。(刘太真《顾著作宣平里赋诗序》)

此际，白居易与元稹订交，唱和尤多，辑有《元白唱和集》十四卷。(白居易《和微之诗二十三首序》《白氏长庆集后序》)

## 814年　甲午　唐元和九年

此前，武康孟郊尝举有诗会。(孟郊《送陆畅归湖州因凭题故人皎然塔陆羽坟》)

## 816年　丙申　唐元和十一年

释灵澈圆寂，与时人多有唱和，僧秀峰编为《僧灵澈酬唱集》十卷。(《新唐书》卷六〇、《唐诗纪事》卷七二)

京兆韦处厚贬开州刺史，漫游山水，作《盛山十二诗》，分赠友人，应而和者元稹、许康佐、白居易、李景俭、严谟、温造等十人，韦氏编为《盛山十二诗联卷》。(韩愈《开州韦侍讲盛山十二诗序》)

## 820年　庚子　唐元和十五年

狄道李逢吉、华原令狐楚自未第至贵显时多所唱和，后逢吉卒楚编次之，名曰《断金集》。(《新唐书》卷六〇、《郡斋读书志》卷一八、《唐诗纪事》卷四七)

元和末，刘禹锡与令狐楚订交，二十年间唱酬尤多，刘禹锡编为《彭阳唱和集》三卷。(刘禹锡《彭阳唱和集引》《彭阳唱和集后引》)

## 824年　甲辰　唐长庆四年

八月，元稹移官越州刺史，与杭州刺史白居易、苏州刺史李谅相会，时时唱和，辑有《杭越寄和诗集》一卷。（李谅《苏州元日郡斋感怀寄越州元相公杭州白舍人》、《通志》卷七〇）

八月，元稹官越州刺史，时白居易为杭州刺史、崔玄亮为湖州刺史，三州相邻，三人唱和，至长庆四年方止，作品辑为《三州唱和集》一卷。（《新唐书》卷六〇、白居易《雪中即事寄微之》、元稹《酬乐天雪中见寄》）

刘禹锡官和州刺史，李德裕镇润州，二人多相唱和，后刘禹锡编为《吴蜀集》一卷。（刘禹锡《吴蜀集引》、李德裕《述梦诗四十韵》、《新唐书》卷六〇）

## 827年　丁未　唐文宗大和元年

至次年，继《元白唱和集》后白居易将其与元稹唱和之作陆续辑为《因继集》三卷。（白居易《因继集重序》《和微之诗二十三首序》《白氏长庆集后序》）

至三年春，白居易与刘禹锡在长安、洛阳多所唱和，作品由居易侄阿龟编为《刘白唱和集》二卷。（白居易《刘白唱和集解》《白氏长庆集后序》）

## 831年　辛亥　唐大和五年

刘禹锡过洛阳，与白居易唱和多日，作品编为《刘白吴洛寄和卷》一卷。（白居易《刘白唱和集解》《白氏长庆集后序》《与刘苏州书》）

## 836年　丙辰　唐文宗开成元年

刘禹锡改官太子宾客分司东都，与白居易日夕唱和，合汝州刺

史时与白氏及裴度唱和诗编为《汝洛集》一卷。(白居易《白氏长庆集后序》、《新唐书》卷六〇、《诗话总龟》前集卷六)

**838 年　戊午　唐开成三年**

至会昌二年，刘禹锡、白居易多所唱和，牛僧孺、王起、裴度等人与之，作品由刘氏编为《洛中集》一卷。(宋敏求《刘宾客外集后序》、《宋史》卷二〇九)

**843 年　癸亥　唐会昌三年**

范阳贾岛卒，尝举有诗会。(贾岛《送汲鹏》)

会昌中，白居易致仕后与香山僧如满结香火社，每肩舆往来，白衣鸠杖，自称香山居士。(《旧唐书》卷一六六、《新唐书》卷一一九)

**845 年　乙丑　唐会昌五年**

三月二十四日，白居易与胡、吉、刘、郑、卢、张等六贤，在其所居洛阳履道坊举尚齿之会，各赋七言韵诗一章以记之。至夏，又有二老与会，因号"洛中九老会"。会中又有狄兼谟、尹卢贞，以年未及七十，虽与会而不及列。(白居易《洛中九老会》《九老图诗序》、《新唐书》卷一一九)

白居易将此前在洛阳游赏宴集之作编为《洛下游赏宴集》十卷。(白居易《白氏长庆集后序》)

**856 年　丙子　唐大中十年**

至咸通元年间，新郑徐商镇襄阳，温庭筠、庭皓兄弟与韦蟾、余知古等入其幕中，段成式辑诸人相互酬和及往来之文为《汉上题襟集》十卷。(《新唐书》卷六〇、《郡斋读书志》卷二〇、《直斋书

录解题》卷一五）

### 862年　壬午　唐咸通三年

此前，澧州李群玉尝与友人举文会，遍和南朝杂体诗。（李群玉《寄长沙许侍御》）

### 869年　己丑　唐咸通十年

至十二年间，清河崔璞官苏州刺史，皮日休为从事，与陆龟蒙、郑璧、魏朴、张贲等本郡诗人、江南诗人、流寓诗人数次举会联句，作品辑为《松陵集》十卷。（皮日休《松陵集序》、《新唐书》卷六〇、《直斋书录解题》卷一五）

### 887年　丁未　唐光启三年

此前，幽州高骈尝与友人结有吟社。（高骈《寄鄂杜李遂良处士》《途次内黄马病寄僧舍呈诸友人》）

### 890年　庚戌　唐昭宗大顺元年

此际，京兆李洞举有吟会。（李洞《叙事寄荐福栖白》）

### 900年　庚申　唐光化三年

此际，宁都廖图与同时刘昭禹、李宏皋、徐仲雅、蔡昆、韦鼎、释虚中，俱以文藻知名，赓唱迭和。（《唐才子传》卷一〇）

### 903年　癸亥　唐天复三年

此际，文雅之士骈集，南昌孙鲂与高安沈彬、陇西李建勋结为诗社。（《南唐书》卷一三）

**906年　丙寅　唐天祐三年**

唐末，虔化廖融卜隐南岳，与逸人任鹄、凌蟾、王正己、王元共结诗社。（《西江诗话》卷一、《（康熙）江西通志》卷九四）

唐末，释齐己与无本上人尝结社吟月。（齐己《赠无本上人》）

唐末，释栖隐避乱入庐山，与贯休、处默、修睦为诗道之游，处士沈颜、曹松、张凝、陈昌符皆与之唱酬。（《宋高僧传》卷三〇）

**933年　癸巳　后唐长兴四年　辽天显八年**

金城李从荣卒，尝与高辇等更相唱和，辑有《唱和集》。（齐己《谢高辇先辈寄新唱和集》《寄还阙下高辇先辈卷》、《旧五代史》卷五一）

**960年　庚申　后周恭帝显德七年　宋太祖建隆元年　辽穆宗应历十年**

此际，李遵勖、杨亿、刘筠常聚高僧论性宗，目曰禅会。（《御定佩文韵府》卷六八之一）

**961年　辛酉　宋建隆二年　辽应历十一年**

此前，万年李涛结有诗社。（李涛《诗社中有赴补者》）

**968年　戊辰　宋乾德六年　开宝元年　辽应历十八年**

此际，南唐后主李煜常举狎客之宴，所制五言诗，江总、孔范等十客一时继和。（《陈书》卷一〇）

**1005年　乙巳　宋景德二年　辽统和二十三年**

此际，钱塘林逋放游江淮间，在历阳结有诗社。（林逋《和朱

仲方送然社师无为还历阳》《寿阳城南写望怀历阳故友》）

**1006 年　丙午　宋景德三年　辽统和二十四年**

南昭庆寺释省常与士大夫结西湖白莲社，与者向敏中、丁谓等十八人。（丁谓《西湖结社诗序》、孙何《白莲社记》）

**1012 年　壬子　宋大中祥符五年　辽统和三十年　开泰元年**

此际，释宗亮出为明州国宁寺住持，恒与沙门贯霜、栖梧、不吟数十人迭为文会，结为林下之交。（《宋高僧传》卷二七）

**1015 年　乙卯　宋大中祥符八年　辽开泰四年**

濮州张咏卒，尝与张白结有诗社。（张咏《怀张白逸人》）

**1016 年　丙辰　宋大中祥符九年　辽开泰五年**

此际，范仲淹任职广德军司理参军，结有诗社。（范仲淹《次韵和刘夔判官对雪》）

**1022 年　壬戌　宋真宗乾兴元年　辽太平二年**

真宗间，杨亿、刘筠、钱惟演等奉命编纂《册府元龟》，与众多诗友唱和，辑有《西昆酬唱集》二卷。（《西昆酬唱集》、欧阳修《六一诗话》）

**1024 年　甲子　宋天圣二年　辽太平四年**

丞相李昉致仕，退居都下，欲与宋琪、杨徽之、魏丕、李运、朱昂、武允成、张好问、释赞宁结九老会，会朝廷出兵蜀地，不果而罢。（王禹偁《右街僧录通惠大师文集序》）

**1036 年　丙子　宋景祐三年　辽重熙五年**

景祐中，九华山龙池庵僧清宿与张扶为诗社，四方景慕趋者如归。（《九华山志》卷二、陈岩《保真院》、《东坡诗集注》卷一七）

**1044 年　甲申　宋庆历四年　辽重熙十三年**

庆历中，徐祐屏居于吴，尝与叶参、晏殊、杜衍诸人结九老会。（《中吴纪闻》卷二）

**1045 年　乙酉　宋庆历五年　辽重熙十四年**

开封苏舜钦被削籍为民，废贬苏州，构沧浪亭，结有诗社。（苏舜钦《沧浪怀贯之》）

**1046 年　丙戌　宋庆历六年　辽重熙十五年**

郎简、范锐、张维、刘余庆、周守中、吴琰等举六老会于吴兴之南园，太守马寻主会，胡瑗为之序。（《齐东野语》卷二〇）

**1051 年　辛卯　宋皇祐三年　辽重熙二十年**

皇祐中，泉州郡守陆广与吕方平、李沂、李成、曾公济结有五老会。（《（弘治）八闽通志》卷七三）

**1056 年　丙申　宋至和三年　嘉祐元年　辽清宁二年**

庆历七年，祁国公杜衍告老，退居睢阳，至是年与王涣、毕世长、朱贯、冯平结为五老之会，欧阳修借诗观之，次韵以谢。（钱明逸《睢阳五老图序》、《渑水燕谈录》卷四、《宋诗纪事》卷八）

**1060 年　庚子　宋嘉祐五年　辽清宁六年**

杭州强至居京师，尝邀结诗社。（强至《依韵和李评文思》）

**1061 年　辛丑　宋嘉祐六年　辽清宁七年**

宋初"九僧"之一释宇昭圆寂，在世时曾入吟社。（释宇昭《送从律师》）

**1062 年　壬寅　宋嘉祐七年　辽清宁八年**

新泰杨畋卒，尝结有诗社。（王安石《和杨乐道见寄》）

**1063 年　癸卯　宋嘉祐八年　辽清宁九年**

嘉祐间，王安石、司马光、吕公著、韩维暇日多会于僧坊，往往谈燕终日，时目为嘉祐四友。（徐度《却扫编》）

**1065 年　乙巳　宋治平二年　辽道宗咸雍元年**

此前，阆州蒲宗孟结有诗社。（蒲宗孟《乙巳岁除日收周茂叔虞曹武昌惠知己赴官零陵，丙午正月内成十诗奉寄》）

**1067 年　丁未　宋治平四年　辽咸雍三年**

此际，昆山龚宗元谢事家居，作中隐堂，与程适、陈之奇为三老会，极文酒之乐。（《（绍定）吴郡志》卷一四、《（万历）嘉定县志》卷一一）

泉州开元寺僧法辉禅余以诗自娱，与吕缙叔、石声叔、陈原道、释居亿、居全为同社中人。（《五代诗话》卷八）

**1068 年　戊申　宋神宗熙宁元年　辽咸雍四年**

此前，三衢任大中与周敦颐结有吟社。（任大中《寄广东运判周茂叔》）

此际，桃源张颙与张问、张宗益日为三老会，赋诗饮酒，后合陈升之及同榜之人为九老会。（张问《宋故中散大夫致仕上轻车都

尉南阳县开国伯食邑八百户赐紫金鱼袋张公墓志铭》）

**1070 年　庚戌　宋熙宁三年　辽咸雍六年**

此前，泉州开元寺僧法辉禅余以诗自娱，与吕缙叔、石声叔、陈原道、释居亿、居全为同社中人。（《五代诗话》卷八）

**1073 年　癸丑　宋熙宁六年　辽咸雍九年**

此际，钱塘周邠结有诗社，值苏轼通判杭州，多与之唱和。（苏轼《次韵答开祖》）

**1078 年　戊午　宋神宗元丰元年　辽太康四年**

此际，浦城章岵任苏州太守，尝与徐师闵、元绛、程师孟、闾丘孝终、王琉、苏湜、方子通诸人相与继会昌洛中故事，作九老会，以为吴门盛事。（《中吴纪闻》卷四）

此际，分宁黄庭坚结有诗社。（黄庭坚《次韵景珍酴醿》《和世弼中秋月咏怀》）

**1079 年　己未　宋元丰二年　辽太康五年**

德兴汪藻生，幼负文名，所诗篇一出，便为社中诸公所称。（《游宦纪闻》卷三）

此际，乌程贾收结有诗酒社。（苏轼《乘舟过贾收水阁，收不在，见其子三首》）

**1080 年　庚申　宋元丰三年　辽太康六年**

潞国公文彦博与范镇、张宗益、张问、吏炤在洛阳举五老会。（文彦博《五老会诗》）

**1081年　辛酉　宋元丰四年　辽太康七年**

元丰中，道州周敦颐归老庐山，时真净禅师住归宗，因与之结青松社，以踵白莲社。（《（康熙）江西通志》卷一三四、《庐山记》卷二）

**1082年　壬戌　宋元丰五年　辽太康八年**

八月，卫州贺铸赴徐州领宝丰监钱官，后与当地士人张仲连、寇昌朝、陈师中、王适、王豜等结彭城诗社以唱和。（贺铸《读李益诗》《彭城三咏》《部兵之狄丘道中怀寄彭城社友》）

文彦博、富弼、席汝言、王尚恭、赵丙、刘几、冯行已、楚建中、王谨言、张问、张焘、司马光等十二人，仿唐白居易九老会故事，举洛阳耆英会，置酒赋诗相乐，闽人郑奂图形于妙觉僧舍。（司马光《洛阳耆英会序》、《邵氏闻见录》卷一〇、《说郛》卷七五下）

此际，孔嗣宗在洛阳结有穷九老会，凡职事稍重生事稍丰者不得参与。（文彦博《前朝宪孔嗣宗太博过孟，云近于洛下结穷九老会，凡职事稍重生事稍丰者不得与焉。其宴集之式率称其名，其事诚可嘉。尚其语多资喔噱，因作小诗以纪之，亦以见河南士人有名教之乐，简贪薄之风。辄录呈留守宣徽，聊资解颐》）

**1083年　癸亥　宋元丰六年　辽太康九年**

文彦博、程珦、司马旦、席汝言在洛阳作同甲之会，时四人皆年七十有八。（文彦博《奉陪伯温中散程、伯康朝议司马、君从大夫席，于所居小园作同甲会》）

**1084年　甲子　宋元丰七年　辽太康十年**

此际，司马光与范纯仁等洛阳耆宿举有真率会。（司马光《真率会》、范纯仁《和君实微雨书怀韵》）

**1085 年　乙丑　宋元丰八年　辽道宗大安元年**

华阳王珪卒，尝与胡信芳曾结诗社。（王珪《挽胡信芳上舍二首》）

此际，金华俞紫芝与杜宣卿结有诗社。（俞紫芝《寄杜宣卿长官》）

**1086 年　丙寅　宋哲宗元祐元年　辽大安二年**

此际，常州邹浩任颍昌府学教授，与故人苏京及崔鸥、裴仲孺、胥述之诸人相盟结社，倡酬之作辑为《颍川集》。（邹浩《颍川诗集序》《呈同社》《月下怀同盟》）

**1087 年　丁卯　宋元祐二年　辽大安三年**

宛丘黄好谦卒，尝结有诗会。（孔武仲《黄几道挽词》）

**1089 年　己巳　宋元祐四年　辽大安五年**

此前，高邮孙觉从胡瑗受学，瑗之弟子千数，别其老成者尝为经社。（《宋史》卷三四四）

**1091 年　辛未　宋元祐六年　辽大安七年**

此际，苏轼知杭州，结有诗社。（苏轼《次前韵答马忠玉》）

**1093 年　癸酉　宋元祐八年　辽大安九年**

此际，卞仲谋举有八老会。（韩维《卞仲谋八老会》）

**1094 年　甲戌　宋元祐九年　绍圣元年　辽大安十年**

元祐间，荣倪客金陵，僦居清化市，为学馆，吴可诸人从之为平仄之学，当曾结社。（吴可《藏海诗话》、《金陵诗征》卷五、李

之仪《同荣天和游石城》)

元祐末,孙谕挂冠,与同时退休者吴师道、梁宏、宋光复、贾亨彦、张叔达及布衣唐愈结为七老人会,饮酒赋诗,五日一集。(《方舆胜览》卷二七)

元祐、绍圣间,慈溪舒亶居四明,与丰稷、周师厚、陈瓘、晁说之等结有怡老诗社。(全祖望《句余土音序》)

**1095 年　乙亥　宋绍圣二年　辽寿昌元年**

饶州彭汝砺卒,尝结有诗会。(彭汝砺《与梅秀才游安师池亭赋诗》)

**1096 年　丙子　宋绍圣三年　辽寿昌二年**

此前,黄庭坚弟叔达与张询结有社。(黄叔达《将次施州先寄张十九使君三首》)

**1097 年　丁丑　宋绍圣四年　辽寿昌三年**

东光刘挚卒,尝结有诗会。(刘挚《戏呈诗会诸友》《次韵王潜江见索近诗》)

**1098 年　戊寅　宋绍圣五年　元符元年　辽寿昌四年**

吴郡朱长文卒,尝结有诗社。(朱长文《彦和与子文相期卜邻,子文作诗以遗,谨次韵》)

**1101 年　辛巳　宋徽宗建中靖国元年　辽寿昌七年　天祚帝乾统元年**

钱塘韦骧致仕归里,举有五老会。(韦骧《致政孙朝请过故里为五老之会》)

此际，泉州郡守潘珏与王景纯、柯述、谢履、林植结有五老会。(《(弘治)八闽通志》卷七三)

**1102 年　壬午　宋徽宗崇宁元年　辽乾统二年**

彭城陈师道卒，尝结有诗社。(陈师道《湖上晚归寄诗》《寄亳州何郎中二首》)

崇宁初，寿州吕本中家宿州，尝与有人及亡弟揆中由义会课，每旬作杂文一篇，四六表启一篇，古律诗一篇。(吕本中《东莱吕紫微师友杂志》)

此际，蜀人杨损之与任杰、杨武仲结为三老会，其后杨咸章挂冠归，合为四老会，乡人钦羡。(杨咸章《梵安寺内浣溪四老唱和诗并序》、任杰《杰衰朽无取，辱益之见招，同诸友为四老会，晦之承议有诗，杰谨次元韵》、郭印《浣花四老堂记》)

**1105 年　乙酉　宋崇宁四年　辽乾统五年**

钱塘韦骧卒，尝多次结诗社。(韦骧《公闲念诗社之废，寄陶贾二同僚一首》《和朱伯英新州诗见寄二首》《董公肃都官被命倅南海，以当分符之寄，南归道中觊书，因以诗为寄一首》)

此际，无为杨杰结有诗社。(杨杰《和酬致政朱殿丞》)

**1106 年　丙戌　宋崇宁五年　辽乾统六年**

仙游林宋卿登进士第，后与张朴、韩驹等二十六人结有诗社，社作辑为《道山诗社》。(《(宝祐)仙溪志》卷四)

**1109 年　己丑　宋大观三年　辽乾统九年**

此前，钱之道、子武昆仲结有诗社。(李廌《赠钱之道、子武昆仲》)

此前，北方有诗社，一切人皆预焉。（吴可《藏海诗话》）

**1110年　庚寅　宋大观四年　辽乾统十年**

至次年间，洪州徐俯与洪刍、洪炎、苏坚、苏子序、潘淳、吕本中、汪藻、向子諲、张元幹诸人在豫章结诗社唱和，为诗酒之乐。（张元幹《苏养直诗帖跋尾六篇》）

**1112年　壬辰　宋政和二年　辽天庆二年**

此前，张伯达结有诗社。（苏辙《再和十首》）

当涂郭祥正卒，尝结有吟社。（郭祥正《次韵宜掾徐子美见寄》《将至寿州先寄知府龙图三首》）

**1113年　癸巳　宋政和三年　辽天庆三年**

任城晁端礼卒，尝结有吟社。（晁端礼《醉蓬莱》）

**1118年　戊戌　宋徽宗重和元年　辽天庆八年　金天辅二年**

至宣和二年，吴县叶梦得任许昌太守，尝与韩璹、韩宗质、韩宗武、王实、曾诚、苏迨、苏过诸人结为诗社，酒酣赋诗，唱酬迭作，作品辑为《许昌唱和集》。（《砚北杂志》卷上）

**1119年　己亥　宋徽宗宣和元年　辽天庆九年　金天辅三年**

此际，梁溪李纲谪居沙县，与邓肃、释丹霞结有莲社。（李纲《次韵志宏赠丹霞师》、邓肃《送丹霞》）

**1120年　庚子　宋宣和二年　辽天庆十年　金天辅四年**

陕县魏野卒，尝与何泳结有吟社。（魏野《和酬何泳推官见赠》）

**1122年　壬寅　宋宣和四年　辽保大二年　金天辅六年**

此际，钱塘王琮结有诗社。（王琮《答友人》）

**1124年　甲辰　宋宣和六年　辽保大四年　金天会二年**

此际，彭景醇结有诗社。（释德洪《雪霁谒景醇，时方筑堤捍水，修湖山堂，复和前韵》）

此际，连楚狂结有诗社。（吴可《赠连楚狂》）

**1126年　丙午　宋钦宗靖康元年　金天会四年**

此前，曲周李若水与高子文结有诗社。（李若水《次韵高子文途中见寄》）

**1127年　丁未　宋靖康二年　宋高宗建炎元年　金天会五年**

永丰张叔夜卒，尝与李弥逊结社。（李弥逊《次韵张嵇仲侍郎》）

滨州李之仪卒，尝结有诗社。（李之仪《彦行和梅诗甚工辄次元韵》《浣溪沙》）

**1128年　戊申　宋建炎二年　金天会六年**

瑞安许景衡卒，尝与张敏叔、戴尧卿等曾结诗社，又在邑中结有横塘诗社。（许景衡《再和敏叔二首》《再和戴尧卿游灵隐》《寄张宰几仲》）

此际，乐清王十朋居乡读书，尝预刘光、贾太孺、释宗觉等所结文会。（王十朋《次韵谦仲见寄》《九日寄表叔贾司理》）

**1130年　庚戌　宋建炎四年　金天会八年**

此前，李山民、吴云公、颐淡云、杜芳洲诸人在苏州结有岁寒

社。(《烬余录》乙编)

此前，苏州释云逸结有吟梅社。(《烬余录》乙编)

抚州折彦质谪昌化军，与寓士许康民辈效司马光真率会，为乡约，五日一集，太守李行中与焉。(《宋诗纪事补遗》卷四八、《明一统志》卷八二、《(正德)琼台志》卷三四)

建炎间，崇德张子修官浙东总管，尝与邑人张汝昌结社赋诗。(《檇李诗系》卷三六)

## 1131年　辛亥　宋高宗绍兴元年　金天会九年

绍兴初，湘阴邓深与友人欧阳天聪、何仲敏诸人在其乡结有诗社。(邓深《次韵欧阳天聪》《次韵答社友》《晚秋怀社中诸子》)

绍兴初，解州赵鼎在临安举有真率会。(赵鼎《真率会诸公有诗辄次其韵》)

## 1132年　壬子　宋绍兴二年　金天会十年

朝廷征召，丹阳苏庠辞不赴，后与陈序诸人结有诗社。(刘宰《书碧岩诗集后》)

## 1133年　癸丑　宋绍兴三年　金天会十一年

此际，王十朋读书金溪招仙馆，与陈商霖、季仲默、孙皓、刘铨、毛宏、刘镇、姜大吕等八人结为诗社，有"八叟"之号。(王十朋《陈商霖挽词》《万季梁和诗留别再用前韵》《跋季仲默诗》)

## 1134年　甲寅　宋绍兴四年　金天会十二年

此际，成都郭印曾结社。(郭印《再和宋南伯》)

此际，无为王之道与魏定父、因上人、王觉民等结有诗社(王之道《和魏定父被檄还无为》《和因上人午睡韵》《秋日野步和王觉

民十六首》)

**1136 年　丙辰　宋绍兴六年　金天会十四年**

此际，开化程俱与赵子昼等在衢州结有九老会。（程俱《与叔问预约继九老会》）

**1138 年　戊午　宋绍兴八年　金熙宗天眷元年**

此际，永嘉林季仲举有真率之会。（林季仲《次韵和康文真率之集》）

**1140 年　庚申　宋绍兴十年　金天眷三年**

此际，眉山苏籀结有诗社。（王十朋《送刘方叔季文游雁山》）

**1141 年　辛酉　宋绍兴十一年　金熙宗皇统元年**

舒州朱翌因忤秦桧，被贬韶州，至绍兴二十五年召还，其间举有真率会。（朱翌《同郭侯僧仲晚至武溪亭议真率会》）

**1143 年　癸亥　宋绍兴十三年　金皇统三年**

德兴张扩提举江州太平观，至绍兴十七年卒，其间与顾景蕃、顾彦成、张子温、张元龄、张大年、张耆年诸人在吴县结有诗社。（张扩《大年耆年各赋长篇投名诗社中，顾景蕃及伯初子温二侄传诵喜甚，子温有诗，因次其韵》《诗社近日稍稍复振，而顾子美坚壁既久，伯初以诗致师，请于老仆，无语但乞解严尔》）

**1144 年　甲子　宋绍兴十四年　金皇统四年**

江阴葛胜仲卒，尝结有诗社。（葛胜仲《侍读官程伯禹以赐茶寄汪敦仁教授惠四胯，以诗纪谢》）

## 1145 年　乙丑　宋绍兴十五年　金皇统五年

此际，崇安胡寅致仕居衡山，结有真率会。（胡寅《答韩谏罢岁旦往来启》《和奇父再寄首韵奇父易用》）

## 1146 年　丙寅　宋绍兴十六年　金皇统六年

此际，鄞县王珩、蒋璿、顾文、薛朋龟、汪思温俱年七十余，归老于乡，为五老之会。（楼钥《跋蒋亢宗所藏钱松窗诗帖》、袁燮《刑部郎中薛公墓志铭》、全祖望《句余土音序》）

## 1147 年　丁卯　宋绍兴十七年　金皇统七年

崇安刘子翚卒，尝结有诗社。（刘子翚《次韵张守梅诗》）

此际，宣城周紫芝与友人在临安结有诗社。（周紫芝《次韵吴思道赠姑溪道人》《次韵魏定甫早春题咏》）

此际，济南王次翁致仕后寓居四明，与蒋璿、顾文、汪思温及高闶、吴秉信等人为八老之会，谓为八仙人。（楼钥《跋蒋亢宗所藏钱松窗诗帖》）

## 1148 年　戊辰　宋绍兴十八年　金皇统八年

侯官陈长方卒，尝结有诗社。（陈长方《别叶子》）

冬，上虞李光至吴由道书会，与所课诸生赋梅花诗。（李光《戊辰冬，与邻士纵步至吴由道书会，所课诸生作梅花诗，以先字为韵，戏成一绝句。后三年，由道来昌化，索前作，复次韵三首，并前诗赠之》）

## 1150 年　庚午　宋绍兴二十年　金天德二年

此际，鄞县史浩与友人在临安结有诗社。（史浩《次韵周祭酒所和馆中雪诗》《诗社得神字》）

**1151 年　辛未　宋绍兴二十一年　金天德三年**

宣城周紫芝秩满居九江，自号二妙，结有社。（周紫芝《千秋岁·送春归去》）

**1152 年　壬申　宋绍兴二十二年　金天德四年**

开封向子諲卒，晚年卜居清江，尝与邑人鲁瀿结有诗社。（《（崇祯）清江县志》卷八、《西江诗话》卷五）

上虞李光移昌化军，四年后内迁郴州，其间在昌化举有真率会。（李光《二月三日作真率会，游载酒堂，呈座客》）

**1153 年　癸酉　宋绍兴二十三年　金天德五年　贞元元年**

此际，乐备在昆山结有诗社，与者马先觉、范成大诸人。（马先觉《喜乐功成招范至能入诗社》、范成大《中秋卧病呈同社》）

**1154 年　甲戌　宋绍兴二十四年　金贞元二年**

山阳王洋卒，在世时结有诗社，晚年又与凌季文、曾几举有真率之会。（王洋《旧闻邵叟名，今识面目于诗句字画中，辄取二诗赓之，他日会面，亦旧相识也》《季文作真率会，遇大雪寒甚，主人之居狭不容散步为嫌，作数语为解》、曾几《挽王元渤舍人二首》）

**1155 年　乙亥　宋绍兴二十五年　金贞元三年**

丰县李处权卒，尝结有诗社。（李处权《奉怀养源士特似表》）

**1156 年　丙子　宋绍兴二十六年　金贞元四年　正隆元年**

莆田黄公度卒，尝与宋永结有诗社。（黄公度《次韵宋永兄感时五首》）

吉安王庭珪放逐归，结有诗社。（王庭珪《次韵张子家见访

惠诗》)

范成大除徽州司户参军，与胡宗伟、汤温伯结有诗社。（范成大《次韵宗伟阅番乐》《再次韵呈宗伟温伯》）

**1158 年　戊寅　宋绍兴二十八年　金正隆三年**

金坛张纲致仕归乡，与李公显等结社唱和。（张纲《归乡》《次韵李公显》）

**1159 年　己卯　宋绍兴二十九年　金正隆四年**

此际，永福张元幹寓居西湖，与张椿老结有社。（张元幹《青玉案·平生百绕垂虹路》）

周必大任建康府学教授，与赵公直结有诗社。（周必大《次韵赵公直赏心亭醵饮古风》）

**1160 年　庚辰　宋绍兴三十年　金正隆五年**

巴县冯时行与吕及之、施晋卿、于格、樊汉广、李流谦、张积、吕智父、杜少讷、房仕成、杨舜举、宇文德济、杨大光、吕商隐、吕宜之、吕凝之、释宝印等十七人在成都结诗社。（吕及之《梅林分韵得爱字》）

**1162 年　壬午　宋绍兴三十二年　金大定二年**

此际，吴郡陈三聘尝结社竹林。（陈三聘《朝中措》）

**1163 年　癸未　宋孝宗隆兴元年　金大定三年**

至乾道元年，乐清王十朋任饶州太守，其间与洪州太守陈阜卿、吉州太守洪迈、洪州通判王秬、州提点刑狱公事何麒诸人结楚东诗社，唱和诗作编裒成集，名《楚东酬唱集》。（王十朋《次韵安

国读楚东酬唱集》、张元幹《夜读五公楚东酬唱辄书其后呈龟龄》)

**1164年　甲申　宋隆兴二年　金大定四年**

江阴葛立方卒，尝结有诗社。(葛立方《次韵陈元述见寄谢茶》)

此际，南丰宗室赵长卿结有社。(赵长卿《满庭芳·暗色沉沉》)

**1165年　乙酉　宋孝宗乾道元年　金大定五年**

此际，义乌喻良能结有诗社。(喻良能《次韵林明府何主簿唱酬之什》)

**1166年　丙戌　宋乾道二年　金大定六年**

此际，王十朋知夔州，与阎惠夫、赵若拙、梁子绍等结有诗社。(王十朋《与惠夫若拙小酌郡斋，再用联字韵，并寄子绍》《丙戌冬十月，阎惠夫梁子绍得郡还蜀，联舟过夔，访予于郡斋，修同年之好也。因观太上皇帝亲擢御札及馆阁题名，感叹良久，辄成恶诗一章以纪陈迹，且志吾侪会合之意》)

**1167年　丁亥　宋乾道三年　金大定七年**

七月，王十朋自夔州移知湖州，过齐山，尝预李子长诗社。(王十朋《子长和汪枢齐山诗，复用前韵》)

此际，周必大与黄格非结有诗社。(周必大《黄格非》)

**1168年　戊子　宋乾道四年　金大定八年**

王十朋知泉州，与赵知宗结有诗社。(王十朋《知宗游延福有诗见怀，次韵以酬》《次韵知宗游二公亭》《知宗即席和端字韵三首，

提舶退即足之,予第三诗经夕方和,录呈二家》)

**1169 年　己丑　宋乾道五年　金大定九年**

常州孙觌卒,尝结有诗社。(孙觌《夏日田舍二首》)

**1170 年　庚寅　宋乾道六年　金大定十年**

朱熹丧母,立墓寒泉坞,墓侧建寒泉精舍,居两月,立有讲会。(朱熹《答胡广仲》《答刘季章》)

**1172 年　壬辰　宋乾道八年　金大定十二年**

此际,范成大举真率会于石湖。(范成大《壬辰七月十六日侵晨真率会石湖路中书事》)

此际,高邮陈造结有真州诗社。(陈造《寄真州诗社诸友》《招朱法曹、赵宰、赵子野饮,以"寒食数日得小住为佳耳"为韵,得食得二字》《吴节推、赵杨子、曹器远、赵子野携具,用韵谢之》)

陆游奉诏入蜀,与宇文绍奕、宇文子震、谭德称等结有诗社。(陆游《怀成都十韵》《思蜀二首》)

**1173 年　癸巳　宋乾道九年　金大定十三年**

南丰曾协卒,尝与赵有翼、沈正卿结有诗社。(曾协《赵有翼招同社出游次韵》《正卿借韵招同社候雨霁访梅次韵》)

乾道、淳熙间,丞相魏杞、史浩归田,与张武子、朱新仲、柴张甫、王季彝、葛天民结社于甬上。(全祖望《句余土音序》)

**1175 年　乙未　宋淳熙二年　金大定十五年**

吕祖谦邀请陆九渊兄弟赴信州鹅湖寺与朱熹会面,双方展开激烈论辩,学者称鹅湖之会,二陆、朱熹和吕祖谦门人、友人以及抚

州知州、宜黄知县等约二十人参与此会。(《陆九渊年谱》)

**1176 年　丙申　宋淳熙三年　金大定十六年**

德阳李流谦卒,尝结有诗社。(李流谦《次仲甄韵二首》)

**1177 年　丁酉　宋淳熙四年　金大定十七年**

此际,吴兴沈瀛尝作真率会。(沈瀛《减字木兰花·陋人居止》)

**1178 年　戊戌　宋淳熙五年　金大定十八年**

此际,衢州赵抃与赵概、吴评、吴天常举有四老会。(赵抃《次韵吴天常》《得树楼杂钞》卷三)

**1180 年　庚子　宋淳熙七年　金大定二十年**

此际,白鹿书院有讲会。(朱熹《白鹿讲会次卜丈韵》)

**1181 年　辛丑　宋淳熙八年　金大定二十一年**

静海崔敦礼卒,尝结鸥鸣社。(崔敦礼《次韵孙抚干二首》《次陆倅韵三首》《严子文用范至能韵见赠再和》)

此际,乐安曾丰与陆德隆、黄叔万结有诗社。(曾丰《别陆德隆黄叔万》)

**1182 年　壬寅　宋淳熙九年　金大定二十二年**

四明有尊老会,乡老十人皆年八十,时右丞相史浩罢相闲居,亲与其事。(史浩《满庭芳》《最高楼》、全祖望《句余土音序》)

此际,四明又有五老会、六老会。(史浩《五老会致语口号》《六老会致语》、楼钥《六老图序》)

## 1183 年　癸卯　宋淳熙十年　金大定二十三年

仙居吴芾卒，尝结有诗社、酒社。（吴芾《和鲁漕喜雨韵》《和蒋无退怀湖山》《和左达功春日见寄二首》）

## 1184 年　甲辰　宋淳熙十一年　金大定二十四年

衢州赵抃卒，晚年尝与赵概、程师孟为三老会。（葛立方《韵语阳秋》、《爱日斋丛抄》卷二）

鄱阳洪适卒，晚年与叶宪诸人举有真率会。（洪适《叶提刑挽诗》《南歌子·呈叶宪》《南歌子·示景裴弟，时叶宪明日真率》）

衡州廖行之中进士，此前在家乡举有诗社。（廖行之《和家字韵呈同社诸公》《中秋日简同盟诸公》）

至淳熙十四年，吉水杨万里在朝中任东宫侍读，其间与田清叔、颜几圣、褚丈、沈虞卿、尤袤、王顺伯、林景思等二十人在临安结有诗社。（杨万里《二月二十四日，寺丞田丈清叔及学中旧同舍诸丈拉予同屈祭酒、颜丈几圣、学官诸丈集于西湖，雨中泛舟，坐上二十人，用"迟日江山丽"四句分韵赋诗，余得融字，呈同社》、《上巳同沈虞卿、尤延之、王顺伯、林景思游湖上，得十绝句，呈同社》）

## 1187 年　丁未　宋淳熙十四年　金大定二十七年

此际，东阳孙衸与邑人郭逊叔、许养正、吕子益等为东阳诗社，唱酬无虚日。（孙德之《书陈道父诗卷后》）

此际，江陵杨冠卿结有诗社。（杨冠卿《继诗社诸友韵》《复用前韵且约携琴寻花下之盟》）

## 1188 年　戊申　宋淳熙十五年　金大定二十八年

此际，赵茂嘉与子侄结有真率会。（辛弃疾《寿赵茂嘉郎中

二首》)

## 1189年　己酉　宋淳熙十六年　金大定二十九年

衡阳廖行之卒,尝结有诗社。(廖行之《和家字韵呈同社诸公》《重九后菊未开》《再用韵呈王臣兼简同社诸公》)

淳熙末,天水张镃寓居临安,筑桂隐堂,尝与友人结社于此。(张镃《园桂初发邀同社小饮》)

此际,辛弃疾居上饶,与邑人徐衡仲结有诗酒社。(辛弃疾《满江红·送徐抚干衡仲之官三山,时马叔会侍郎帅闽》)

## 1191年　辛亥　宋绍熙二年　金明昌二年

鄞县汪大猷致仕归乡,举有真率会,辞世后其甥楼钥续主会事。(楼钥《敷文阁学士宣奉大夫致仕赠特进汪公行状》《周伯范墓志铭》《适斋约同社往来无事形迹次韵》)

## 1194年　甲寅　宋绍熙五年　金明昌五年

此际,临安王思明与龚冲妙、章清隐、潘怡云等洞霄宫道士结有山中吟社,诗多见《洞霄诗集》。(《洞霄图志》卷五)

## 1195年　乙卯　宋宁宗庆元元年　金明昌六年

周必大致仕,与葛潨、欧阳铁岁讲同甲之会,月为真率之集。(周必大《葛先生潨墓志铭》《庆元乙卯,某与欧阳伯威、葛德源俱年七十,适敝居落成,乃往时同试之地,小集圃中再用潨公韵成鄙句,并录旧诗奉呈》)

## 1196年　丙辰　宋庆元二年　金章宗承安元年

冬,姜夔与葛天民、俞灏等结诗社,社中诗词辑为《载雪录》。

(《浩然斋雅谈》卷中)

### 1197年　丁巳　宋庆元三年　金承安二年

此际，陈造通判房州，结有诗社、文社、棋社。(陈造《送程总郎序》《再次韵四首》《次韵寄陈主管》)

### 1198年　戊午　宋庆元四年　金承安三年

此际，朱熹居福建武夷，与方士繇、陈文蔚等结有诗社。(朱熹《跋汤叔雅墨梅》)

### 1200年　庚申　宋庆元六年　金承安五年

庆元、嘉泰间，乐安曾丰任广东经略司曹，尝举真率之会。(曾丰《五羊同官真率》)

此际，山阴苏泂结有诗社。(苏泂《闲居复遇重九，悠然兴怀，颇谓此节特宜于贫，盖富贵者不知若是之清美也，因赋唐律呈同社》)

此际，鄞县楼钥与杨简、袁燮等唱和于史鸿禧碧沚馆中，金华吕祖俭预之。(全祖望《句余土音序》)

此际，鄞县史弥宁与高似孙结有诗社。(全祖望《句余土音序》)

### 1201年　辛酉　宋宁宗嘉泰元年　金章宗泰和元年

此际，辛弃疾居铅山，结有诗酒社。(辛弃疾《江神子·和李能伯韵呈赵晋臣》)

### 1202年　壬戌　宋嘉泰二年　金泰和二年

新蔡陈公璟卒，在世时结有诗酒社，园翁溪友，所至争席。(杨万里《西和州陈史君墓志铭》)

**1203 年　癸亥　宋嘉泰三年　金泰和三年**

此前，高邮陈造结有真州诗社，又有研文之课会，或称书社。（陈造《寄真州诗社诸友》《赠课会诸公诗》）

**1204 年　甲子　宋嘉泰四年　金泰和四年**

建安袁说友卒，尝结有诗社。（袁说友《送惠老往住上方》）

陆游里居，预乡中真率之会。（陆游《岁暮与邻曲饮酒用前辈独酌韵》）

此际，丽水姜特立与赵钺夫结有诗社。（姜特立《和赵钺夫见惠》、赵钺夫《赠姜邦杰》）

**1205 年　乙丑　宋宁宗开禧元年　金泰和五年**

此际，宁海王齐舆与名公巨卿酬唱，社中目为诗虎，致仕后营云壑园，与亲故为真率之会。（《（雍正）》卷一八一）

此际，汴州史达祖、山阴高观国等在临安结有诗社。（史达祖《龙吟曲》、高观国《雨中花》）

**1206 年　丙寅　宋开禧二年　金泰和六年　蒙古成吉思汗元年**

余姚孙应时卒，尝结有诗社。（孙应时《答任检法》《寄高司户》）

**1207 年　丁卯　宋开禧三年　金泰和七年　蒙古成吉思汗二年**

此际，临江郭应祥官泉江令，结有社。（郭应祥《菩萨蛮》）

**1208 年　戊辰　宋宁宗嘉定元年　金泰和八年　蒙古成吉思汗三年**

此前，德安王阮结有诗社。（王阮《龙塘久别，乘月再到，奉呈同社》）

此际，永嘉戴栩结有诗社。(戴栩《夏肯父为先都仓求水心墓志，未得而归，社中诸友皆赋诗送其行》)

## 1209 年　己巳　宋嘉定二年　金卫绍王大安元年　蒙古成吉思汗四年

此前，永嘉许及之与潘转庵、翁常之、李若兄诸人结有诗社。(许纶《转庵再用作字韵见酬，有著蔡休谷之语，复韵为答》《与同社游山园次翁常之韵》《次德友韵》)

## 1210 年　庚午　宋嘉定三年　金大安二年　蒙古成吉思汗五年

此际，上饶陈文蔚结有诗社。(陈文蔚《贺赵及卿、黄定甫主宾联名登第》、《送赵局之官》)

## 1213 年　癸酉　宋嘉定六年　金崇庆二年　至宁元年　宣宗贞祐元年　蒙古成吉思汗八年

鄞县楼钥卒，尝与王原庆、郑颉等结有诗社。(楼钥《王原庆新迁居南堂，以古风求写恕斋二大字并石刻，又次韵》《题少潜兄得闲》《郑司法颉挽词》)

## 1215 年　乙亥　宋嘉定八年　金贞祐三年　蒙古成吉思汗十年

此际，鄞县史弥宁知邵阳，结有诗社。(史弥宁《春暮同社会饮张园小楼，分韵得飞字》《再次王宰翟簿喜雨联句韵》《暑夕泛次王令君韵》)

## 1216 年　丙子　宋嘉定九年　金贞祐四年　蒙古成吉思汗十一年

此际，鄱阳张辑结有诗社。(张辑《临江仙·忆昔风流秋社里》)

**1217 年　丁丑　宋嘉定十年　金贞祐五年　兴定元年　蒙古成吉思汗十二年**

此际，莆田刘克庄与戴复古结有诗社，与者赵师秀、赵庚夫、翁卷、孙惟信、高翥等。（刘克庄《跋二戴诗卷》《送仲白》、高翥《清明日招社友》）

**1219 年　己卯　宋嘉定十二年　金兴定三年　蒙古成吉思汗十四年**

新建裘万顷卒，尝与范光伯结有诗社。（裘万顷《喜范光伯相过》）

春，丰城徐鹿卿集十七人于里之崇元观，以为文会，曰青云课会。（徐鹿卿《青云课社序》）

此际，赤城史君喻守珪尝与陈梦建结有诗社。（陈梦建《上喻史君重建霞起堂六首》）

此际，莆田李宗之与里中诸老寻为真率之盟，刘克庄得侍杖履。（刘克庄《李艮翁礼部墓志铭》）

**1220 年　庚辰　宋嘉定十三年　金兴定四年　蒙古成吉思汗十五年**

此际，刘植结有诗社。（刘植《文会飞霞观》）

**1221 年　辛巳　宋嘉定十四年　金兴定五年　蒙古成吉思汗十六年**

贵池华岳卒，尝结有诗社。（华岳《寄赵及父》《渔父》）

**1222 年　壬午　宋嘉定十五年　金兴定六年　元光元年　蒙古成吉思汗十七年**

此际，蒲城真德秀居乡，尝预尊老之会。（真德秀《壬午春社之明日，请尊老会于西山之精舍，庞眉皓首，奕奕相照，真吾邦希

阔之盛事，辄成口号一首，并呈诸耆寿，且坚异日早退之约云》）

## 1224年　甲申　宋嘉定十七年　金哀宗正大元年　蒙古成吉思汗十九年

上饶韩淲卒，尝结有诗社。（韩淲《感皇恩·和吴推官》《送推官摄邑铅山》《送赵推官衡州》）

长乐陈藻卒，尝结有诗社。（陈藻《谢余荐䴏听易惠诗一首》）

正大初，赵闲闲与陈正叔、潘仲明、雷希颜、元裕之诸人作诗会，尝赋《野菊》。（《归潜志》卷八）

此际，鄞县史宅之兄弟偕郎婿赵汝楳辈结社于月湖。（全祖望《句余土音序》）

此际，东阳黄机结有社。（黄机《木兰花慢·问功名何处》）

## 1225年　乙酉　宋理宗宝庆元年　金正大二年　蒙古成吉思汗二十年

此际，钱塘陈起与许棐结有桐阴吟社。（陈起《挽梅屋》）

## 1227年　丁亥　宋宝庆三年　金正大四年　蒙古成吉思汗二十二年

此前，休宁汪莘在其乡结有诗社，先后与者二十余人。（陆梦发《兰皋集序》）

此前，东塘敖陶孙结有诗社。（敖陶孙《谢叶司理、徐知县见贻之什》）

## 1228年　戊子　宋理宗绍定元年　金正大五年　蒙古拖雷监国

此前，永嘉薛师石结有诗社。（薛师石《秋晚寄赵紫芝》）

此际，于潜洪铖举有耆英会。（洪咨夔《戊子新元老人七十有

诗自述敬和》）

郑州赵蕃卒，尝与章季亨、梁从善等结有诗社。（赵蕃《送章季亨》《呈梁从善》《用初三日韵简伯玉昆仲》）

**1229 年　己丑　宋绍定二年　金正大六年　蒙古窝阔台汗元年**

都昌曹彦约卒，晚年结有耆英会。（曹彦约《故殿撰侍郎赵公挽章三首》）

郑州赵蕃卒，尝与章季亨、梁从善等结有诗社。（赵蕃《送章季亨》《呈梁从善》《用初三日韵简伯玉昆仲》）

**1230 年　庚寅　宋绍定三年　金正大七年　蒙古窝阔台汗二年**

此际，黄岩戴复古结有江湖吟社，宁都曾原一预之。（戴复古《赵苇江与东嘉诗社诸君游，一日携吟卷见过，一语谢其来》、《宋诗纪事》卷六一、《（康熙）江西通志》卷九四）

**1231 年　辛卯　宋绍定四年　金正大八年　蒙古窝阔台汗三年**

崇仁陈凯卒，晚年尝与邑人吴曾、吴镒、吴异等结为诗社。（陈元晋《文溪先生致仕大夫陈公夫人黄氏墓碣》）

此际，湖州吴惟信与毛时可结有诗社。（吴惟信《寄毛时可》）

**1232 年　壬辰　宋绍定五年　金开兴元年　天兴元年　蒙古窝阔台汗四年**

此际，戴复古游邵武，预李友山诗社。（戴复古《过邵武，访李友山诗社诸人》《李友山诸丈甚喜得朋，留连日久，月洲乃友山道号》）

**1234 年　甲午　宋理宗端平元年　金天兴三年　蒙古窝阔台汗六年**

临川危稹卒，晚年与乡老七人结有真率会。（《宋史》卷四一

五、《两宋名贤小集》卷二六五)

**1235年　乙未　宋端平二年　蒙古窝阔台汗七年**
此际，中江吴泳结有诗社。(吴泳《张仁溥寄游沧浪诗用韵一首非为沧浪作也》《郫县春日吟》)

**1236年　丙申　宋端平三年　蒙古窝阔台汗八年**
义乌徐侨卒，尝与喻叔厚结有诗社。(徐侨《喻叔厚总干寄诗甚富》)

**1237年　丁酉　宋理宗嘉熙元年　蒙古窝阔台汗九年**
此际，合州有六老会。(魏了翁《知合州赵侯挽诗》)

**1240年　庚子　宋嘉熙四年　蒙古窝阔台汗十二年**
富沙潘牥在建宁结诗社。(《齐东野语》卷四)

**1241年　辛丑　宋理宗淳祐元年　蒙古窝阔台汗十三年**
此前，余姚高翥结有诗社。(高翥《清明日招社友》)
此际，汴梁武衍结有社。(武衍《寄社友》)

**1243年　癸卯　宋淳祐三年　蒙古乃马真后二年**
此际，戴复古与严粲、吴伯成结有诗社，南城张自明预之。(戴复古《送吴伯成归建昌》《访严坦叔》、《江西诗征》卷一八)

**1244年　甲辰　宋淳祐四年　蒙古乃马真后三年**
此际，吴江魏汝贤尝在四明参与吟社。(魏汝贤《寄题四明张氏南园》)

**1245 年　乙巳　宋淳祐五年　蒙古乃马真后四年**

此际，仙游王迈与刘克庄结有诗社。（刘克庄《五和》）

**1248 年　戊申　宋淳祐八年　蒙古贵由汗三年**

戴复古卒，晚年尝入诗社。（戴复古《次韵谷口郑东子见寄》）

**1249 年　己酉　宋淳祐九年　蒙古海迷失后元年**

此际，笠泽叶茵结有诗社。（叶茵《寄社友》）

此际，福州黄昇结有社。（黄昇《贺新郎·梅》）

**1250 年　庚戌　宋淳祐十年　蒙古海迷失后二年**

此际，南城黄文雷与利登、赵宗𰗱为社友，同时以诗名乡里。（刘壎《黄希声古体》）

**1251 年　辛亥　宋淳祐十一年　蒙古蒙哥汗元年**

此前，长乐林尚仁结有诗社。（林尚仁《雪中呈社友》）

吴县李韶卒，晚年结有耆英社。（赵汝腾《呈竹湖李端明》）

**1252 年　壬子　宋淳祐十二年　蒙古蒙哥汗二年**

此前，眉州程公许结有诗社。（程公许《施明可自湘潭还雪川，以诗编相示，摘其中重阳一篇次韵，题似明可》《题江东陈氏江亭》《虚舟相逐至岳阳，录示旧日避风诗，和韵纪事》）

**1254 年　甲寅　宋宝祐二年　蒙古蒙哥汗四年**

此际，长溪杨监税与族之俊秀结为吟社。（刘克庄《杨监税》）

**1255 年　乙卯　宋宝祐三年　蒙古蒙哥汗五年**

　　至咸淳二年，临川陈郁、陈世崇父子在临安结有诗社，与者吴石翁、杜汝能、刘彦朝、钱舜选、吕三余、柳桂孙、俞菊窗、黄力叙、张彝、周济川、吴大有诸人。(《随隐漫录》卷三)

**1256 年　丙辰　宋宝祐四年　蒙古蒙哥汗六年**

　　此际，黄敏求结有诗社。(黄敏求《题陈筼谷陈野逸吟稿》)

**1257 年　丁巳　宋宝祐五年　蒙古蒙哥汗七年**

　　此际，永嘉薛嵎结有诗社。(薛嵎《古淡然老得帖往长芦，不受，却归松风旧寺，次社中韵》)

**1258 年　戊午　宋宝祐六年　蒙古蒙哥汗八年**

　　此前，新建张祥龙徐应科、王申之诸老仿洛下旧制，以文字饮为真率会。(释道璨《中沙张公先生墓志铭》)

**1262 年　壬戌　宋景定三年　蒙古中统三年**

　　此前，宣州吴潜结有诗社。(吴潜《望江南》)

　　祁门方岳卒，尝结有诗社。(方岳《次韵行甫小集平山》《偶题》《以越笺与三四弟有诗次韵》)

**1264 年　甲子　宋景定五年　蒙古中统五年　至元元年**

　　此前，剡溪姚镛结有诗社。(姚镛《悼复石壁》)

　　理宗时，建安徐集孙结有诗社。(徐集孙《寄怀里中社友》《寄里中社友》)

　　至宋亡，严陵杨缵、吴兴周密在临安结有诗社，先后与者张枢、施岳、李彭老、吴文英、徐宇、毛敏仲、徐天民、徐理、薛梦桂、张

炎、王沂孙、王易简、仇远、冯应瑞、唐艺孙、吕同老、陈恕可、唐珏、赵汝钠、李居仁、陈允平、李莱老诸人。(周密《采绿吟》)

**1265年　乙丑　宋度宗咸淳元年　蒙古至元二年**

此际，清源胡仲参、胡仲弓昆弟结有诗社。(胡仲弓《与社友定花朝之约》《和社友游清源洞韵》、胡仲参《留别社友》)

**1269年　己巳　宋咸淳五年　蒙古至元六年**

莆田刘克庄卒，晚年与邑中耆英数举真率之会。(刘克庄《方听蛙》《顾监丞》《丁卯元日十首》)

**1271年　辛未　宋咸淳七年　元至元八年**

福清林希逸卒，尝结诗社，又有课社，每十日一集。(林希逸《和山中后社韵》《资福岭庵前作》)

宁远乐雷发卒，尝结有诗社。(乐雷发《访菊花山人沈庄可》《呈赵叔愚司理》)

入元，平昌王镒幡然弃印绶，归隐湖山，与尹绿坡、虞君集、叶柘山诸人结社赋诗。(王养端《月洞吟序》)

入元，东莞赵必𤩬无复仕进意，隐于邑之温塘村，与朋侪二三结诗社，更倡迭和，歌笑竞日。(赵必𤩬《吟社递至诗卷，足十四韵以答之，为梅水村发也》《和同社饯梅》、陈纪《赵必𤩬行状》)

**1273年　癸酉　宋咸淳九年　元至元十年**

丰城徐经孙卒，尝结东源诗社，晚年举有真率之会。(徐经孙《右东源诗社》《山塘精舍》)

**1274 年　甲戌　宋咸淳十年　元至元十一年**

此际，鄞县高衡孙、陆合、汪之林等四十余人为会，月为一集。(全祖望《句余土音序》、袁桷《先大夫行述》)

**1275 年　乙亥　宋恭帝德祐元年　元至元十二年**

贾似道卒，尝主鸳湖诗社。(赵孟坚《谢泉使贾秋壑先生京状》)

歙县方回出知建德府，与释无竭、冯伯田、吕元方等结有吟社。(方回《次韵寄川无竭并送所撰斾檀林记二首》《喜冯伯田至》《次韵谢吕君元方见寄二首》)

**1276 年　丙子　宋德祐二年　宋端宗景炎元年　元至元十三年**

此前，乐清刘黻尝结诗社。(刘黼《寄社中》)

乐清刘黻卒，晚年结有耆英会。(刘黻《挽万竹西隐君》)

**1278 年　戊寅　宋景炎三年　帝昺祥兴元年　元至元十五年**

平江鲁仕能与吴釪、鲁仕行、方采、邓希恕、张万全、李绍春、罗太臣、罗太亨等九人举齿德会于县东道岩葆真观，更迭主会，凡历十二年。(《(光绪)湖南通志》卷三四)

**1279 年　己卯　宋帝昺祥兴二年　元世祖至元十六年**

南宋时，曹邍结有豫章诗社。(曹邍《寄豫章诗社诸君子》)

南宋时，临江邓允端尝结诗社。(邓允端《题社友诗稿》)

此际，杭州全璧居城东，与白珽结有孤山社。(《月泉吟社诗·第九名全泉翁》、《元诗选》癸集上、《月泉吟社诗·第十八名唐楚友》)

此际，杭州梁相与宝觉寺僧了慧等结有武林九友会。(《月泉吟

社诗·第十三名魏子大》、《月泉吟社诗·第三十三名岳重》、《西湖游览志余》卷二一)

此际,赵必𢱿在杭州结有白云社。(《宋诗纪事》卷八五、《月泉吟社诗·第四名仙村人》、《西湖游览志余》卷二一)

此际,吴郡顾逢结有诗社。(顾逢《寄宁海诗社诸友》)

此际,淳安方一夔与徐景星结有吟社。(方一夔《次韵雪冈徐景星二首》)

宋亡,福州连文凤宋亡与诸遗老吟诗唱和,结有清吟社,后入月泉吟社。(《月泉吟社诗·第一名罗公福》、《西湖游览志余》卷二一)

宋亡,甬上遗老自相唱酬,先有王应麟主盟,陈西麓、舒阆风、刘正仲预焉,已而有陈子羣、郑奕夫、徐本原、章垔诸君嗣之,其后则郑以道、蒋敬之、王遂初续之。(全祖望《句余土音序》)

宋亡,鄞县陈著隐居山中,结有诗社。(陈著《俞荪墅示以杂兴四首,乃用危骊塘所次唐子西韵因次韵》《用前韵答龄叟见寄》《回家》)

宋元之际,叶汝舟、卫宗武在嘉兴华亭数举真率之会。(卫宗武《锦山自杭来,诗呈乡曲,并举月集》《月集呼声妓不至,野渡于筋未俾赋诗以纪初集》《赴野渡招赏桂》)

## 1280年 庚辰 元至元十七年

此前,慈溪黄震尝与童居易讲会。(《宋元学案》卷八六)

## 1282年 壬午 元至元十九年

此际,清溪诗友暇日举有诗课。(何梦桂《清溪吟课序》)

## 1285年 乙酉 元至元二十二年

此际,杭州有武林社,与者周暕、东必曾、黄庚等人。(黄庚

《梅魂》、《月泉吟社诗》、《西湖游览志余》卷二一）

## 1286年　丙戌　元至元二十三年

十月，浦江吴渭入元不仕，隐居吴溪，延方凤、吴思齐、谢翱三人订立月泉吟社，以《春日田园杂兴》为题征诗四方，次年正月收卷，凡得二千七百三十五卷，三人评定甲乙，三月三日揭榜，前二百八十名依次奖赏，所征作品编集付梓，曰《月泉吟社诗》。（《月泉吟社诗》）

丰城熊升在龙泽山（株山）结吟社，一会至二百人，觞咏数日乃罢。（赵文《熊刚申墓志铭》）

浦城谢翱避地浙水之东，留永嘉、括苍，往来鄞越之间，与友人结有汐社。（方凤《谢君皋羽行状》、何梦桂《汐社诗集序》）

歙县方回寓钱塘，与师好古等人结有吟社。（方回《丙戌元日二首》《送师好古归青社》）

## 1287年　丁亥　元至元二十四年

丰城王义山卒，尝结有诗社。（王义山《念奴娇·怀旧》）

三月三日，卫州王恽征贤会友，禊饮林氏花圃，寻盟而至者凡一十二人。（王恽《上巳日林氏花圃会饮序》）

## 1289年　己丑　元至元二十六年

钱塘汪元量自大都返乡，后与吉水李珏诸人结社于西湖。（汪元量《暗香·西湖社友有千叶红梅，照水可爱，问之自来，乃旧内有此种，枝如柳梢，开花繁艳，兵后流落人间。对花泫然承脸而赋》《疏影·西湖社友赋红梅，分韵得落字》、李珏《击梧桐·别西湖社友》）

## 1293年　癸巳　元至元三十年

此前，上饶徐元得与宗族乡党相倡和，命诗社曰明远，并主邻社香林。（戴表元《徐耕道迁葬碣》）

## 1294年　甲午　元至元三十一年

至元末，甘果与邑人蔡黼、熊坦等十人结社龙泽山中。（揭傒斯《甘景行墓志铭》）

## 1295年　乙未　元成宗元贞元年

海盐赵孟坚卒，尝结有诗社。（赵孟坚《追咏西湖行乐寄傅清叔》）

## 1296年　丙申　元元贞二年

此前，鄱阳黎廷瑞结有诗酒社。（黎廷瑞《丙申上元喜晴孤坐怀旧二十韵》）

此际，宛陵凌希惠寓居宣城，与诸名士结为吟社。（《元诗选》癸集上）

## 1297年　丁酉　元元贞三年　大德元年

此前，鄞县陈著结有桂峰课会。（陈著《桂峰课会檄》）

三月，僧人沙罗巴开禅室，与王秋涧、傅初庵、雷若斋等结成清香诗会。（王恽《清香诗会序》）

## 1298年　戊戌　元大德二年

杭州屠约与嘉兴顾文琛、同里白珽、张模、陈康祖共结吟社，诗作辑为《城东倡和》，戴表元为之序。（《艮山杂志》卷一、戴表元《城东倡和小序》）

**1303 年　癸卯　元大德七年**

淳安何梦桂卒，尝应邀主盟白鸥诗社。（何梦桂《白鸥诗盟序》）

**1306 年　丙午　元大德十年**

此际，婺源董寿民结有诗社。（董寿民《又李晓溪》《哭敬可弟》《苍坞用冯棣轩韵》）

**1307 年　丁未　元大德十一年**

大德、至大间，安西毛时敏屏居长坂别业，集宾友为讲会。（同恕《毛长官墓志铭》）

**1310 年　庚戌　元至大三年**

庐陵曹毅卒，尝结有吟社。（张伯淳《曹士弘》）

**1312 年　壬子　元仁宗皇庆元年**

此前，会稽王英孙尝与黄庚、连文凤诸人在山阴结有越中吟社，或名山阴诗社。（黄庚《枕易》、连文凤《枕易》、《四库全书总目·月屋漫稿提要》）

**1313 年　癸丑　元皇庆二年**

此际，庐陵刘将孙与同邑赵青山结有社。（《古今词话》卷下）

**1319 年　己未　元延祐六年**

南丰刘壎卒，尝结有吟社。（刘壎《曾从道诗跋》）

江浙士子结成三衢文会，县丞郑元善主评，选六十六人之文编为《三衢文会》。（汪琬《三衢文会记》）

**1327年　丁卯　元泰定四年**

鄞县袁桷卒,尝会文于同志,反复力议。(袁桷《曹邦衡教授诗文序》)

**1348年　戊子　元至正八年**

元末,昆山顾瑛筑玉山草堂,文人诗家雅集于此,列名者几近百人,若倪瓒、杨维桢、黄公望、顾瑛、袁华诸人,皆一时名士,唱和作品逾三千之数,编有《玉山名胜集》《玉山名胜外集》《玉山纪游》《草堂雅集》等。(《玉山名胜集》、《草堂雅集》、杨维桢《玉山草堂雅集序》)

**1350年　庚寅　元至正十年**

春,桐乡濮乐闲为聚桂文会于家塾,东南之士以文赴其会者凡五百余人,延杨维桢主评,凡取三十人。(杨维桢《聚桂文集序》、《明诗综》卷五)

**1351年　辛卯　元至正十一年**

此际,孙蕡在广州城南抗风轩开南园诗社,一时名士如李德、黄哲、黄楚金、蔡养晦、黄希贡、黄希文、蒲子文、黄原善、赵安中、赵澄、赵讷皆与焉,豪吟剧饮,更唱迭和,文士宗之。(孙蕡《琪林夜宿联句一百韵》、熊绎祖《南园后五先生诗序》、《广州人物传》卷一二)

**1353年　癸巳　元至正十三年**

至正中,江阴澄江书院建德义堂,专为讲会之所,州人子弟讲肄其中。(李存《德义堂铭》)

**1356 年　丙申　元至正十六年　宋龙凤二年**

此际，长洲高启居吴之北郭，与同里王行相友善者，徐贲、高逊志、唐肃、余尧臣、张羽相继来吴，诸人结社唱和，相与无虚日，与者尚有杨基、宋克、吕敏、陈则、王彝、僧道衍等人。(高启《送唐处敬序》、王行《送唐君处敬序》、《梅花草堂集·皇明昆山人物传》卷一)

**1367 年　丁未　元至正二十七年　朱元璋吴元年**

元季，莆田方朴、宋贵诚、朱德善、丘伯安、蔡景诚、陈本初、杨元吉、刘晟、陈观诸人举壶山文会，初会九人，后增至二十有二人，月必一会，赋诗弹琴，清谈雅歌以为乐，有《壶山文会集》。继有续会者，陈惟鼎、李苾、郭完、陈必大、吴元善、方炯、郑德孚、黄性初、黄安、陈熙、方坦、叶源中、释清源等，凡一十三人。(《明诗纪事》甲签卷一五、《(民国)莆田县志》卷三四、《(弘治)八闽通志》卷八七)

**1368 年　戊申　明太祖洪武元年　元顺帝至正二十八年**

正月，朱元璋在应天府即位，国号明。

元末，天台刘仁本治师余姚，与朱右、谢理、赵俶等四十二人续修兰亭之会。(《钦定四库全书总目》卷一六八、《静志居诗话》卷二四)

元末，华亭俞允诸人结有诗社。(《明诗纪事》甲签卷二九、《(正德)松江府志》卷二八)

元季，释如阜结有文酒之社。(《明诗综》卷九○)

元明之际，崇安蓝仁、蓝智兄弟结有诗社。(《蓝山集》卷二和卷三、《蓝涧集》卷四)

元明之际，华亭姚汝嘉与天台杨仁寿、冀北李璋、无锡华文瑾

结社终老,号为陶溪四隐。(《(嘉庆)松江府志》卷五〇和卷六二、《(光绪)松江府续志》卷三八)

明兴,东莞有凤台诗社。(《广东新语》卷一二)

明初,华亭顾彧为乡邑训导,与钱鼐、赖良结诗盟。(《列朝诗集》甲集卷一一)

洪武初,顺德邓伯凯澹于禄位,拂衣归,修陶园诗社与诸名士相唱和。(《顺德龙江乡志》卷四)

**1371年 辛亥 明洪武四年**

春,张适辞官归吴,与高启、张羽、杨基、王行、徐贲等续举北郭诗社,先后与者杜寅、梁时、浦源、方彝、钱复诸人。(《玉堂丛语》卷一、《蓬窗类纪》卷三)

**1373年 癸丑 明洪武六年**

江敬弘以吏谪濠梁,与同时谪居濠上者相与结诗社。(《新安文献志·先贤事略上》)

**1376年 丙辰 明洪武九年**

此际,福清林鸿开诗社,招致海内词客。(《皇明词林人物考》卷一、《曝书亭集》卷六三)

**1379年 己未 明洪武十二年**

此前,海昌贝琼与崇德鲍恂结有诗社,亦主讲道。(《殿阁词林记》卷一、朱彝尊《至正庚辛倡和集补传》)

**1391年 辛未 明洪武二十四年**

太仓偶桓举秀才,授荆门州吏目,幕府多暇,觞咏不辍,与诸

贤作社。(《皇明昆山人物传》卷一)

## 1398年　戊寅　明洪武三十一年

洪武间，钱塘凌云翰举清江文会。(凌云翰《清江文会诗为崔驿丞赋》)

## 1404年　甲申　明永乐二年

正月，林原缙、王崧、翁晟、邱海、邱镡、何愚、何及、狄景常、程完等九人举九老会，号"花山九老"，各赋诗，程完撰《九老会序》。(《(嘉庆)太平县志》卷一二和卷一四、《明诗纪事》甲签卷三〇)

## 1423年　癸卯　明永乐二十一年

此前，长乐高棅尝入梅江吟社，又与陈亮、王恭诸人结有九老会。(高棅《都门晓望寄怀王皆山暨梅江吟社诸友》、焦竑《陈亮传》、《皇明词林人物考》卷二)

## 1429年　己酉　明宣德四年

此际，会稽漏瑜流寓乌镇，与赵巘、吴焕、赵歧、孙孟吉、水宗达、唐其谅、胡敏、钱郁年结有九老会。(《嘉禾征献录》卷二四、《全浙诗话》卷三九)

## 1435年　乙卯　明宣德十年

宣、正间，嘉善孙询致仕，与李怀玉等十二人结为耆英文会。(《槜李诗系》卷八、《(雍正)浙江通志》卷二八〇)

## 1436年　丙辰　明英宗正统元年

正统初，句容蒋主孝与苏平、刘溥、沈愚、王贞庆及弟主忠结

为诗社,后诸公沦谢,复与贺存诚、张友菊诸君子相唱和。(倪谦《蒋务本先生墓志铭》)

**1440年 庚申 明正统五年**

此前,杨荣、杨士奇、杨溥等馆阁重臣结有真率会。(杨荣《和真率会诗》、《玉堂丛语》卷七)

**1444年 甲子 明正统九年**

此际,松江曹安在临安府学,郡人作有学社,每五日一会酌酒。(《谰言长语》卷下)

**1448年 戊辰 明正统十三年**

吴县杜琼与里中徐用理、陆康民、王敏道等八人结文社。(《杜东原年谱》)

**1449年 己巳 明正统十四年**

此前,南京有诗社,因事中辍,此后周仁俊作主,绍续社事,所速之宾二十有八人,上元倪谦与之。(倪谦《冶亭登高诗序》)

正统间,杭州有耆德会。(《(民国)杭州府志》卷一七三、《西湖游览志余》卷二一)

正统间,杭州有会文社。(《(民国)杭州府志》卷一七三、《西湖游览志余》卷二一)

正统间,金齿汤琮与同郡陶宁、张志举、程广、曹遇结有诗社。(《滇南诗略》卷一)

此际,华亭朱璧与徐裕湖诸乡绅结有放生青莲社。(何三畏《朱隐君瞻箓公传》)

**1450年　庚午　明代宗景泰元年**

景泰初年，无锡张思安、唐理、俞雍等十二人，同时致仕归，结有耆英社。（《锡金识小录》卷四）

**1456年　丙子　明景泰七年**

此前，临川聂大年尝结诗社。（聂大年《社集湖楼》）

**1457年　丁丑　明景泰八年**

景泰间，京中有赏花会，李贤主之，与者彭时、吕原、林文、刘定之、倪谦、钱溥、李绍、黄谏等四十人，所赋诗作衰成一集。（《静志居诗话》卷七）

景泰间，华亭陆润玉尝与夏璇、张逊、王桓、陈黼、彭思礼、郭用常辈结诗社相倡和。（《（正德）松江府志》卷三〇、《（光绪）青浦县志》卷一九）

**1459年　己卯　明天顺三年**

方临以荐授章丘教谕，致仕后与同里黄仲昭结社。（《（民国）莆田县志》卷二二）

**1460年　庚辰　明天顺四年**

天顺中，吉水周叙在南京结诗社，择能诗者凡十人与游，题曰《南都吟社》。（司马泰《三余雅会诗序》）

天顺中，华亭宋瑛作延龄会，合族子弟有志者教养之。（何三畏《宋膳部桧雪公传》、《（正德）松江府志》卷二九）

**1461年　辛巳　明天顺五年**

东莞何潜渊、陈靖吉、夏侯恭、罗泰辈结凤台诗社，又称凤冈

诗社，与者十五人。(李义壮《凤台诗社图序》、陈象明《凤台诗社重修记》)

## 1462年 壬午 明天顺六年

平湖陆愈会试不偶，在京师立丽泽会，与四方文士讲业，嘉定徐德充与焉。(吴宽《山西道监察御史陆君墓志铭》《乡贡进士徐君墓志铭》)

## 1464年 甲申 明天顺八年

罗璟登进士，于春、夏、秋、冬之节会与同年宴集赋诗，有《宴集文会录》行于时。(《翰林记》卷二〇)

徐有贞自永昌归吴县，约诗社中杜琼、夏㫤、陈宽、陈简等同集云岩。(徐有贞《云岩雅集志》)

莆田陈钺官麻城教谕，仿文潞公在洛故事，建耆英堂，延致县中诸老为会。(《兴化府莆田县志》卷二四)

天顺时，杭州有恩荣会。(《(民国)杭州府志》卷一七三、《西湖游览志馀》卷二一)

天顺时，杭州有朋寿会。(《(民国)杭州府志》卷一七三、《西湖游览志馀》卷二一)

天顺、成化间，昆山甘霖致仕家居，纵情山水文酒间，与沈鲁、周振誉、张谦、吕穆、沈祥、张穆、张奎、朱夏、周叙、周瓒、陈翊、孙琼、夏文振、朱瑄诸人结有雅社。(《皇明昆山人物传》卷三)

天顺、成化间，钱塘刘英隐居不仕，与刘士亨、赵廷玉、霍孟旸、俞鸣玉结社赋诗。(《两浙名贤录》卷四七、《本朝分省人物考》卷四三)

天顺、成化中，昆山耆老相约为延龄之会，非五十以上者弗预。(顾鼎臣《朋寿图诗序》)

天顺、成化之际，昆山仕而老于家者立斯文会，相延三十余年。（沈鲁《斯文会觞咏图序》、顾鼎臣《朋寿图诗序》）

**1465 年　乙酉　明宪宗成化元年**

成化初，朱镛致仕归，与夏季爵、张鸣玉、徐彦章数人觞咏迭会于西湖，号归荣雅会。（张宁《广西布政司参政朱公墓志》）

**1466 年　丙戌　明成化二年**

此前，鄱阳童轩结有诗社。（童轩《丙戌上巳日》）

**1468 年　戊子　明成化四年**

此前，上元倪岳结有诗社。（倪岳《戊子新春日寄上谷诸旧游》）

正月，何乔新与同年官秋台者十一人以元夕令节，相与为会。（何乔新《同年燕集诗序》）

华亭蒋性中引年归，合乡之高年有行谊者八人，为莺湖九老会。（《（同治）上海县志》卷三二）

**1470 年　庚寅　明成化六年**

此前，山阴田亨尝偕里中遗老十人，结清闲之会，月为一集。（吴宽《山阴田处士墓志铭》）

王恒安、益安、利安兄弟等九人会于江西香山，名曰香山九老会。（倪岳《跋香山九老会诗》）

范理、商辂、姚夔、杨守陈、卢楷、杨守阯会于京师，六人皆浙元，号六元文会。（杨守陈《七元文会诗序》、杨守阯《浙元三会录序》）

此际，华亭钱公作海内耆英会，仁和夏时正与之。（王鏊《南京大理寺卿夏公时正墓志铭》、《名山藏列传》卷一五）

**1471 年　辛卯　明成化七年**

春，京师国子监有雅相善者廿有五人，胥约举丽泽会，主于解元卢楷之第。（杨守陈《丽泽会诗序》）

**1475 年　乙未　明成化十一年**

成化中，乌程吴瑱创续耆英会，与者二十四人。（《全浙诗话》卷三九）

**1476 年　丙申　明成化十二年**

春，翟廷光、张志学、马克毅、程敏政诸人在京师举行同年大会，会者几百人。（程敏政《同年会记》）

冬至，李东阳、章元益合同举顺天乡试之在京师者四十一人，会于武学之署。（李东阳《京闱同年会诗序》）

**1477 年　丁酉　明成化十三年**

三月，李东阳举同年在翰林者会于陈师召第。（李东阳《贺陈先生诞孙诗序》《翰林同年会赋》）

**1478 年　戊戌　明成化十四年**

此际，华亭陈章与侯公矩、公绳兄弟及吴之赵栗夫、杨君谦、徐栗夫、王古直、王敬止结为诗社联句。（何三畏《陈宪使西潭公传》、陆继辂《七人联句诗记书后》）

**1479 年　己亥　明成化十五年**

春，胡谧、沈继先、杨文卿、黄珣、谢迁、杨守陈、杨守阯复为七元文会。（杨守陈《七元文会诗序》、杨守阯《浙元三会录序》）

**1480 年　庚子　明成化十六年**

　　二月，刘时雍待次京师，李东阳诸同年复举会。（李东阳《会合联句诗序》）

**1481 年　辛丑　明成化十七年**

　　此前，归安唐广尝与汪翁善、陈秉中、吴昂等人结有苕溪社。（《吴兴备志》卷二九、《（同治）湖州府志》卷九四、《全浙诗话》卷三九）

**1482 年　壬寅　明成化十八年**

　　正月，海宁杜文昭等十一人立尚古会。（吴宽《尚古会诗序》）

　　秦旭集邑中高隐结碧山吟社于惠山，有碧山十老之号。（张恺《碧山吟社记》、李珵《碧山吟社雅集图记》、邵宝《碧山吟社图记》）

　　王鏊与陈璚、周庚、赵宽、杨循吉等人在京师举文字之会。（王鏊《送广东参政徐君序》）

**1483 年　癸卯　明成化十九年**

　　祁顺、周孟中同官贵州，倡和赋诗，数会阡台，结有天涯文会。（祁顺《天涯文会诗序》）

　　莫震归吴江，择亲友中贤而有礼者，结为叙情之会。（莫震《石湖叙情会诗序》）

　　华亭莫昊领乡荐，后致政归，日从耆英之社。（《云间人物志》卷二、《（光绪）金山县志》卷一九）

**1486 年　丙午　明成化二十二年**

　　此前，王弼与杨循吉、陈章、赵宽等人在京结有诗社。（《列朝

诗集小传》丙集）

春，李旻、王华、胡谧、沈继先、谢迁、杨守陈、杨守阯续举文会，名后七元会。（杨守陈《七元文会诗序》、杨守阯《浙元三会录序》）

**1487 年　丁未　明成化二十三年**

正月，吴宽邀同年举会。（吴宽《丁未岁作同年会请帖》）

成化间，长宁周宏谟与沈庠、任彦常、金冕凡十二人在南京结会，题曰《清恬雅会》。（司马泰《三余雅会诗序》）

成、弘之际，福建闽县陈焯、陈烓、林璧诸人结有秋江夜泛诗社。（《闽侯县志》卷六六）

成、弘之际，洪常、卢瑀、金湜等人结甬上诗社，又称高年诗会。（《鲒埼集外编》卷二五、《甬上耆旧诗》卷五）

成、弘之际，华亭顾清、钱福、李希颜、曹闵、顾斌、黄明六人结社课文，每月朔望举会。（《南吴旧话录》卷二三）

成、弘间，华亭曹时中集耆老十四人，每月为安耆会。（何三畏《曹宪副定庵公传》、《（光绪）青浦县志》卷一九、孙承恩《安耆会序》）

成、弘间，李聪结香山九老会于广东顺德。（《顺德龙江乡志》卷四）

此际，嘉定杨琼与同里张菊泉辈结为九老会，有图咏传于时。（《南翔镇志》卷七）

此际，华亭周禋与同郡顾清、曹时中、孙东岑等结社觞咏。（杨枢《淞故述》）

**1488 年　戊申　明孝宗弘治元年**

任道逊上书请老告归，与吴祚、蔡鼎举有清乐会。（《（乾隆）瑞安县志》卷八）

弘治初，夏邑栗城有十老会。(谈迁《枣林杂俎·丛赘》、《(民国)夏邑县志》卷六)

**1489 年　己酉　明弘治二年**

此前，休宁程充居岐山下，尝结族之贤者为诗社以自适。(程敏政《程用光墓志铭》)

**1490 年　庚戌　明弘治三年**

此际，华亭钱中致政归，结社纵饮，醉辄歌呼。(《云间人物志》卷二)

**1491 年　辛亥　明弘治四年**

福建泉州张苗、黄斋、黄绩等致仕老人修逸乐会，凡十七人。(蔡清《逸乐会记》)

**1492 年　壬子　明弘治五年**

王守仁中浙江乡试，下第归余姚，立有诗社。(邹守益《王阳明先生图谱》)

**1493 年　癸丑　明弘治六年**

太仓马庆成进士，后乞归，治园圃结社，托酒以老。(《(嘉庆)直隶太仓州志》卷二六)

惠隆登进士，后解组归，与吴乐闲辈修五老归田会于杭州西湖。(《(雍正)西湖志》卷二一)

**1497 年　丁巳　明弘治十年**

九月，仙游郑纪致仕，其官南曹时尝与倪岳、刘震、杨守阯、

董越、马廷用诸人倡为瀛洲雅会，当在此前。(《翰林记》卷二〇)

郑纪致仕归经武林，与旧日弟子为会联韵，曰西湖文会。(郑纪《西湖文会序》)

## 1498 年　戊午　明弘治十一年

项忠致仕家居，与金礼、梅江、戴佑等人修耆英会。(《嘉禾征献录》卷五、《(光绪)嘉兴府志》卷五一)

重阳，无锡邵宝与同乡在京为官者初会，并约定嗣后按节举会。(邵宝《重阳会诗序》)

此后至正德五年间，慈溪杨父官吏部，倡五经会以课士。(邵宝《明故通奉大夫河南左布政使杨君墓志铭》)

## 1500 年　庚申　明弘治十三年

此前，新会陈献章结有白沙社。(陈献章《菊节后五日丁明府彦诚携酒来饮白沙社，赋补会三首》《次韵林先生潮连馆中见寄》)

## 1502 年　壬戌　明弘治十五年

八月，进士及第者三百人，举同年会于京师。(吴宽《弘治壬戌进士同年会录序》)

此际，康海、王九思、李梦阳、何景明、王守仁诸人在京师结有社。(张治道《翰林院修撰对山康先生行状》、王廷相《大复集序》、王畿《曾舜征别言》)

## 1503 年　癸亥　明弘治十六年

此前，吴洪官太仆卿，与吴宽、李杰、陈璚、王鏊诗酒唱和，立五同会。(陈仁锡《五同会跋》、吴宽《五同会序》、《静志居诗话》卷八)

正月，吴宽与李鐩、张宪三会于各宅，称同年三友会。（吴宽《同年三友会诗序》）

李东阳同年进士之在朝者九人，与南京来朝者一人，会于闵朝瑛之第。（李东阳《甲申十同年诗序》《两京同年倡和诗序》）

**1504 年  甲子  明弘治十七年**

吴瓒自通州归杭州，创归田乐会，每月一会，前后二十八人入会，有《归田乐会录》。（《（民国）杭州府志》卷一七三、吴瓒《武林纪事》）

**1505 年  乙丑  明弘治十八年**

此前，昆山顾鼎臣、方奉常、魏恭简诸人尚未登第，在里结邑社以课文。（《梅花草堂集笔谈》卷四、《复社纪略》卷一）

此前，金华潘玮与钱星斋结有北山诗社。（潘希曾《渔隐先生潘公墓志铭》）

弘、正间，李梦阳尝与杭济、杭淮兄弟及徐祯卿、王守仁、陆深诸人结社。（《列朝诗集小传》丙集、《钦定四库全书总目》卷一七一）

弘、正间，顾璘、王韦、陈铎、徐霖四人初举青溪社。（《列朝诗集》丁集卷七）

弘、正间，湖州有乐天乡社，与者沈政、陆震等二十余人，后复有耆英之会。（《吴兴备志》卷二九、《（同治）湖州府志》卷九四）

**1507 年  丁卯  明正德二年**

马廷用、罗钦顺、罗玘等九人续举瀛洲雅会。（《翰林记》卷二〇）

屠滽致仕，与魏偁、杨守随、张昺等人续举甬上诗社。(《鲒埼亭集外编》卷二五、《甬上耆旧诗》卷六)

**1508 年　戊辰　明正德三年**

此际，嘉定王应鹏倡有文会。(《(光绪)嘉定县志》卷一三)

**1509 年　己巳　明正德四年**

此前，长洲沈周尝与方太古、杨循吉、文徵明、孙一元结社。(《列朝诗集小传》丙集)

宜兴之仕而归者十一人结东丘会于周孝侯祠。(王鏊《东丘会老记》)

**1511 年　辛未　明正德六年**

闽县郑善夫告归，与徐熥、徐熥、曹学佺、谢肇淛等人结鳌峰诗社。(《课余续录》卷二、《明诗综》卷三八)

**1513 年　癸酉　明正德八年**

王守仁游滁州，结有浮峰诗社。(王守仁《寄浮峰诗社》)

正德中，刘麟流寓湖州，与龙霓、陆昆、吴琮辈结湖南崇雅社，又招孙一元入社，号"苕溪五隐"。后王济、朱曰藩、张寰入社。(《岘山志》卷四、《两浙名贤录》卷四四、李梦阳《太白山人孙一元传》)

正德中，邵南创同声社，与者四十九人。(《全浙诗话》卷三九)

正德中，金泽颐浩寺僧如海与钱福结有诗社。(《(嘉庆)松江府志》卷六三、《(万历)青浦县志》)

## 1514年　甲戌　明正德九年

春，弘治十四年进士举乡同年会，与者凡四十九人。（陆深《乡同年会序》）

祥符李濂诸人结都亭社。（陈栢《嵩渚李先生墓碑》）

此后，丰俭与洛下耆英许静庵、王昌等高结雅社，诗酒交欢。（辛东山《皇明故承德郎顺天府通判洛滨丰公合葬墓志铭》）

## 1515年　乙亥　明正德十年

此际，华亭瞿霆从沅江知府任上乞休东还，作有五老之会、七老之会。（陆深《中宪大夫云南临安府知府致仕瞿公墓志铭》、《（同治）上海县志》卷三二）

## 1516年　丙子　明正德十一年

茶陵李东阳卒，尝与周原己、奚元启在京师结有西社。（李东阳《周原己席上题十月赏菊卷》《西社别言诗引》《答奚元启四首次韵》）

此前，南京尝有八仙会。（李东阳《和侍郎尹公留别韵三首》）

## 1517年　丁丑　明正德十二年

三月，弘治十四年进士续举乡同年会，与者凡二十六人。（陆深《乡同年会序》）

昆山顾自如年登七十，岁首首倡一律，邀延龄会中同庚者和之，编次成卷，题曰《朋寿》。（顾鼎臣《朋寿图诗序》）

至十五年间，刑参与文徵明、吴爟、吴奕等十人结有东庄会，参赋有《怀友诗》十八首。（《明诗综》卷三八、《列朝诗集》丙集第九）

## 1520年　庚辰　明正德十五年

黄阅古致仕家居，与诸耆硕结东山社，赋诗自适。（《（民国）东莞县志》卷五七）

## 1521年　辛巳　明正德十六年

此前，长洲杨顺甫结有漕湖诗社。（顾璘《长洲杨处士顺甫与其配吕孺人墓表》）

正德间，海陵储巏复举诗社，刘默、施懋、谢承举等十人与之游，题曰《秣陵吟社》。（《金陵通传》卷一四）

正、嘉间，吴兴有雅社，老少咸集，备洽乡谊。（李默《题吴兴雅社卷后》）

正、嘉间，华亭张世美自免归，与诗人王鹤坡、陈东野诸君结社唱和。（何三畏《张太学西谷先生传》、《（乾隆）娄县志》卷二二）

正、嘉间，华亭姚云与姚及、杨东滨诸人结有诗社，吟咏不辍。（《（同治）上海县志》卷一八）

正、嘉间，华亭杨学礼与曹弘济、滕奎结有诗社。（《南吴旧话录》卷二三、《（同治）上海县志》卷一八、《（光绪）青浦县志》卷二二）

此际，广东顺德有白莲诗社，太守萧檗斋主之。（《顺德龙江乡志》卷四）

## 1522年　壬午　明世宗嘉靖元年

华亭宋公望卒，尝与东江顾公、鹤滩钱公及名士王鹤坡、戚龙囧、张一桂诸人有结诗社。（宋懋澄《曾王父西庄公本传》）

嘉靖初，东莞卫琴泉、周耿庵、戴宾竹、谢兰趣辈结有凤台诗社。（李义壮《凤台诗社图序》）

此际，华亭郁侃上疏乞休归，结社赋诗为乐。（陆深《进阶亚

中大夫黎平府知府郁公宜人王氏合葬墓志铭》)

### 1523 年　癸未　明嘉靖二年

华亭刘兖卒,晚年与乡士夫作晚香会,觞咏为乐者数年。(《俨山集》卷七一、《(同治)上海县志》卷一八)

华亭李霆投诗归乡,与孙承恩、宋恺、苏恩结社赋诗。(《云间人物志》卷四附)

无锡秦金召为南京户部尚书,后与邵宝、顾可学诸人慕秦旭遗风,复举碧山吟社。(《明诗纪事》丁签卷六)

此际,刘储秀与薛蕙、胡侍、张治道在京师结诗社,都下号"西翰林"。(《明诗纪事》戊签卷一二、乔世宁《刑部主事太微张公治道墓碑》)

### 1525 年　乙酉　明嘉靖四年

无锡顾可宗中举,与同邑王召、钱宪结肆情之社,日夕游娱。(《锡金识小录》卷一〇)

### 1526 年　丙戌　明嘉靖五年

广州顺德有紫霄诗社,县令林应聪主之。(《(光绪)广州府志》卷八五)

### 1527 年　丁亥　明嘉靖六年

冬,莆田郑岳、林茂达、林嘉绩等人修逸老会。(《徐氏笔精》卷七、郑岳《逸老会图记》)

### 1529 年　己丑　明嘉靖八年

此后,华亭李日宣久试不第,与里中高士结社赋诗。(何三畏

《李太学春楼公传》）

### 1531 年　辛卯　明嘉靖十年

归有光与同学诸人结文社，南北两社同日并举，有光每晨起赴南社，午后赴北社。（《梅花草堂集笔谈》卷四、《复社纪略》卷一、《归震川先生年谱》）

### 1532 年　壬辰　明嘉靖十一年

历城边贡卒，尝结有诗社。（边贡《送王载卿》）

### 1534 年　甲午　明嘉靖十三年

海盐董澐卒，尝与小瀛洲社。（《槜李诗系》卷一一）

冯裕致仕归，陈经丁忧里居，与石存礼、冯裕、黄卿等人结海岱诗社，有《海岱会集》。（《钦定四库全书总目》卷一八九、《山左明诗钞》卷八、《海岱会集》）

康海年六十，邀名妓百人，为百岁会，又名百年会。（《玉堂丛语》卷七、《列朝诗集小传》丙集）

### 1535 年　乙未　明嘉靖十四年

春，永新周法、贺谨新、李承重、贺梦周立文会，间月为会。（邹守益《书永新文会约》）

### 1537 年　丁酉　明嘉靖十六年

刘赟、许梦兆两家子以同年集为同文之会，两人主之。（刘赟《明鄢城儒学训导巽庵许公洎配冯氏董氏姚氏合葬墓志铭》）

徽州知府冯世雍会士绅讲学于斗山书院，此际歙县尚有呆山、玉泉、南山诸文会，分相颉颃。（《（民国）歙县志》卷一六、《歙事

· 459 ·

闲谭》卷一、《（道光）徽州府志》卷三）

**1538年　戊戌　明嘉靖十七年**

春，归有光与诸友会文于昆山野鹤轩。（归有光《野鹤轩壁记》）

**1539年　己亥　明嘉靖十八年**

华亭李日章罢归，日与高人结社赋诗较奕。（徐阶《明故中宪大夫山东按察司副使海楼李公墓志铭》、何三畏《李观察海楼公传》、《云间人物志》卷四）

**1541年　辛丑　明嘉靖二十年**

华亭富好礼投绂归，自号峰泖主人，与乡绅数辈为耆英社。（莫如忠《故中宪大夫四川按察司副使春山富公行状》、《云间志略》卷一一）

李开先罢官归里，即主盟词社，与乡人唱和。（李开先《醉乡小稿序》《东村乐府序》《归休家居病起蒙诸友邀入词社》）

**1542年　壬寅　明嘉靖二十一年**

华亭陆深家居，喜事吟咏，与张拙、冯淮诸人结为社友。（《云间人物志》卷二、《（嘉庆）松江府志》卷六二）

歙县王寅首倡天都社，与者程诰、方弘静、郑玄抚等十余人。（《黄山志定本》卷二、《歙事闲谭》卷一三、《（民国）歙县志》卷一○）

此际，海盐徐咸致仕归，招同邑朱朴、钱琦、吴昂等十人，结为小瀛洲社，又称小瀛洲十老社，有《小瀛洲社诗》行世。（《嘉禾征献录》卷三五、《小瀛洲十老社诗》、《钦定四库全书总目》卷一

九三)

## 1543年　癸卯　明嘉靖二十二年

此前，关中马汝骥与何良傅、顾璘、徐献忠、张之象诸人结有诗社。(《(光绪)重修奉贤县志》卷一一)

归安唐枢发起逸老会，并首举秋社，凡二十四会，历时十三年。(《岘山志》卷四、刘麟《逸老堂碑记》《逸老堂社约》)

嘉靖中，上元司马泰致仕归，约同志为雅会，得诗四十八首，题曰《三余雅会录》。(《金陵通传》卷一四)

嘉靖中，布衣汪少廉与范如珪、吴士龙结有诗社。(《(道光)休宁县志》卷一四)

## 1544年　甲辰　明嘉靖二十三年

逸老会举春社于湖州西俞氏园亭，主之者陈良谟；举秋社于包氏园亭，主之者朱云凤、韦商臣。(刘麟《逸老堂碑记》)

## 1545年　乙巳　明嘉靖二十四年

张瀚因劾严嵩而削籍家居，与李奎、朱九疑、沈仕等人结湖南吟社。(《(雍正)西湖志》卷一六、《湖上编》、《奚囊蠹余》)

逸老会举春社于岘山，主之者顾应祥、刘麟，自是以为常。主秋社者蒋瑶、施佑。(刘麟《逸老堂碑记》)

## 1546年　丙午　明嘉靖二十五年

此前，李奎游京师，结有玉河社。(李奎《马怀玉席上留别玉河社友》)

逸老会举春秋二社，主春社者王椿、孙济，主秋社者吴廉、李

丙。(刘麟《逸老堂碑记》)

方九叙与田汝成、张文宿、沈仕等八人结社西湖,有《西湖社选》。(方九叙《西湖八社诗帖序》、《本朝分省人物考》卷四三)

### 1547 年　丁未　明嘉靖二十六年

逸老会举春社,主者蔡玘、唐枢。逸老堂成,刘麟为之记。(刘麟《逸老堂碑记》)

李先芳与殷士儋、李攀龙、谢榛等人结社京师。(于慎行《尚宝司少卿北山李公先芳墓志铭》)

四月,王世贞观政大理寺,李先芳延之入社。(《明史》卷二八七、《弇州山人年谱》)

逸老堂会举秋社,值蒋瑶八十寿辰,众人各赋诗歌,并绘为一图。(顾应祥《岘山十五老图记》)

### 1548 年　戊申　明嘉靖二十七年

南海唐达斋、邓沃泉、周荔湾等人与何维柏父结九老会。(《钦定四库全书总目》卷一七七、《广东新语》卷九)

王世贞为刑部郎,同舍郎吴峻伯、王新甫、袁履善进之于社。(王世贞《艺苑卮言七》)

### 1550 年　庚戌　明嘉靖二十九年

谢榛、徐中行、梁有誉、宗臣先后入王世贞、李攀龙社。(《弇州山人年谱》)

### 1552 年　壬子　明嘉靖三十一年

此前,章丘张锜尝与乡老结社游宴。(李开先《张寿翁传》)

春,李攀龙、王世贞、谢榛、徐中行、梁有誉、宗臣举诗会,

绘有《六子图》。(《诗家直说》卷四)

六、七月间,梁有誉以病告归,谢榛出都,李攀龙倡为《五子诗》。(《弇州山人年谱》)

七月,徐中行引吴国伦入社,与王世贞、李攀龙、宗臣续举社事。(吴国伦《复王敬美书》、钱大昕《嘉靖七子考》)

七、八月间,王世贞出使江南,李攀龙、宗臣、徐中行、吴国伦举会饯行。(吴国伦《送元美使淮便过吴中四首》、王世贞《别于鳞、子与、子相、明卿十绝》)

此际,上海唐本尧与诸名士结社,刻意为文。(何三畏《唐侍御父子传》)

**1553年 癸丑 明嘉靖三十二年**

梁有誉与欧大任、黎民表、吴旦、李时行复举南园诗社,世称南园后五先生。(《(民国)番禺县续志》卷四〇、《粤东诗海》卷二二、《南园后五先生诗》)

梁有誉与欧大任、黎民表、吴旦、陈绍文、陈其具等修粤山诗社。(《钦定四库全书总目》卷一九二、《(同治)番禺县志》卷三九、欧大任《梁比部传》)

**1554年 甲寅 明嘉靖三十三年**

广东何维柏家居,有馈佳味者,其父延里中九老宴集。(《广东新语》卷九)

无锡秦瀚与顾可久、华察、王瑆等人修复碧山吟社。(《从川公年谱》、徐阶《重复碧山吟社记》、陈彦生《复碧山吟社序》)

华亭唐志大为避倭祸,携家避居吴兴,与徐献忠、董宜阳辈结社赋诗。(何良傅《南京行人司左司副唐公志大墓志铭》、《(同治)湖州府志》卷九〇)

王世贞延余曰德入社。（王世贞《艺苑卮言七》、《弇州山人年谱》）

李先芳艰归回京，迁刑部郎中，与王世贞、宗臣、徐中行诸人朝夕倡咏，期为复古。（于慎行《尚宝司少卿北山李公先芳墓志铭》、《（康熙）山东通志》卷二八）

### 1555年 乙卯 明嘉靖三十四年

王世贞延张佳胤入社。（王世贞《艺苑卮言七》、《弇州山人年谱》）

高应冕免官归，与沈仕、马三才、李奎等人举孤山吟社，时茅坤罢官归隐，应邀入社。（李奎《孤山吟社》、茅坤《大雅堂记》）

此际，高岱、徐学谟阑入王世贞社。（王世贞《陈于韶先生卧雪楼摘稿序》）

### 1556年 丙辰 明嘉靖三十五年

顺德梁有誉卒，尝与黎民表、欧大任诸人结有诃林净社，又订有雅约会。（《（民国）番禺县续志》卷四〇、《（光绪）广州府志》卷八四）

张时彻致仕家居，与屠隆、沈明臣、余寅等人举甬上诗社。（《鲒埼亭集外编》卷二五、《甬上耆旧诗》卷八、屠隆《秋雨怀张司马公社中诸友十二首》）

### 1557年 丁巳 明嘉靖三十六年

华亭王科归休，与同邑冯南江、沈凤峰、李南湄、张全山诸人结为八老会。（何三畏《王刺史南冈公传》）

洛阳朱朝用解官归里，与董尧封暨诸耆旧为会，笑乐于樽酒之间。（孙应奎《明故登仕郎德州安德水驿驿丞瀍溪朱君墓

志铭》)

## 1558年　戊午　明嘉靖三十七年

此前,番禺王渐逵、南海伦以训结有越山诗社。(《广东新语》卷一二)

王邦瑞与詹椿、李天伦、孙应奎等人举八耆会,又名续真率会。(《(乾隆)洛阳县志》卷二四、刘赞《初服会序》)

此际,朱曰藩、何良俊、金銮等人复举青溪社,谓为金陵社事之初盛。(《列朝诗集》丁集卷七、《明诗纪事》戊签卷八)

## 1560年　庚申　明嘉靖三十九年

无锡尤锽与张与时、孙以德辈七人为同心社,后改入惜阴社,共廿四人,至万历十一年始散。(《梁溪诗钞》卷一〇)

## 1561年　辛酉　明嘉靖四十年

此际,华亭高士为娱老亲邀致诸父执故人为文酒之会。(何三畏《高吏部南洲公传》、《(光绪)重修华亭志》卷一二)

## 1562年　壬戌　明嘉靖四十一年

昆山归正卒,尝与里中结社,社中人敬其德,称其别号曰"岫云"。(归有光《请敕命事略》)

华亭何良傅卒,尝与朱大章、张之象、董宜阳、何良俊等结社倡和。(何三畏《云间两异人传》、《(光绪)重修奉贤县志》卷一一)

闽人祝时泰游于杭州,与其友结诗社西湖上,凡会吟者八,时泰与高应冕、方九叙、童汉臣、王寅、刘子伯、沈仕等分主之,分春社、秋社二目,唱和诗编为集。(《西湖八社诗帖》、《钦定四库全

书总目》卷一二)

## 1563年　癸亥　明嘉靖四十二年

春,欧大任以明经入贡,与王家驭结社课文。(欧必元《家虞部公传》)

## 1564年　甲子　明嘉靖四十三年

欧大任循资授江都文学椽,至隆庆三年迁河南光州学正,其间与陆弼、茅溱、郭第等人修有竹西社,又与陆弼结有广陵社。(欧必元《家虞部公传》、王世贞《陆无从茂才自扬州乞文,以赠歙人吴惟登,得三绝句与之。生高于诗,与欧博士桢伯为广陵社》)

## 1565年　乙丑　明嘉靖四十四年

松江盛当时登甲,此前与同郡林景旸、董传史、王相、钱良辅、李昭祥、陆万钟辈举有十人社。(《南吴旧话录》卷二三、何三畏《陆大参敬斋公传》)

## 1566年　丙寅　明嘉靖四十五年

此前,京山李维桢尝与郝承健诸人结社。(李维桢《奇正篇序》)

此前,临朐冯惟敏尝结海岳吟社于京口。(冯惟敏《海岳吟社诗叙》)

此前,鄞县杨茂清与戴鲸举有甬上诗社。(《鲒埼亭集外编》卷二五、《甬上耆旧诗》卷一三)

嘉靖间,江阴有大雅堂诗会。(《(光绪)江阴县志》卷三〇、《(民国)江阴县续志》卷二五)

嘉靖间，莆田有木兰诗社。(《(民国)莆田县志》卷二九)

嘉靖间，宝应刁佽尝与数老结社歌诗。(《(道光)重修宝应县志》卷一八)

嘉靖间，常熟有虞山十杰社，实际参与者则不止十人。(《(光绪)常昭合志稿》卷二五)

嘉靖后期，华亭倪邦彦致政后辟园北郭，结社赋诗。(《云间人物志》卷二)

嘉靖后期，华亭董志学告归，结社赋诗，杜门课子。(《云间人物志》卷三)

嘉靖后期，华亭莫如忠居里，与郡中九老耆英举有真率之会。(何三畏《莫方伯中江公传》《莫文学芳亭公传》)

嘉靖末，南海霍与瑕主有西樵诗社。(《(光绪)广州府志》卷八四)

嘉靖末，顺德黄朝聘、朝宾兄弟主有海西诗社。(《(光绪)广州府志》卷八五)

嘉靖末，惠安黄克晦举家避倭患于泉州，与当地名流词章唱酬，结有社事。(周良寅《明黄吾野先生墓志铭》)

嘉靖末，上元李登改崇仁教谕，立社与诸生讲明邹鲁之学。(《金陵通传》卷一八)

嘉、隆间，长兴姚一元作逸老续社，与者四十人。(《全浙诗话》卷三九、《岘山志》卷四)

嘉、隆间，广州梁绍震结有君子社。(《(光绪)广州府志》卷八五)

嘉、隆间，华亭陆郊与莫方伯谈诗有契，订为社盟。(何三畏《陆山人三浦先生传》)

嘉、隆间，上海张所敬尝与冯子乔结社。(何三畏《张文学长舆先生传》)

嘉、隆间，陈仁甫、李元甫、李惟寅、李本宁、康裕卿、管建初、梁思伯诸人在京师结有七子社。（陈栢《七子诗序》）

## 1567年　丁卯　明穆宗隆庆元年

梁辰鱼、莫是龙在南京举鹫峰诗社，与者四十余人。（莫是龙《怀友七首序》、孙齐之《社中新评》）

艾穆与谢道亨督恒阳书院，两人缔为文社友。（艾穆《谢道亨会稿序》）

隆庆初，陈晋卿、许公旦、顾茂善等人举有知社。（《梅花草堂集笔谈》卷四、《复社纪略》卷一）

## 1568年　戊辰　明隆庆二年

此前，沈启与张瀚、陈羽伯、朱汝一、孙文揆等人结有白云楼社。（焦竑《吏部尚书张恭懿公瀚传》）

洛阳朱用与王正国、刘赟、刘衍祚等人创修惇谊会，又名敦谊会。（《（乾隆）洛阳县志》卷二四）

## 1569年　己巳　明隆庆三年

莆田有耆老会，凡八人，会有集。（《徐氏笔精》卷七、《厄林》卷四）

## 1570年　庚午　明隆庆四年

汪道昆抚治郧阳等处，此前在歙县举有丰干社。（《歙事闲谭》卷五、汪道昆《丰干社记》、屠隆《方建元传》）

此际，松江有十八子社。（《静志居诗话》卷二一、《南吴旧话录》卷二三）

至万历四十四年间，昆山顾元宰、元亮兄弟结有社，张大复入

之。(《梅花草堂集笔谈》卷一二)

## 1571年 辛未 明隆庆五年

费懋谦、朱孟震、唐资贤等人复修青溪社,有《青溪社稿》。(《列朝诗集》丁集卷七、《玉笥诗谈》卷上、朱孟震《停云小志》)

## 1572年 壬申 明隆庆六年

此前,福清叶广彬尝与兄广才、邑人薛廷宣等结社谈诗。(《(乾隆)福建通志》卷四九、《苍霞草》卷一五)

隆、万间,无锡文社最盛,其尤著者曰惜阴社,共二十四人。(《锡金识小录》卷四)

隆、万间,杨彦履、李补之、钱笔阳、王显甫、张伯复、高元锡结为七子社。(《南吴旧话录》卷二三)

此际,南翔赵陆、徐爵、陆淙、徐勋、张乐、董儒、朱梓、陆球八人耄耋相望,日杯酒谈笑以相娱乐,结为八老人社。(唐时升《记八老人社诗序》、《(万历)嘉定县志》卷二二)

## 1573年 癸酉 明神宗万历元年

此前,长洲魏学礼以贡入太学,与刘凤游,结社相倡和,有《比玉集》。(《玉笥诗谈》卷下)

此前,常熟归谟尝与乡缙结社。(徐栻《鸿胪寺序班百泉归公墓志铭》)

华亭彭汝让中副榜,此前与冯梦祯、唐元征诸人结有春藻堂文会。(《(光绪)重修奉贤县志》卷一一、卷一六)

陈芹解组石城,与吴子玉、魏学礼、莫是龙等复修青溪社,是谓金陵社事之再盛。(《列朝诗集》丁集卷七、《玉笥诗谈》卷上、朱孟震《停云小志》)

华亭盛当时解官归，与二三友人及乡先生王洪洲、陆自斋、林弘斋、唐纯宇数辈结社赋诗，流连棋酒。（何三畏《盛佥宪淳庵公传》）

万历初，钱镇与茅坤、孙铨、沈应登等人复举逸老续社。（《岘山志》卷四）

万历初，崇德宋旭游云间，从陆树声、莫如忠、周思兼结社赋诗。（《（乾隆）娄县志》卷三〇、《（乾隆）江南通志》卷一七二、《嘉禾征献录》卷四九）

万历初，石埭毕锵为避江陵辞官家食，常招朋结社以续古人芳贤。（查铎《贺毕夫人六旬寿叙》）

## 1574年 甲戌 明万历二年

至十九年间，歙县方君式、潘玄超、潘元仲、汪景纯、方子中、程用修六人结有颖上社，潘之恒、方以巽入之。（汪道昆《颖上社记》、李维桢《颖上社草后语》）

## 1575年 乙亥 明万历三年

此际，昆山陈王道谢政归，结社东林。（《昆新两县续修合志》卷二六）

## 1577年 丁丑 明万历五年

至十年间，郭棐致仕家居，与同乡陈堂、姚光泮结浮邱诗社，张廷臣、黄志尹、邓时雨、王学曾等十六人与之，赵志皋、冯绍京亦与其事。（《粤台征雅录》、《（民国）番禺县续志》卷四〇、《广东新语》卷一二）

## 1578年 戊寅 明万历六年

茅坤再过西湖，与马松里、沈淮、李奎等人复举集会，有《西

湖秋社诗》。(茅坤《西湖秋社诗序》)

陈愈嘉与马省庵、叶润宇、徐门岩等人相与操觚结社。(蔡献臣《徐州学正陈溪南先生暨配孺人吴氏墓志铭》)

屠隆知青浦县,与邑中布衣交盟,结有云水社。(何三畏《青浦令赤水屠侯传》)

## 1579年　己卯　明万历七年

高安陈汝锜结社山中为制义。(《甘露园短书》卷五)

松江张齐颜领乡荐,益发愤下帷,联诸名公作七子偕游社。(《云间人物志》卷四)

钱立投劾归,时与二三朋旧结社湖山间。(《(雍正)西湖志》卷二一、李廷机《中宪大夫广西按察司副使钱公立墓志》)

## 1580年　庚辰　明万历八年

汪道昆解组归,举白榆社,凡二十余人,历时十余年。(李维桢《鸾啸轩诗序》、龙膺《汪伯玉先生传》、周弘禴《白榆社诗草序》)

龙膺官徽州,入汪道昆饩中社,时方弘静诖入仕,道昆再三招致,匿谢不往。(《列朝诗集小传》丁集上、《明诗纪事》庚签卷一三)

## 1581年　辛巳　明万历九年

七月,嘉定徐汝廉与殷少方、顾春阳、潘仁卿、殷无美、严聚甫诸人盟立文章社,社有规。(徐允禄《文章社规序》)

## 1582年　壬午　明万历十年

宣城沈懋学卒,尝与高维岳、梅鼎祚结有敬亭诗社。(《(光绪)宣城县志》卷一八)

偃师冯启昌约庞焦诸公为同志雅会。(赵之德《明故恩诏寿官贞庵冯公墓志铭》)

公安龚仲敏主阳春社，袁宏道、袁宗道、袁中道入之。(《袁中郎年谱》、袁宗道《送夹山母舅之任太原序》、袁中道《吏部验封司郎中郎先生行状》)

此后，嘉定有竺林院社，不逾月而社草成帙，题为《竺林院社业》。(徐允禄《题竺林院社艺》)

## 1583年　癸未　明万历十一年

陆镇嘿子弟结广社。(陈仁锡《儿课小引》)

至次年间，休宁江东之、程道东修聚星文社，江世东、江湛然继襄其事。(《橙阳散志》卷八、程道东《聚星文社序》、江东望《建聚星文社馆序》)

## 1584年　甲申　明万历十二年

瞿汝说与邵濂、瞿纯仁、钱谦益等人立拂水文社，以清言名理相矜尚。(《(康熙)常熟县志》卷二〇、瞿式耜《显考江西布政使司右参议达观瞿府君行状》、钱谦益《瞿元初墓志铭》)

汪道昆结肇林社，供役者十二人，听经者百余人，缙绅学士十余人。(《(民国)歙县志》卷一六、龙膺《汪伯玉先生传》、汪道昆《肇林社记》)

偃师高诗授固原州同知，以世路险巇，解组归田，与邑中耆硕数人为洛下会。(武大宁《明故承德郎陕西固原州同知高公暨配儒人申氏合葬墓志铭》)

## 1585年　乙酉　明万历十三年

仁和张瀚致仕，归隐武林，约里中诸缙绅修怡老会。(《武林怡

老会诗集》）

潘之恒秋试落榜，之后常在南京、杭州等地读书，其间结有芝云文社。（李维桢《芝云社稿序》）

汪道昆由武林趋吴会，即次西湖，四方之隽不期而集者十九人，于是有中秋之会。（汪道昆《南屏社记》）

十月至次年正月，潘之恒结冬于秦淮者三度，所主顾氏馆会，凡群士女而奏伎者百余场。（潘之恒《初艳》）

## 1586 年　丙戌　明万历十四年

此前，吴江叶重弟卜居湖渚，结文坛酒社。（《叶天寥自撰年谱》）

此前，青浦张以诚结同志为文社，专精制举言。（何三畏《张宫谕瀛海公传》）

秋，卓明卿结南屏社于西湖，推汪道昆主盟。（卓明卿《南屏社序》、汪道昆《南屏社记》）

八月，汪道昆、屠隆、卓明卿、徐桂等聚集西湖慈净寺，创西泠社。（《枣林杂俎》圣集、《人海记》卷下、屠隆《西泠社集叙》）

至次年间，包山陆文组寓居震泽，与沈季文、沈瓒犹、周祖等人结有诗社。（《（乾隆）震泽县志》卷三七）

## 1588 年　戊子　明万历十六年

王思任与巢必大在京师盟社，时思任年仅十四。（王思任《知希子诗集序》）

## 1589 年　己丑　明万历十七年

此际，王回、袁中道、王官谷等人在公安结社。（袁中道《传神说》）

洛阳刘赟诸人继八耆会后，续举初服会。（刘赟《初服会序》）

程可中与梅季豹、何无咎、潘景升同盟于长安。(《列朝诗集小传》丁集下)

此后，绍兴俞不全、工公路、王升之诸人结有萃社。(王思任《萃社草叙》)

**1590 年　庚寅　明万历十八年**

蔡献臣从父游南都，尝结社课文。(蔡献臣《诗经制义自叙》)

**1591 年　辛卯　明万历十九年**

此后，袁中道与王回、崔二郎、袁论道等人结有酒社。(袁中道《回君传》《赠崔二郎远游序》《亡堂兄论道志铭》)

**1592 年　壬辰　明万历二十年**

龚大器致仕家居，遂率诸子甥结南平社。(《(同治)公安县志》卷六、《袁中郎年谱》、袁中道《龚春所公传》)

**1593 年　癸巳　明万历二十一年**

山阴徐渭卒，尝与车任远、杨秘图、葛易斋七人仿竹林佚事，结为社友。(《(光绪)上虞县志》卷九)

樊山王朱翊鏋卒，与其兄翊鈫、翊鏖皆工诗，兄弟尝共处一楼，号花萼社。(《明史》卷一一九)

二月，陈继儒以桐圭竣命，有燕山之役，社友何士抑诸君属其为文。(陈继儒《贺张裕斋荣转常熟令序(代)》)

五月，袁中道携丘长孺同往武昌，于重九日结文酒之会。(袁中道《寿南华居士序》、《武昌逢潘景升》诗、《书王伊辅事》)

潘之恒游学至武昌，与袁中道、丘坦、王伊辅等人结社五咏楼，又与张无疆、葛更生、张永卿等结郢中社。(潘之恒《郢中社

诗序》《武昌曲八首》《今夕行,同吴皋倩、王任仲、丘长孺、袁小修饮五咏楼赋》)

钱塘虞淳熙以拾遗论劾罢归,与冯梦祯、释袾宏、虞淳贞等人结放生社于西湖,又名胜莲社。(《(雍正)西湖志》卷二一、虞淳熙《胜莲社约》)

此际,殷都还里,结有文酒之会,饮酒赋诗以为乐。(娄坚《职方殷开美丈七十寿序(代)》、《合祭殷职方无美文》)

**1594年 甲午 明万历二十二年**

清明,袁宗道诸舅率袁氏兄弟出东门踏青,结社二圣寺。(《(同治)公安县志》卷六、袁宗道《二圣寺游记》和《结社二圣寺》)

龙膺过真州,修举横山诗社,推陆弼为祭酒,有《横山社集》。(陆弼《銮江集序》)

顾宪成以廷推阁臣忤旨,削籍归,后结社于东林书院。(顾宪成《又简修吾李总漕》、《简高景逸大行人》)

**1595年 乙未 明万历二十三年**

春,公安"三袁"集聚都门,与王图、汤显祖、董其昌等人结社。(《游居柿录》卷六、卷九)

四月,袁中道出游云中,与当地官员将领结社校猎。(袁中道《哭若霞》、《梅大中丞传》)

袁中道游吴返乡,绍续酒社。(袁宗道《寄三弟》)

万历中期,游太初与吕姚州、曾长卿、刘兆隆等人在楠木山结诗社,潘之恒入之。(李维桢《楠山社草引》)

万历中期,罗万藻兄弟入汝南腾茂文社。(罗万藻《汝南明业社序》)

万历中期，无锡施策归，与林居胜流为希古会，继响碧山三十年。(《梁溪诗钞》卷九)

万历中，洛阳王正国、刘衍祚、沈应时等十一人继初服会后，复修澹逸会。(《(乾隆)洛阳县志》卷二四)

万历中，上元李登与姚汝循起白社、经社、游社、长干社，同社者旧四十人。(《金陵通传》卷一八)

万历中，上元王文耀结画社于秦淮，入社者多名流。(《金陵通传》卷一八)

万历中，青浦陆孝思、钱岳皆长于诗，唱和为社。(何三畏《云间诗人传》)

万历中，上海黄一岳尝从二三故人结社赋诗，足不入公府。(《云间人物志》卷四)

万历中后期，黄居中及其弟子在南京组织白门诗社。(李维桢《黄明立集叙》《白门社集序》《赠白门社中诸君》)

万历中后期，武林闻子与创立月会，按月举会。(严武顺《月会约》)

万历中后期，毗陵陆君可侨居京师结有诗社，有《蓟门社草》，谢肇淛序之。(谢肇淛《蓟门社草序》)

此后，华亭陆彦桢与诸曹知厚者结社，以商国家经济之务。(何三畏《陆考功中阳公传》)

## 1596 年　丙申　明万历二十四年

嘉善知县章士雅举耆英胜会，以示敬老。(《(光绪)重修嘉善县志》卷三五)

## 1597 年　丁酉　明万历二十五年

归安尹梦璧下第归，与卢志庵、庞尚古诸人举五亭雅社。

(《(同治)湖州府志》卷七五)

冬，袁中道下第游长安，馆于宗道所，时招良朋胜友聚乐。(袁中道《游居柿录》卷三)

此际，嘉定严乐山与朱济之诸老结有酒社。(娄坚《严乐山先生八十寿序》《朱济之兄六十寿序》)

## 1598年　戊戌　明万历二十六年

象山邵景尧登进士，此前尝与甬上杨守勤等结社赋诗，号浙东十四子。(倪劢《彭姥诗蒐》)

公安"三袁"结蒲桃社于京师崇国寺。(《袁中郎年谱》、袁中道《石浦先生传》《吏部验封司郎中中郎先生行状》)

华亭陆从平以齿老归，结真率社以觞咏。(王圻《明故大中大夫自斋陆公行状》、何三畏《陆运长自斋公传》、《云间人物志》卷四)

## 1599年　己亥　明万明二十七年

此际，湖广魏太易诸人结有黄玉社。(谭元春《明茂才私谥文穆魏长公太易墓志铭》)

二月，袁宏道诸人冒寒游崇国寺。(袁宏道《答梅客生》)

## 1600年　庚子　明万历二十八年

陈际泰、艾南英、章世纯、罗万藻、蔡国用等人倡立新城大社。(陈际泰《新城大社叙》《曾叔子合刻序》)

七月，冯梦祯赴放生会，韩求仲作主。(冯梦祯《快雪堂集》卷五八)

八月，俞策、虞淳熙、臧懋循、徐桂等十五人结社西湖。(《快雪堂集》卷五八)

嘉善支如玉中举，此后与同邑卞洪勋、冯盛世、孙茂芝、盛楸中、卞元枢、陆钟瑞结有社，称魏塘七子。(《(光绪)重修嘉善县志》卷三五)

至万历三十四年间，袁宏道在公安结有花社。(袁宏道《浣溪庄落成，同社中诸友赋》)

## 1601 年　辛丑　明万历二十九年

此前，毕木与王云石、韩约庵、孟对轩等结社青云寺，试辄高等。(毕自严《先君黄发翁传》)

嘉定有王善继补嘉定学，与士子立社课文，品第甲乙。(何三畏《王太守达宇公传》)

此际，贺知讱子侄结有黄川文社。(冯梦祯《黄川社草序》)

## 1602 年　壬寅　明万历三十年

此前，归德沈鲤、扬允通、尹之才、乔巽甫、沈鳞结社于文雅台，每及社饮具有约言，勒编成《文雅社约》。(沈鲤《文雅社约序》)

黄辉辞职还乡，陶望龄借典试南中离开京师，蒲桃社遂告解散。(《万历野获编》卷一○、《游居柿录》卷五、陶望龄《辛丑入都寄君奭弟书》)

许孚远复修逸老续社，分春秋两社，集七邑冠盖，先后与者四十余人，咏诗讲学，斯为盛焉。(《岘山志》卷四)

太仓张士鲁与友四五人立文会，时年二十三。(张采《先兄敏生公状略》)

此际，歙县鲍应鳌尝与米万钟等人结有词社。(鲍应鳌《春夜偕谢友可、贺伯闇、张伯行、萧损之、乐尔律、米仲诏集石丈斋分黄字》、《送米仲诏补任铜梁十绝》)

## 1603 年　癸卯　明万历三十一年

闽中曹学佺、陈仲溱、陈荐夫等人社集频频，曹学佺命之曰芝社。（曹学佺《芝社集》）

曹学佺结瑶华诗社。（曹学佺《瑶华社诗分得钗字》）

洛阳刘衍祚继举崇雅会，与者十二人。（《（乾隆）洛阳县志》卷二四、刘泽演《崇雅会序》）

中秋，阮自华除福州推官，大会词客于邻霄台，推屠隆为祭酒，宴集之盛，传播海内。（《列朝诗集小传》丁集上、谢兆申《岩岩五章小序》）

## 1604 年　甲辰　明万历三十二年

此前，华亭林景旸常邀文士与其子同学，修举文社以课文。（《南吴旧话录》卷二三、《（乾隆）江南通志》卷一九五）

无锡安绍芳卒，尝与友人结社。（《明诗纪事》庚签卷二七）

夏，袁宏道、袁中道偕诸方外交结香光社。（袁中道《荷叶山房销夏记》《书雪照册》《书雪照存中郎花源诗草册后》）

中秋，朱承綵集文士一百二十人、侍席妓女四十余人开金陵大社。（《列朝诗集小传》丁集上）

八月，袁宏道从荷叶山来德山，结有青莲社。（袁宏道《游德山记》《德山麈谭小引》）

逸老续社寻废，后置社田，所征之租供举会之用，社事遂衍为乡社之制。（陈幼学《岘山逸老堂社田记》）

## 1605 年　乙巳　明万历三十三年

秀水冯梦祯卒，尝与吴之鲸、胡休仲、卓去病、释佛石诸人结有澹社，又与释行愆、朱国祯、董斯张等结有方外社。（吴之鲸《澹社序》、《静志居诗话》卷二三）

479

华亭陆树声卒，晚年尝与王淶辈相与结耆英社。（何三畏《王中牟留庵公传》）

高淳邢昉年十六，与里中胡印度、李武冶先生结社课诗文。（《邢孟贞先生年谱》）

此际，范文若、许士柔、孙朝肃、冯明玠诸人承拂水文社遗韵，举拂水山房社。（《南吴旧话录》卷二三）

此际，孟津陈耀缔有社。（王铎《祭陈具茨母舅文》）

**1606年　丙午　明万历三十四年**

此前，连心泉诸人结九老社于虞山之下，月一宴集。（邵圭洁《心泉连先生墓志铭》）

此前，昆山归子慕尝与时辈结社。（《（同治）苏州府志》卷九四）

曹学佺诸人在金陵三举社事，谓为金陵社事之极盛。（《列朝诗集》丁集卷七）

至三十八年间，潘之恒复修天都社，推方弘静主盟，与者黄玄龙、王之杰、鲍正元、丁自宣、丁虞采等。（《黄山志定本》卷二）

至三十八年间，潘之恒与黄山法海庵僧法藏上人倡为普门社。（潘之恒《普门缘起》）

至天启三年间，陈廷佐时与二三知己结唱和之社。（蔡献臣《诰封中宪大夫知府仰台陈公暨配封恭人许氏墓志铭》《寿封廷评陈仰台翁开八袠序》）

**1607年　丁未　明万历三十五年**

东阿于慎行卒，尝在南京修有瀛洲会。（于慎行《九日留都瀛洲会集呈诸馆丈》诗）

春，宗臣出为福建布政司参议，王世贞诸人在京师所举社事遂

解。(宗臣《报子与》)

夏，袁宏道诸人在京师城西结藕花社，以销夏避暑。(袁宏道《刘元定诗序》)

上海张肇林登进士，后因事罢归，读书结社于华严庵。(《(乾隆)上海县志》卷七)

**1608年　戊申　明万历三十六年**

闽中荔枝大丰，谢肇淛、徐㷆、蒋子梁、吴元化、马季声诸人倡为餐荔会，以啖荔为乐。(谢肇淛《餐荔约》)

东莞何俭、邓云霄诸人结凤台诗社。(邓云霄《春夜与社中诸君凤台言别因留赠》)

此后，归安茅元仪初入金陵，作午日秦淮大社，赋得《午日题诗吊汨罗》，声名大噪。(《因树屋书影》卷二)

至三十九年间，李维桢子侄、外甥及当地名士结有淡成文社。(李维桢《淡成社草序》)

**1609年　己酉　明万历三十七年**

侯官陈益祥卒，在世时先后与袁表、赵世显、林世吉、王湛结玉鸾社，与徐㷆、陈荐夫、谢肇淛、曹学佺等结芝山社，与范允临、莫云卿、沈野等结鹿草社。(陈仲溱《履吉先生行状》)

袁中道出游至武昌，复举酒会。(袁中道《游洪山九峰记》《东游日记》)

袁中道东游金陵，举冶城大社。(《游居柿录》卷三、袁中道《东游日记》、钟惺《赠唐宜之置颖上县事序》)

江阴尹嘉宾乡试归，自负必第一，与同社饮于君山。(《(光绪)江阴县志》卷一八)

南昌邓文明与陆弼、谢山子、夏玄成诸人结淮南社，历时三载，唱和诗编成《淮南社草》。时李维桢以急难侨寓广陵，被招入社。(潘之恒《淮南社草序》、李维桢《陆无从集序》《米廷评入淮南社，得踪字》)

南京狎客与杨璆诸姬为十二钗会，声动白下。(潘之恒《杨璆姬传》)

此际，余杭三严创立小筑社，闻子将、杨兆开、邹孟阳等与之。(《(民国)余杭县志》卷二六、黄宗羲《郑玄子先生述》)

**1610 年　庚戌　明万历三十八年**

韩敬告归，此前与张尔葆、沈德符、漏仲容诸人在京师结有噱社。(张岱《噱社》)

钱谦益、袁中道、李流芳、韩敬诸人赴京参加会试，试前诸人于城西极乐寺结社修业。(《游居柿录》卷三、钱谦益《贺中泠净香稿序》、袁中道《答韩求仲》)

王志坚在南京邀同舍郎为读史社，移日分夜如诸生时。(钱谦益《王淑士墓志铭》、《吴郡名贤图传赞》卷一二)

姚希孟与吴钟峦结社于毗陵。(姚希孟《端友集序》)

李维桢、米万钟结湛园社。(李维桢《米仲诏诗序》《送米廷评入京，家有湛园，余尝结社其中》诗)

此年或次年，谢肇淛在福州筑泊台，邀徐𤊹等同社十五人唱和，号泊台社。(谢肇淛《泊台社集记》)

此际，谭昌言升南京兵部主事，结有诗社。(《静志居诗话》卷一六)

此年和万历四十一年，赵南星结正心会，选有房稿，以示门人及儿子辈。(赵南星《正心会示门人稿后序》《正心会房稿选序》、李维桢《正心会语跋》)

此后，焦竑升南京司业，倡为长生馆会，钟惺与之。(钟惺

《长生馆诗引》)

### 1611年　辛亥　明万历三十九年

此前,朱昆季与性仁上人为弘扬佛法,结慧林社于黄山与白岳山之间。(李维桢《题慧林社卷》)

此前,青阳九子结饮和社,有《饮和社诗》一编。(李维桢《饮和社诗跋》)

此前,汪逸与陈季慈定布衣之交,结社唱和,有《桃花社集》。(李维桢《桃花社集序》)

袁中道修亭于玉泉山,结堆蓝佛社,释无迹、黄辉与之。(袁中道《堆蓝亭记》)

郑三俊知归德,与贾开宗结雪台会。(贾开宗《雪苑会业引》)

至四十二年间,袁中道数起华严会,念佛诵经,参禅悟道,与者四十余人。(《游居柿录》卷六)

### 1612年　壬子　明万历四十年

此际,华亭陈嗣元拂衣归,与故知数辈联社为杯酌。(何三畏《陈少参成所公传》)

### 1613年　癸丑　明万历四十一年

此际,昆山文社稍衰,王淑士、张宗晓辈力振之。(《梅花草堂集笔谈》卷四、《复社纪略》卷一)

广东顺德有冠裳会。(《顺德龙江乡志》卷四)

石仓曹学佺修石君社,与者十余人。(曹学佺《九日首举石君社,分得六麻韵》)

毗陵白绍光官常熟教谕,立五经社。(钱谦益《常熟县教谕武进白君遗爱记》)

吴县姚希孟南还,偕严栻读书芳树轩,结有文社。(姚希孟《芳树轩社艺序》)

苏惟霖购得金粟园,与释雪照举禅社于此。(袁中道《金粟社疏》)

## 1614年 甲寅 明万历四十二年

张汝霖、黄汝亨同官南京,立读史社,谭昌言等十余人与之。(《静志居诗话》卷一六、张岱《家传》)

潜山黄姓者立南岳文社。(蔡献臣《黄邑侯南岳社稿序》)

## 1615年 乙卯 明万历四十三年

此前,洛宁田理、朱宸、赵时亨等结五老会,亦称前五老会。(沈一贯《五老图序》、张鼎延《前五老图序》)

二月,朱多熿、朱谋㙔、朱谋㙣等王室后裔十人在南昌城外结龙光诗社,辑有《龙光社草》。(《静志居诗话》卷一)

春,曹学佺在闽中组织石仓社,直至天启元年仍有活动。(《小腆纪传》卷二六、《因树屋书影》卷四、谢肇淛《辛酉元日曹能始招偕同社石仓登高,分得四质》)

华亭唐汝询客居海上,得十二人为雅社,推张长舆为盟主。(唐汝询《雅社约序》)

此际,华亭张希曾与王洪洲、陆古塘、倪鸂庵、陆原泉、潘寅所、钱渐庵、王后阳、徐知白、何三畏等十数人结有诗酒社,时时相与唱和。(何三畏《张封公隆阳公传》《钱蓬莱渐庵公传》)

## 1616年 丙辰 明万历四十四年 后金太祖天命元年

此前,松江杜乔林、张鼐、李凌云、莫天洪、杜林诸人结有昙花五子社。(《社事始末》)

春,吴中俞安期侨寓三山,与闽中谢肇淛结春社。(谢肇淛

《春社篇序》)

松江莫俨皋、杜麟征、陈所闻、唐允谐等人有小昙花之约。(《社事始末》)

吕维祺任山东兖州推官,立山左大社,至万历四十六年刻有《鲁社十集制义》。(《明德先生年谱》卷一)

昆山张大复等九人结雪堂社。(《梅花草堂集笔谈》卷一三)

杨鹤主盟,袁中道、钟惺、龙膺诸人在京师举诗会,号曰"海淀大会诗"。(《游居柿录》卷一一)

此后,无锡华时亨结有剑光阁社。(张采《题剑光阁社》)

**1618年　戊午　明万历四十六年　后金天命三年**

斯一绪、徐一元、龚士骧、章有成、吴之器、陈大孚诸人结八咏楼社。(《金华诗录》卷三八)

袁中道任徽州府学教授,结松萝社。(袁中道《午日汶溪观竞渡,大会松萝社诸君子二律,用真韵》)

休宁汪元义、汪元臣邀袁中道入书社。(《游居柿录》卷一三)

上海施绍莘结有苎城诗社。(施绍莘《赠别和彦容作》《杨花》)

**1619年　己未　明万历四十七年　后金天命四年**

此前,鹿善继结有聚星社。(鹿善继《寄社中友》)

歙县潘之恒客白门,僦居青溪,与李维桢、焦竑结青溪社,有《青溪社草》。(黄居中《潘髯翁戊己新集叙》)

此际,万应隆、吴应箕、沈寿民、沈士柱等倡文会,名曰南社。(《泾县志》卷一八、沈寿民《万道吉稿序》)

**1620年　庚申　明万历四十八年　光宗泰昌元年　后金天命五年**

此前,闽中陈仲文等十一人修有闻莺馆社。(徐𤊹《题闻莺馆

社集诗》)

此前，冯梦龙因科举不中而寄情青楼酒馆，妓女侯慧卿出嫁，梦龙作《怨离词》，同社和之，总名曰《郁陶集》。(《太霞新奏》卷七)

此前，冯梦龙立有韵社，社中诸人争以笑尚，推梦龙为笑宗。(韵社第五人《题古今笑》)

此前，宣州陆砥如尝结社乡之鳌峰上。(汤宾尹《陆伯子元兆阁草序》)

冯梦龙赴湖北麻城讲学，与梅之焕、陈无异立文社以研读《春秋》，刻有《麟经指月》。(冯梦龙《麟经指月·发凡》)

丁耀亢在苏州虎丘与陈元素、赵宧光共结山中社。(丁耀亢《野鹤自纪》)

万历间，南海霍益方主有四峰诗社。(《(光绪)广州府志》卷八四、《(道光)南海县志》卷二三)

万历间，孟津王价诸人结有奇社，与会者十人。(王价《中原奇社序》)

万历间，江阴有沧洲社，与者二十四人。(《(光绪)江阴县志》卷三〇、《(民国)江阴县续志》卷二五)

万历间，莆田许樵与同里吴元翰、张隆父、林希万、黄汉表、卢元礼、高彦升、陈肩之、林彦式诸人结有北山诗社。(《明诗纪事》庚签卷三〇、《全闽明诗传》卷三五)

万历间，上海李焕然与周思兼结社，道义相勖。(《(崇祯)松江府志》卷四二)

万历间，崇明张侯德与苕溪曹浴泉尝结社谭诗。(王锡爵《崇明所武德将军张侯德政记》)

万历间，奉贤顾谨茸园结社，觞咏其间。(《(光绪)重辑枫泾小志》卷五)

万历间，上海顾从义、从礼、从德三兄弟家自为社，饮酒赋诗。（何三畏《顾廷评研山公传》）

万历末，南京有白门新社，闽人谢雉辑《白门新社诗》八卷，凡一百四十人。（《列朝诗集》丁集卷七）

万、天之际，南通杨麓结有山茨社，范十山、孙皆山、胡麟兮、汤有光、范凤翼、凌潞庚诸人与之。（《明诗纪事》庚签卷三〇上、杨廷撰《一经堂诗话》）

万、天之际，瑞金杨以任四上南宫不第，与朱敬之、谢子起、谢士芳等六人结社赤水，号赤水六隽。（郑鄤《南京国子监博士杨惟节墓志铭》）

万、天间，嘉兴谭贞默集里中诸名士创立鸳社，与者三十三人。（《檇李诗系》卷二〇、《静志居诗话》卷一九）

万、天间，马君常、钱受之主有九龙、虞山二社，与竹西、小筑并称，有《四社合选》。（郑敷教《郑桐庵笔记补逸》）

## 1621年　辛酉　明熹宗天启元年　后金天命六年

宗室朱谋堚在南昌招人饮酒赋诗，结成白社。（《玉麈新谭·隽区》卷二）

杨兆隆等结为赤水四友社，既而增为赤水六友社，至天启四年始散。（陈际泰《刚慧居士传》）

天启初，释广来住余杭大安禅寺，与释断峰、释念空等结为诗社。（《（嘉庆）松江府志》卷六三、《（光绪）重修华亭县志》卷二二）

## 1622年　壬戌　明天启二年　后金天命七年

此前，海宁潘陈忠与葛征奇、张次仲结攻玉堂社，读书元旦不辍。（《（民国）海宁州志稿》卷二九、《（民国）杭州府志》卷一四四）

吕维祺归新安和亲，立芝泉会。(《明德先生年谱》卷一、吕维祺《芝泉会约二》)

张岱设斗鸡社于龙山下，仿王勃《斗鸡檄》，檄同社。(《陶庵梦忆》卷三)

至次年间，河南新安吕孔学与同志仿香山、耆英，结社以乐天年。(吕维祺《仁孝卷》)

**1623 年　癸亥　明天启三年　后金天命八年**

此前，全天叙创甬上诗社，绘有图。(全祖望《林泉雅会图跋二》《林泉雅会图石本跋》)

此前，高安陈邦瞻尝结社。(陈邦瞻《留别同社诸子》)

益都钟羽正辞官里居，举真率会，多至三十人。(《古夫于亭杂录》卷五)

**1624 年　甲子　明天启四年　后金天命九年**

此前，吴应箕、徐鸣时合七郡十三子之文为匡社。(《复社纪略》卷一)

此前，京山谭素臣及其内弟夏无生与同邑十五人结有静明斋社。(钟惺《静明斋社业序》)

钱塘谢肇淛卒，尝结金积园社。(谢肇淛《金积园社草序》)

公安袁中道卒，尝结续白莲社。(袁中道《书五台续白莲社册后》)

云间十七子结震社。(张溥《震社序》)

昆山张大复立归庵社，社有集。(张大复《归庵社草序》《归庵诗集序》)

冬，张采与张溥同过唐市，与杨彝、顾梦麟定应社约，杨廷枢、朱隗、周铨、周钟等人分主五经，又称五经应社。(《静志居诗

话》卷二一、计东《上太仓吴祭酒书一》、张溥《五经征文序》）

至次年间，叶昼游中州，与雍丘侯汝戢倡合八郡知名之士为海金社。（《因树屋书影》卷一）

## 1626年　丙寅　明天启六年　后金天命十一年

此前，谢寓中、林昂、林凡夫三人家福唐而为社金陵，结萍社，有《萍社草》。（李维桢《萍社草题辞》）

此前，袁寓庸等四人在江阴结有江阴四子社。（李维桢《江阴四子社稿序》）

此前，胡仲修以诗名吴越间，与邓原岳、朱家法结社酬唱，历有岁年。（李维桢《胡仲修诗序》）

京山李维桢卒，尝与青门社。（李维桢赋有《答季凤、尊生、子斗、宗侯赠诗，兼寄青门社诸子》）

曹学佺著《野史纪略》，忤阉党意，削籍归里，与陈衎、徐𤏡修有阆风楼诗社。（《静志居诗话》卷一九）

## 1627年　丁卯　明天启七年　后金太宗天聪元年

冒襄、郑元勋诸人结社邗上。（《冒巢民先生年谱》、冒襄《郑懋嘉中翰诗集序》）

太仓陈瑚年十五，与同志陆世仪、盛敬、江士韶结文会。（王埜《壑舟园稿》）

中秋之前，黎遂球、谢长文、卫付恺诸子为鸡坛盟，月必数会。（黎遂球《云合大社序》）

中秋，黎遂球、谢长文、苏元兆诸人创云合大社。（黎遂球《云合大社序》）

天启末，严调御、严武顺、严敕、闻启祥、冯延年诸人创立读书社，至顺治二年方绝，先后入社者近四十人。（丁奇遇《读书社

约》、黄宗羲《查逸远墓志铭》、黄宗羲《思旧录》)

天启间,汝南有明业社,与者十五人。(罗万藻《汝南明业社序》)

天启间,顺德梁元柱以疏劾魏阉罢归,复与陈子壮、黎遂球诸人开诃林净社。(《(民国)番禺县续志》卷四〇、《粤台征雅录》)

启、祯间,无锡高世泰等十二人结有征社。(《梁溪诗钞》卷一三)

启、祯之际,顾梦游从余大成游,联九经文会于小湖南。(宋楣《顾与治诗序》)

启、祯之际,临川陈际泰诸人举金石台大社,未几张采令临川,复振而作之。(陈孝逸《虚葬亡友刘文伯墓志铭》)

启、祯之际,闽中诗人立有萍合社。(徐𤊹《萍合社草序》)

启、祯之际,绍兴刘宗周削籍归,举证人社于塔山旁。(刘宗周《证人社约》、《明诗纪事》辛签卷四)

**1628年　戊辰　明思宗崇祯元年　后金天聪二年**

此前,桐城方以智与方文、吴道凝、孙临、钱秉镫、周歧等结有永社,又名泽社。(周歧《泽园永社十体序》、方以智《史汉释诂序》)

此际,吴昌时、钱梅诸人为推大社事,成立广应社,匡社、南社先后并入,莱阳宋氏、侯城方氏、楚梅黄氏遥相应和,应社之名,闻于天下。(《复社纪略》卷一、《静志居诗话》卷二一、张溥《刘伯宗稿序》)

春,徐介眉、顾重光、吴圣邻等科举士子集聚南京,纠合四方之士,订定因社。(艾南英《国门广因社序》)

六月至九月,艾南英诸人会试金陵,倾盖定交,遂结偶社。(艾南英《偶社序》)

张溥以明经贡入国学,与周钟、夏允彝、王崇简、杜麟征诸人倡燕台十子之盟,稍稍至二十余人。会试后,诸人南还,相订分任社事。(《社事始末》、蒋逸雪《张溥年谱》)

孙淳里居,结吴翿、吴允夏、沈应瑞等肇举复社。(《静志居诗话》卷二一)

桐城钱秉镫与里中石屋寺文社,声名渐起。(《先公田间府君年谱》)

王彦泓诸人结狂社。(王彦泓《示狂社诸君效剑南体》)

至三年间,张采出知临川,与陈际泰、罗世纯结有诗社,又立有合社。(陈际泰《诗社序》《合社序》)

崇祯初,李长庚官江西布政时,合十三郡能文者为豫章社于南昌,首万时华、万曰佳、喻全祀。(《复社姓氏传略》卷六)

**1629 年　己巳　明崇祯二年　后金天聪三年**

此前,陈际泰与祝徽、丘兆麟、章世纯、罗万藻诸人结有紫云社。(陈孝逸《府君行述》)

此前,歙县李流芳尝与曾嗣禹、王无际、侯岐曾等人结文会。(《麻城县志前编》卷九)

五月,张溥由京师归吴,举应社以合复社,推熊开元主盟,复社之名始盛。(杨凤苞《吴孝靖纪略》、计东《上太仓吴祭酒书一》)

五月间,山东赵士喆倡山左大社,以应复社,与者九十余人。(《启祯遗诗》卷九、《雪桥诗话》卷一、《(民国)莱阳县志》卷三之三)

杜麟征、夏允彝、周立勋、徐孚远、彭宾、陈子龙诸人倡立几社,有《几社六子会义》。(《南吴旧话录》卷二三、《(光绪)重修华亭县志》卷一六、《社事始末》)

晋江丁起濬与林省庵、张玄中仿修香山洛社之胜事。（蔡献臣《少司寇丁哲初公六十一初度序》）

云间几社，浙西闻社，江北南社，江西则社，武林读书社，山左大社，吴门羽朋社，匡社，又有历亭席社、昆阳云簪社、中州端社、松江几社、莱阳邑社、浙东超社、浙西庄社、黄州质社、海宁一社以及澄社、征书社等，皆佥会于吴，统合于复社。复社遂为尹山大会，与者及邮文以寄者达七百余人，张溥哀而诠次之为《国表》。（《静志居诗话》卷二一、《复社纪略》卷一）

吕维祺在京任太常寺添注少卿，集河南同乡创立豫簪会，会有约。（《明德先生年谱》卷二、吕维祺《豫簪会约》）

此后，歙县江天一、汪沐日诸人结有古在社、同言社。（《歙事闲谭》卷六）

**1630 年　庚午　明崇祯三年　后金天聪四年**

此前，刘伯愚、吴伯裔、吴伯胤、刘季植、刘侗城五人结有确园社。（张溥《确园社稿序》）

昆山张大复卒，尝与陈更生、王孺和、顾元宰诸人结有清和社。（《梅花草堂集笔谈》卷五）

吴伯裔、吴伯胤、刘伯愚等人开雪苑社。（贾开宗《雪苑会业引》、计东《偶更堂文集序》）

秋，复社为金陵大会。（《复社纪略》卷一）

秋，刘城、沈士柱、许元恺等举国门广业社，吴应箕与之。（吴应箕《国门广业序》、刘世珩《吴先生年谱》）

因社成员再集南京，复寻旧盟而增之为广因社。（艾南英《国门广因社序》）

怀宁阮自华罢归，与吴应钟、刘钟岳诸人在中江楼结海门诗社。（《（道光）桐城续修县志》卷一五、《（民国）怀宁县志》卷一

九、《（康熙）安庆府志》卷一九）

吴颙开星社于南京高座寺，周亮工、黄宗羲、吴子远与之。（《周亮工年谱》）

至五年间，张溥与杨廷麟同在京师，商丘刘伯愚、吴伯裔、吴伯胤选江北文成，贻书张溥作序，命曰江北应社。（张溥《江北应社序》）

至十三年间，王彦泓结有青莲社。（王彦泓《青莲社翁题再咏闰元宵》）

## 1631年　辛未　明崇祯四年　后金天聪五年

杜麟征、张溥、吴伟业登进士，此前三人与夏允彝、陈子龙、彭宾等人结有九子社。（陈际泰《豫章九子社序》）

杨廷麟魁南宫第一，此前结有豫章九子社。（陈际泰《豫章九子社序》）

嘉善王佐登进士，此前尝与戴叔远结社，订生死交，又与同邑孙文锋、朱廷旦等结有尚书社，有声坛坫。（《（光绪）重修嘉善县志》卷二四）

董凝始、万茹茶为正己训俗，大举书院文社，曰亳社。（陈仁锡《社稿序》）

陈子履于广州东门外组织东皋诗社。（《（民国）番禺县续志》卷四〇）

瑞金杨以任第南宫，以造就人材为任，立五经社、经济社，以射礼久废，又立有纬社。（郑鄤《南京国子监博士杨惟节墓志铭》）

侯官曹学佺结西峰社，有《西峰集》，集中又有菊社、浮山堂社、耆英之社、三山耆社、梅社之分。（曹学佺《西峰集》）

洛阳任绍曾上春官不第，至次年谢世前先后结有证媒社、犒饵社。（吕维祺《任向云墓志铭》）

## 1632 年　壬申　明崇祯五年　后金天聪六年

此前，崔五竺从父征仲仕武林，结社西湖，社诗汇成《韵史》。（《（雍正）西湖志》卷二九）

吕维祺在南京为官，率众弟子员二百余人讲学研文，立有丰芑会，会有约。（《明德先生年谱》卷三、吕维祺《丰芑会则》《丰芑学约》）

几社有《壬申文选》、《几社六子诗》、《几社会义初集》之刻。（《社事始末》、陈子龙《几社壬申合稿凡例》）

吴江沈自征在新安，偕友人作红叶社。（《叶天寥自撰年谱别记》）

至八年间，安徽怀宁有中江社，首事者潘映娄、方启曾，阮大铖阴为之主。（《（康熙）安庆府志》卷一九、《先公田间府君年谱》）

至八年间，盛应春结有飞花大社。（《（康熙）安庆府志》卷一九）

## 1633 年　癸酉　明崇祯六年　后金天聪七年

此前，绥安邑侯殷吾鼎率二三子结社于戈山之阳。（陈际泰《大弋山房社序》）

此前，邵曾撰兄弟结有同人年谱社。（陈际泰《同人年谱社序》）

此前，曾棠芾、钟昆海结有东山社。（陈际泰《东山社序》）

此前，盱中之士毕集羊城，结偶社。（陈际泰《偶社序》）

此前，黎乾生结有芳社。（陈际泰《芳社序》）

此前，抚州有禹门社，张顺斋主之。（陈际泰《禹门社序》）

此前，陈际泰、罗中鲁、叶当时、李百药诸人结有南州大社。（陈际泰《君子亭合社序》）

此前，沈士柱主有瑞芝亭社。（陈际泰《君子亭合社序》）

此前，雷荣予、陈石柱二子主有君子亭合社。（陈际泰《君子亭合社序》）

王正倡豫章名社，有《名社选》。（罗万藻《豫章名社序》）

春，张溥约社长为虎丘大会，以舟车至者数千余人。（《复社纪略》卷二）

国门广业社二次举会，杨文骢、方以智主之。（吴应箕《国门广业序》）

## 1634年　甲戌　明崇祯七年　后金天聪八年

此前，张元、冯延年开有国风大社。（黎遂球《国风二集序》）

此前，程幽谷结有吟社。（陈仁锡《诰赠昭勇将军都指挥佥事幽谷程公墓志铭》）

张岱仿复社虎丘大会，招集友人会于蕺山亭，在席者七百余人。（《陶庵梦忆》卷七）

耿克励燕还，仿昔贤老人会，与里之年八十下至五十者盟。（谭元春《耿九克励六十序》）

山东新城王图鸿约邑中名士二十余人为从社。（《（民国）重修新城县志》卷一六、卷二六）

高淳邢昉留韩元长当嵩园，结竹溪社，有《竹溪六逸诗》行世。（《邢孟贞先生年谱》）

至次年间，朱之瑜效云间几社与里人立有昌古社。（黄宗羲《两异人传》、《敬槐诸君墓志铭》）

## 1635年　乙亥　明崇祯八年　后金天聪九年

此前，阮大铖与俞安期结有群社，又与宗白修有等社。（阮大铖《群社初集，共享群字》《赤鸟飞序》《喜宗白入城修等社得

群字》）

吴江沈宜修卒，尝与三女叶纨纨、叶蕙绸、叶小鸾及姑姊娣姒结有诗社。（叶绍袁《百日祭亡室沈安人文》《亡室沈安人传》）

莱阳左懋第令韩城，立尊经社。（《萝石先生年谱》、左懋第《尊经社序》）

陈确与友人结社黄山枕涛庄。（吴骞《陈乾初先生年谱》）

十月，祁彪佳筑别墅于寓山，立放生社。（《祁忠敏公日记》卷首）

崇祯中，陈子壮辟云淙诗社于白云山麓，与名流吟咏其中。（《（民国）番禺县续志》卷四〇）

## 1636年　丙子　明崇祯九年　清太宗崇德元年

此前，葛鲁生结有昆易社。（陈仁锡《昆易社序》）

此前，定兴鹿善继结有辅仁社。（鹿善继《辅仁社草初集序》《辅仁社草二集序》）

同安蔡谦光卒，中岁以后结社称诗。（蔡献臣《亡儿谦光哀词》）

长洲陈仁锡卒，尝结有文社、莲社。（陈仁锡《听松居易选序》《玩月后山房剪烛，邀诸君子修莲社，品山中位置，时广德友沈君翰次日行》诗）

正月，祁彪佳举文昌社。（《祁忠敏公日记·居林适笔》）

几社刻二集。（《社事始末》）

姚翀招集四方应试知名之士百余人三举国门广业社，有《国门广业》之选。（《板桥杂记》下卷、吴应箕《国门广业序》、黎遂球《国门广业序》）

顾梦游、邢孟贞、方尔止、谭友夏等数十人结社于秦淮。（《（同治）苏州府志》卷八二、汤之孙《邢孟贞先生年谱》、宋楣

《顾与治诗序》)

郑元勋诸人结竹西续社，如皋李之椿入之。(李之椿《丙子仲冬九日，续竹西社，共用时字》)

万寿祺与同郡李孝乾、王先仲、雷汝游等人为文社。(《万年少先生年谱》)

长洲尤侗年十九，与同里诸子为文社。(《悔庵年谱》卷上)

冬，丁时学立留社于国门。(傅山《因人私记》)

此际，松江有九峰社。(陈继儒《九峰社草序》)

## 1637年 丁丑 明崇祯十年 清崇德二年

竟陵谭元春卒，寓居京师时结有长安古意社，游金陵时与余集生亦结有社。(谭元春《长安古意社序》、方苞《石斋黄公逸事》)

正月，祁彪佳祀文昌神，邀王云岫小酌，遂与订游观之约。(《祁忠敏公日记·山居拙录》)

吕维祺在洛阳立伊洛大社，从游者达二百之众。(《明德先生年谱》卷四、吕维祺《伊洛大社引》、吕维祺《伊洛会约》、吕维祺《伊洛社约》)

越中王季重、李毅斋开枫社于萝纹坂，祁彪佳、孟称舜、倪元璐、张岱等与之。(陈锦《越中观感录》、祁彪佳《山居拙录》)

东莞林钺、尹汤昭、陈日瑞等十二人复修凤台诗社。(陈象明《凤台诗社重修记》)

陈瑚与陆世仪、盛名敬、江士韶立水村读书社，历时七、八年。(《雪桥诗话续集》卷一、陆世仪《水村读书社约序》)

曹学佺与王伯山、徐𤊹、陈仲溱、崔世召诸人修三山耆社。(曹学佺《西峰六四草》)

此际，钱光绣随父侨居硖石，结萍社，刊有《萍社诗选》。(《海昌艺文志》卷二三、《雪桥诗话三集》卷一、全祖望《钱蛰庵

征君述》）

此际，浙江硖石镇有澹鸣社、彝社。（全祖望《钱蛰庵征君述》）

此际，吴中有遥通社。（全祖望《钱蛰庵征君述》）

此际，杭州西湖有介社。（全祖望《钱蛰庵征君述》）

此际，浙江嘉禾有广敬社。（全祖望《钱蛰庵征君述》）

此际，浙江龙山有经社。（全祖望《钱蛰庵征君述》）

## 1638 年　戊寅　明崇祯十一年　清崇德三年

此前，陈子升与薛始亨、黄儒炳缔社于仙湖。（《胜朝粤东遗民录》卷一、《顺德龙江乡志》卷四）

此前，顾修远、钱湘灵、唐采臣诸人结有听社。（《初月楼续闻见录》卷九、黎遂球《梁溪听社刻文序》）

此前，黎遂球诸从兄弟群远近十数人为社，岁月有会。（黎遂球《怒飞社题名记》）

正月，祁彪佳首其事，举文昌社。（《祁忠敏公日记·自鉴录》）

八月，国门广业社贴出《留都防乱公揭》，署名者有一百四十余人。（《书事七则·防乱公揭本末》、吴应箕《与友人论留都防乱公揭书》）

几社刻有三集。（《社事始末》）

吕季臣会南浙十余郡、杂沓千余人为澄社。（吕留良《孙子度墓志铭》、全祖望《钱蛰庵征君述》）

冬，吉水陆运昌创文社于鉴湖。（罗万藻《鉴湖社序》）

此后，韩文铨使杭州，立有芙容社。（陈子龙《韩水部芙容稿序》）

至次年间，欧主遇、陈子壮、陈子升、黎遂球等十二人修复南

园诗社。(《胜朝粤东遗民录》卷二、《粤东诗海》卷五九、《南园后五先生诗叙》)

**1639年　己卯　明崇祯十二年　清崇德四年**

此前，海昌葛定远、葛定象、葛定辰、朱一是、朱永康、范骧等十三人主东南坛坫，结有观社。(《海昌艺文志》卷六、《(民国)海宁州志稿》卷二九)

此前，龙山徐邀思、沈间大结有晓社。(沈起《查东山先生年谱》)

此前，李舜卿结有新柳作诗。(陈继儒《新柳诗社卷题词》《题李舜卿新柳图》)

华亭陈继儒卒，尝偕二三文士结社于栖霞禅室，又与米子华、包彦平诸社友集于鸳鸯湖头。(《捷用云笺》卷二、卷四、卷五)

正月，祁彪佳举文昌社。(《祁忠敏公日记·弃录》)

五月之前，沈柿尝结社梅溪。(沈寿民《梅溪社业序》)

金陵解试，吴应箕、陈定生四举国门广业社。(黄宗羲《思旧录》《陈定先生墓志铭》)

吕愿良应征辟，诣京师，澄社遂止，其弟留良约同邑孙爽、王皞等十余人复立征书社。(吕留良《东皋遗选序》《孙子度墓志铭》)

几社刻有四集。(《社事始末》)

查继佐自吴门归，合晓社与观社之文而归于一，名曰旦社。(沈起《查东山先生年谱》)

王夫之、郭凤跹、管嗣裘、文小勇诸人结匡社。(《先船山公年谱》前编、王夫之《匡社初集，呈郭季林、管冶仲、文小勇》)

福建莆田有红琉璃社，与者林简、叶甲、方鋐、方锵、林嵋、林璟等。(《莆风清籁集》卷三六、方鋐《九日社集红琉璃》)

叶甲举乡荐，与诸生周闻、方鋐等结响社。(《(民国)莆田县

499

志》卷二九)

此际，桐乡曹序、曹度兄弟结兰皋社，与吕留良征书社不相契。(吕留良《质亡集小序·曹序射侯》)

此际，方鏳、方锵兄弟集八郡名士结西湖大社，名著三山。(《(民国)莆田县志》卷三三)

此际，林简、黄标、林璟、林峒、徐羽鼎、许又、朱方人诸人结七子社。(《莆风清籁集》卷三六)

**1640年　庚辰　明崇祯十三年　清崇德五年**

正月，祁彪佳举文昌社。(《祁忠敏公日记·感慕录》)

王彦泓结删社。(王彦泓《删社再集，次和张洮侯二十韵》)

长洲尤侗作《自祝文》，匡社诸子盟于沧浪亭，侗因病未与。(《悔庵年谱》卷上)

陆培举进士，陆圻、陆培、陆阶兄弟与其友为登楼社，世称为西陵体。(《(民国)杭州府志》卷一四五、全祖望《陆丽京先生事略》)

黄淳耀及其门生侯汸修有慧香社。(黄淳耀《侯记原慧香社册序》)

此后，仁和应㧑谦偕同志之士为狷社。(《小腆纪传》卷五四)

至次年间，几社有五集之刻。(《社事始末》)

**1641年　辛巳　明崇祯十四年　清崇德六年**

此前，陶公济、顾鸣六、许子兼等三十余人结有海虞社。(张溥《陶公济海虞社选序》)

此前，吴昌时结有洛如社。(张溥《洛如社序》)

此前，李腾蛟与陈际泰、罗万藻、李世熊、丘维屏结有文会。(《明遗民录》卷二六)

春，宣城沈寿国诸人结晋社。（沈寿民《晋社序》）

黎元宽游广陵，与查继佐聚四方名流为中秋大会，刻《秋宴诗集》，至重九，复举萸社。（沈起《查东山先生年谱》）

常熟钱安修、归士管在里结临社，黄淳耀、侯玄泓、侯玄涵、尤侗、汤传楹、陆圻、吴羽三诸人与之。（《海虞诗苑》卷三）

阮大铖避居南京，结有咸社。（阮大铖《上巳咸社初集菩提庵同钟复、钟玉、尔仁、小范、二锡、瑶若、克家、损之、止水、宗白赋》）

周亮工入京谒选，与陈洪绶、金堡、伍瑞隆诸人结诗社。（《读画录》卷一）

周亮工知山东潍县，立潍社。（《周亮工年谱》、黄虞稷《周亮工行状》）

温廷枟徙居洛宁，约同志张懋延、师佐等十五人举巇谷社。（《（民国）洛宁县志》卷四）

桐城有明社、素社。（沈寿民《桐溪大社引》）

张采上《具陈复社本末疏》，为复社剖白。（《知畏堂文存》卷一）

秋，濮阳长、王孟明、史仲叙举桐溪大社。（沈寿民《桐溪大社引》）

冬，庐山僧大惺游吴江，与叶绍袁结同云社。（《叶天寥自撰年谱别记》）

## 1642 年　壬午　明崇祯十五年　清崇德七年

此前，江苏宜兴有国仪社，与吴门复社相应，推储福畤为祭酒。（储欣《从兄九游传》）

此前，吴县金俊明结有社。（《皇明遗民传》卷三）

此前，中牟张民表尝与王思任、阮汉闻结社。（王思任《应龙无尾操》《阿育王寺夜坐》）

正月，祁彪佳举文昌社，朱壶岩、陈长耀与之。(《祁忠敏公日记·壬午日历》)

二月，唐祖命、孙羽辰诸人结观社。(沈寿民《观社序》)

三月，河南湖阳有升社。(沈寿民《升社序》)

春，复社大集于虎丘，郑元勋、李雯为之主盟。(《社事始末》)

春，李自成围攻归德，雪苑社诸子多死之，社事中止。(侯方域《雪园六子社序》)

春，嘉定黄淳耀、陆元甫、侯岐曾等人相约为直言社。(黄淳耀《陆翼王思诚录序》、张云章《菊隐陆先生墓志铭》)

四月，张伟玉、徐玠如诸人结益社。(沈寿民《益社序》)

郑元勋、郑为虹、梁于涘、黎遂球诸人在扬州影园结竹西续社。(《(嘉庆)重修扬州府志》卷四九、应喜臣《青磷屑》、钱谦益《姚黄集序》)

几社社事分裂之态益明，谈公叙、张子固等有《求社会义》之刻，以王玠石、王名世评选之；李原焕、赵人孩等有《几社景风初集》之刻，讬徐孚远之名评选。(《社事始末》)

冬，景风社中周茂源、陶愫、蒋雯阶等集西郊诸子为一会，有《雅似堂》之刻。彭宾率其徒由求社分立赠言社，有初集之刻。何我抑率其徒，有昭能社之刻。盛邻汝率其徒，为《野腴楼小题》之刻。王玠石率其徒，与韩一范、闵纤崚有《小题东华集》之刻。(《社事始末》)

松江张一鹄以成均入贡，在金陵与黄石斋、杨机部唱和，倡半山会，作半山图。(《国朝画识》卷二)

**1643 年　癸未　明崇祯十六年　清崇德八年**

此前，杨晋与黎遂球、张家玉、梁朝钟诸人结诗社于广州白云

山寺,称岭南四子。(《胜朝粤东遗民录》卷二)

此前,晋江蔡道宪尝结社。(蔡道宪《北上谒选留别诸社盟》)

春,杜登春与夏完淳有西南得朋之会,为几社诸公后起之局。(《社事始末》)

徐孚远下第南归,意欲复合几社社事,未果,后为避党魁之目,徐孚远将几社七集之刻委于徐允贞、夏维节,诗义之选则托于王澐、钱谷、张宫。(《社事始末》)

睢州余正元登进士,授山东清河县令,遭流寇变,怀印去,居州东北郊,开鹤林社。(《皇明遗民传》卷一)

华亭王光承在南京结雯社。(王光承《同雯社诸子秦淮夜饮》)

## 1644年　甲申　明崇祯十七年　清世祖顺治元年　大顺永昌元年

三月,叶世伶创立蔚社。(《叶天寥自撰年谱续谱》)

崇祯末,嘉善倪抚领袖我社,下笔辄为行辈推服。(《(光绪)重修嘉善县志》卷二四)

崇祯末,陈虬起在广东番禺结有芳草精舍诗社。(《(民国)番禺县续志》卷四〇、《胜朝粤东遗民录》卷一)

崇祯末,陈子壮、陈子升、黎遂球、区怀瑞、区怀年等人复结社于浮邱。(《(民国)番禺县续志》卷四〇)

崇祯末,顾梦游与吴时德、王潢、邢昉、方文、葛一龙、史玄、杨补、薛冈、谭元春诸人尝结诗社于秦淮,肆力风骚。(《(同治)苏州府志》卷八二、宋嵋《顾与治诗序》、《邢孟贞先生年谱》)

崇祯间,钱秉镫与陈子龙、夏允彝、方以智交善,遂为云龙社。(《(道光)桐城续修县志》卷一五、《(康熙)安庆府志》卷一九)

崇祯间,南海朱国材兄弟招集才士数十人,创浩社于镇海楼。

(《(道光)南海县志》卷一八)

崇祯间，仁和张岱缔雪社于西湖之上，歙县汪汝谦与之。(张瀚《余缔雪社于湖上，汪然明建白苏祠成，同社合赋，兼邀然明入社》)

崇祯间，江阴有九子社，黄毓祺为社长。(《(民国)江阴县续志》卷二五)

崇祯间，武进恽日初与杨廷枢、钱禧等共结有文社。(缪荃孙《逊庵先生文录跋》)

崇祯间，海昌余懋学归构不亩园，吟咏其中，与郭浚、葛征奇等结有陶社。(《海昌艺文志》卷四)

崇祯间，黄冈杜濬寓溧阳，与陈名夏、马世俊、宋之绳等结社吟咏。(《(嘉庆)溧阳县志》卷一三)

崇祯间，无锡高汇旃、胡慎三与邑中诸名士结有诗社，凡十九人。(《梁溪诗钞》卷一六)

崇祯间，溧阳有十三子文社，史忠琇居首。(《(嘉庆)溧阳县志》卷一三)

崇祯间，陈函辉、杨文骢、李子鱼等立有删社。(陈函辉《删社和草》)

崇祯间，钱塘张丹与陆圻、柴绍炳、陈廷会、毛先舒、丁澎、吴百朋、孙治、沈谦、虞黄昊结社赋诗，称西泠十子。(《钦定四库全书总目》卷一八一、《明遗民录》卷三七)

崇祯间，戴之佐与杨廷枢、朱隗、叶襄、魏风诸名流结文社于苏州周庄。(《(光绪)周庄镇志》卷二、卷四)

崇祯间，泰州张幼学、陆舜、张一侪、俞铎诸人在里立曲江社。(《海安考古录》卷三)

明季，无锡有涯臻诗社，与者九人。(《无锡金匮县志》卷四〇、《锡金识小录》卷四)

明季，山阴张杉与兄梯、弟楞出主文社，人呼曰"三张子"。（毛奇龄《山阴张南士墓志铭》）

明末，海宁朱一是立有濮溪社。（朱一是《濮溪社集序》）

明亡前，屠本畯尝与沈玄扈辈唱和，同社多卒于改步以前，其后张庚星、管楯诸人复续举社事。（《续甬上耆旧诗》卷一八）

明亡前，吴焕璧、黄虞鼎、喻中立、陈英、龚俊选、聂侨六人结瀛社以课文，有《瀛社初刻》。（艾南英《瀛社初刻序》）

明亡前，麻城王屺生自黄州入南昌，上广信，至临川，梓其征途所录，名曰随社。（艾南英《随社序》）

明亡前，建昌吴逢因与艾南英、年家子、叶孟候暨诸同人，结社平远堂，因以名社。（艾南英《平远堂社艺序》）

明亡前，越中有来香社。（王思任《来香社草序》）

明亡前，甬上廿四人立有越社。（王思任《甬东越社叙》）

明亡前，南翔李宜之结文酒社于猗园。（李宜之《猗园诗》）

明亡前，嘉定李陟尝结坛倡社，以声气自任。（《（康熙）嘉定县志》卷一六）

明亡之际，钱价人绝意仕进，乃创孚社为之祭酒。（陈去病《五石脂》）

明亡前后，平湖李天植举忘机吟社于龙湫山亭，社中朱九先、宋二完、倪惺孩、时圣传、陆中黄、周云虬、王长鳞、释元彻等大都居于乍浦，有《忘机社诗选》。（《雪桥诗话三集》卷一、钱澥芗《题李介节先生忘机社月令诗》、《乍浦志》卷五）

甲申、乙酉间，歙县曹应鹏寓金陵，结有小沙社。（《岩镇志草·利集》之《文苑别传》）

甲申、乙酉间，山东新城名士倡修从社于邑中，社事分为晓社、因社，后合二为一。（《（民国）重修新城县志》卷二六）

明末清初，广陵王微常至钱塘，结社圣湖，一时推为韵事。

(《稗说》卷二)

　　顺治初，宜兴黄义时与同邑吴其雷、卢象观、蒋永修、陈维崧诸人订秋水社。(《(嘉庆)宜兴县志》卷八、储欣《陈检讨传》)

　　顺治初，嘉定王泰际隐邑之东乡，与乡之耆老结岁寒社。(《(嘉庆)石冈广福合志》卷二)

## 1645年　乙酉　清顺治二年　南明福王弘光元年　唐王隆武元年　大顺永昌二年

　　此前，林铭几病归，构北村别墅，与二三社友觞咏自娱。(《(民国)莆田县志》卷二六下)

　　此前，吴江王上寿结淳社于里中，清兵至，上寿与族子臣良、族孙湜同遇害，社事遂解。(《盛湖竹枝词》卷上)

　　此前，临海陈函辉结有率豆社。(陈函辉《小寒山率豆铭》、陈嶔《题真率社约后》、何白《率社评跋》)

　　此前，海盐胡震亨尝与同郡彭孙贻、吴蕃昌创瞻社。(吴修《近代名人尺牍小传》)

　　越中王毓蓍殉刘宗周卒，尝立有素盟社。(倪元璐《题素盟社刻》)

　　徐州万寿祺避地斜江，与王于范、严调御填词唱和，作品辑为《遁渚唱和词》。(《遁渚唱和词》、《万年少先生年谱》)

　　此际，长洲顾顼屡却阮大铖聘，与同里郑敷教、韩馨结社阐学。(《(同治)苏州府志》卷八七、《(民国)吴县志》卷七〇下)

　　此际，宝山李更归，同许自俊、朱抡生、陈叔明、徐蛰闻、潘羽臣、苏眉声、江浩如、汪价人等一时耆硕举有九老社。(《(光绪)嘉定县志》卷三二、《(光绪)宝山县志》卷一〇)

　　此际，宝山陆时隆、李更辈俱以风雅相尚，同赴陈瑚、诸士偕所主之东冈诗社，每评社诗，首推汪楷，辑有《西园唱和诗》一

卷。(《(光绪)宝山县志》卷一〇、《(光绪)嘉定县志》卷一九)

甲申后,嘉定苏震隐居不出,与陈瑚、诸士俨、陆元辅结东皋社。(《复社姓氏传略》卷二、《(嘉庆)直隶太仓州志》卷四〇)

甲申后,魏允柟隐居不仕,柳洲诗社奉为主盟。(《雪桥诗话续集》卷一)

甲申后,杨廷麟结连赣抚李永茂,立忠诚社,招致四方义勇。(《明诗纪事》辛签卷六上)

甲申后,昆山屠彦征屡遭播迁,晚年与陶唐谏、郑任、方九皋、僧广明等人为耆英社,彦征执牛耳。(《(光绪)周庄镇志》卷四)

甲申后,莆田周婴赋归,与故旧结耆硕会,林质与游社中。(《(民国)莆田县志》卷二九)

国变后,徐宗麟归隐西湖,与湖中高士订吟社。(《明遗民录》卷三一)

明亡后,区怀年韬晦遁迹,与屈大均结为雅约社。(《胜朝粤东遗民录》卷三)

明亡后,番禺罗谦晦迹龙溪,与同里郝瑗唱和,陈恭尹、屈大均、邝日晋辈时与之游。(《胜朝粤东遗民录》卷一)

明亡后,简知遇栖息东皋,与同里陈调辈为耆英会。(《胜朝粤东遗民录》卷二)

明亡后,新安朱孟尝因丧国之戚,结放生社以广其教。(钱秉镫《放生社引》)

明亡后,东莞王应华归隐,与里人黎铨、卢㷊辈结溪南社。(《粤东诗海》卷四九)

明亡后,邝日晋削发为僧,舍其磊园为禅林,招释函昰为主社。(《胜朝粤东遗民录》卷一)

明亡后,漳水八隐隐居不出,结有诗酒之会。(《(民国)莱阳

县志》卷三之三)

明亡后,吴江吴与湛隐居湖浦,与徐介白、顾茂伦、吴汉槎等结诗社于江枫庵。(《国朝松陵诗征》卷二)

明亡后,归安李礽焘偕庄廷钺、左黄、费尔、庄夔一诸人结征书社。(《(同治)湖州府志》卷九五)

明亡后,兰溪章有成与同邑赵淳、吴鲲、范开文为诗酒社,吟啸以终。(《明遗民录》卷三一)

明亡后,苏州翁逊与徐白、戴笠、顾有孝结西郊吟社酬唱。(《(同治)苏州府志》卷一〇六)

明亡后,吴江沈世楙绝意进取,与同邑顾有孝、吴旦、周安结诗社。(《康熙吴江县志续编》卷七)

明亡后,江宁王潢隐遁不出,与张可仕、王亦临诸名流结寻秋社。(《金陵通传》卷二一)

明亡后,乔可聘诸人结社,后李元鼎作有《寄怀诗》。(《(道光)重修宝应县志》卷一六)

明亡后,江都徐石麒隐居扬州北湖,与范荃、罗煜诸人立有词曲之社,名曰特社。(吴康《北湖三家词钞序》、徐石麒《临江仙·寄怀特社诸子》)

鼎革后,潘尔倬谢去举业,与同志闵声、唐大为、从弟伟结社吟咏。(《(同治)湖州府志》卷八〇)

鼎革后,林丙春绝意进取,与刘尧章、郑郊、陈玉昆辈结遗老社,并称隐君子。(《(民国)莆田县志》卷二九)

鼎革后,钱塘冯轼不阅题名墨艺,与沈谦诸人结平泉诗社。(《(民国)杭州府志》卷一四八)

国难后,甬上全美闲集亲表巨室子弟董剑锷、陆宇燝、高宇泰等人为弃繻社。(全祖望《族祖苇翁先生墓志》)

清初,越中有蓬莱社,绍兴孙如洵、徐咸清主之,如洵子有

闻、咸清从弟允定及余姚孙以衡与其事。(陈锦《越中观感录》)

清初,詹韶与岭南诸名士结有珠江社。(《胜朝粤东遗民录》卷四)

清初,常熟许嵋结有社。(许嵋《社集分咏七贤得刘伯伦》)

清初,香山何栻隐居南塘,开湖心诗社。(《清诗纪事》明遗民卷)

清初,常熟冯班、严熊、钱曾创成社于里中。(钱谦益《和成社第一会诗序》)

清初,杜濬寓居江阴,适闽中余怀、桐城钱澄之、建昌曾灿、无锡钱肃润俱至,有江干五老之会。(《(光绪)江阴县志》卷一八)

清初,丹徒高秋月、张愿结有槐江社。(《(民国)金坛县志》卷九之四)

清初,无锡工诗歌古文者结云门社于惠山,社凡十人,睢州汤斌、长洲汪琬、慈溪姜宸英亦皆与会。(《无锡金匮县志》卷四〇、《锡金识小录》卷四)

清初,娄县冯樾与王光承、吴骐、张若羲等人结吟社于西郊。(《(乾隆)娄县志》卷二五)

清初,吴江顾有孝寄迹昆山,与郑宽、徐藩、毛锡年结诗社于白云堂。(《(光绪)周庄镇志》卷四)

清初,常熟孙本芝尝举诗社于乡,与者多为地方名流。(《海虞诗苑》卷一一)

清初,叶永年、叶楠、王未央、彭世瑞、钱金甫、路鹤征、彭椒崖在上海县结为七子会。(《江苏诗征》卷一六〇、《海藻》卷一五)

南汇朱襄孙与诸生方用悔等创盟社名怀忠,远近人士多附之。(《南汇县竹枝词》、《光绪南汇县志》卷二二)

此后,高克临与邹孝直、刘雪符兄弟结碾禄社,逍遥琴樽杖席

之间。(黄宗羲《高古处府君墓表》)

此后,甬上周齐曾、王玉书、周元初、陆宇爃四人为社榆林,所唱和曰《霜声集》。(《续甬上耆旧诗》卷七二、卷二五)

## 1646年 丙戌 清顺治三年 南明隆武二年 鲁监国元年 唐王绍武元年

正月,常熟毛晋集缁素十三人为尚齿会,亦名齿社,诞期轮次,按月主宾。(陈瑚《为毛潜在隐居乞言小传》、陆瑞徵《颐志堂小集序》、顾梦麟《和友人诗序》)

春,陈确与同志十余人会于道士韩养元黄山岭阁,分韵赋诗数章。(吴骞《陈乾初先生年谱》)

此际,常熟毛晋又与耆儒故老、黄冠缁衲十数辈结有佳日社。(陈瑚《为毛潜在隐居乞言小传》)

此际,昆山龚捥结有印溪诗社。(龚捥《印溪诗社约田家诗,和陶始春怀古田舍韵》)

此际,华亭冯樴与王光承、吴骐、张若羲等结吟社于西郊。(《(乾隆)娄县志》卷二五)

此后,华亭金是瀛、吴骐、王光承、王烈诸人结有东皋诗社。(《江苏诗征》卷八八、《(乾隆)江南通志》卷一六六、《(光绪)重修奉贤县志》卷一三)

此后,王光承、王烈兄弟与韩范、金是瀛、吴骐、何安世、吴懋谦联有诗社,时称云间七子。(《雪桥诗话续集》卷一、《(光绪)重修奉贤县志》卷一一)

此后,吴江沈自铤归隐,与诸高士为诗社以终。(《(乾隆)吴江县志》卷三一)

此后,常熟陆钺曾参与过定远社。(陆钺《立春(定远社约)》)

## 1647 年　丁亥　清顺治四年　南明桂王永历元年　鲁监国二年

华亭宋征璧与陈子龙相订为斗词之戏，赓和者有钱谷、宋存标、宋征舆、宋思玉等，词作集为《倡和诗余》。（《倡和诗余》）

夏，孙永祚偕杨彝、毛晋社集西山。（孙永祚《西谷残碑序》）

方授寓鄞，与陆宇燝、毛聚奎、董德偁、纪五昌、李文缵、周昌时、沈士颖辈为西湖八子社。（全祖望《湖上社老董先生墓版文》、《方子留湖楼记》）

八月，太仓陈瑚居蔚村结莲社，王育、盛敬、陆世仪等十余人与之。（《陈安道先生年谱》、陈瑚《中秋诸同社为诸鼎甫举五十觞兼玩月赋诗并序》、陆世仪《中秋夜诸同社泛舟莲渚，为诸鼎甫举五十觞》）

莱阳姜垓避寓苏州，僦居周茂兰家，与林云凤、叶襄、余怀等人结有莲社，又与方文、顾梦游结有班荆社。（《（民国）莱阳县志》卷三之三、方文《姜如须班荆社初集赋此》诗、顾梦游《江上柬班荆社诸子》诗）

此际，青神余甪寓鄞，与宗谊、范兆芝、陆宇燝、董剑锷、叶谦、陆昆诸人举西湖七子社。（《雪桥诗话》卷一、《续甬上耆旧诗》卷五八、全祖望《湖上社老董先生墓版文》、全祖望《宗征君墓幢铭》）

## 1648 年　戊子　清顺治五年　南明永历二年　鲁监国三年

此前，淮安诸遗老安于一隅，结望社以唱和。（《茶余客话》卷一二、《重修山阳县志》卷一二、李元庚《望社姓氏考》）

陆世楷引疾归里，结方外社，与禅人通复、今释纵谭清净理。（《雪桥诗话》卷二）

锁青缙出为湖广巡察司佥事，后与张鼎延、雷鸣皋、韦炳、赵廷桂诸人结后五老会。（张鼎延《后五老图序》）

**1649 年　己丑　清顺治六年　南明永历三年　鲁监国四年**

陈确偕爱立集同志八人于东垞，为省过之社，确为《省过录序》。(《陈乾初先生年谱》、陈确《省过录序》)

屈大均削发为僧，事函昰于雷峰，与同里诸子为西园诗社，以续浮邱遗响。(《广东新语》卷一二、《胜朝粤东遗民录》卷一、《粤台征雅录》)

昆山归庄馆常熟，与孙永祚等会于郊园。(《归庄集》卷一)

上元陈丹衷与张可仕、邢昉、纪映钟、杜濬、余怀、邓汉仪等在金陵举重九会。(《定山堂诗集》卷三〇)

无锡张夏、顾景文等与释苍雪会诗忍草庵。(《南来堂诗集》补二)

无锡严绳孙参加慎交社。(《梁溪文钞》卷二九)

夏，常熟时雍结有社。(时雍《丁卯井诗序》)

秋，苏州宋实颖、章素文、徐乾学等人举沧浪会，时杜登春乔寓娄葑间，得以入会。(《社事始末》)

冬，宋实颖、宋德宜、宋德宏由沧浪会分立慎交社，与者三十七人。(《社事始末》、《(同治)苏州府志》卷八八)

此际，秀水李绳远、李良年、李符兄弟与朱彝尊、周筼、廖泳、沈进诸人结为诗课，每纵谈诗文达旦。(高层云《布衣李君墓表》、《钦定四库全书总目》卷一八三)

至次年间，章素文因与慎交诸子不睦，聊络赵明远、沈韩倬、钱宫声、王其长诸人成立同声社。(《研堂见闻杂录》、《社事始末》、《(乾隆)震泽县志》卷三八)

**1650 年　庚寅　清顺治七年　南明永历四年　鲁监国五年**

杜登春为绍续西南得朋会，与秦宜兆约松郡人士成立原社，公推张渊懿、施樟为盟长，刻《原社初集》行世。(《社事始末》)

释函可因著私史《变纪》下狱,遣戍沈阳,与当地流人两举冰天诗社,与者三十三人,得诗八十六首。(《胜朝粤东遗民录》卷四、《明代千遗民诗咏》二编卷一〇、释函可《冰天社诗》)

至次年间,毛聚奎与吴于蕃、管道复、汪伯征、倪端木、周雪山为西皋六子社。(全祖望《毛户部传》、《续甬上耆旧诗》卷二九)

至十年间,梁以樟在鄞,与万泰、林时跃、高斗权、徐凤垣、李杲堂、高斗魁诸人往还唱和,唱和诗辑为《八子唱和集》。(《续甬上耆旧诗》卷三七)

至康熙三年间,吴江叶继武家唐湖,举惊隐诗社,与者五十余人。(《(乾隆)震泽县志》卷三八、《国朝松陵诗征》卷一、杨凤苞《书南山草堂遗集后》)

**1651年　辛卯　清顺治八年　南明永历五年　鲁监国六年**

何闳中卒,尝弃官洱海东城,葺庐结社。(《明季滇南遗民录》卷下)

八月,宋权延贾开宗、侯方域与其子荦讲习诗文,复邀徐作肃、徐世琛、徐邻唐复修雪苑社,亦名雪园六子社。(《漫堂年谱》卷一、侯方域《雪园六子社序》)

**1652年　壬辰　清顺治九年　南明永历六年　鲁监国七年**

朝廷颁立禁盟条约,不许生员立盟结社,所作文字亦不许妄行刊刻。(《过庭纪余》卷下)

海宁朱一是集邑中精妙凡十余子,创设临云社。(朱一是《临云社集序》)

太仓王揆自京南还,结菉斐堂社,拥陆世仪。(《王巢松年谱》)

侯方域至宜兴,与诸名士为诗会。(《(嘉庆)宜兴县志》卷八、

侯方域《阳羡宴集序》）

顺治中，长洲殷铭弃诸生，隐嘤之东野，举有白沙社。（殷铭《旅窗怀白沙社诸子》、《国朝练音初集》卷九、《（嘉庆）直隶太仓州志》卷四一）

至次年间，吴兆宽与宋既庭、吴闻夏、吴汉槎举慎交社，大会于虎丘。（《国朝松陵诗征》卷二）

至康熙中期，如皋冒襄集友朋于水绘园唱和，襄辑有《同人集》。（《同人集》）

## 1653年　癸巳　清顺治十年　南明永历七年　鲁监国八年

吴伟业应召入都，道出虎丘，谋求慎交、同声和解，举大会，由两社轮流主盟，赴会者达五百之众。（《吴梅村先生年谱》卷四、《三冈识略》卷二、《研堂见闻杂录》）

四月，慎交、同声两社复举鸳湖之会，亦称十郡大社，专为和合之局。（《吴梅村先生年谱》卷三、卷四）

八月，太仓陈瑚与常熟毛晋开昆湖文会，弟子辈与者二十八人，一时传为盛事。（陈瑚等《癸巳中秋文会》、毛褒《中秋昆湖文会，次确庵师韵》诗注）

彭师度参与吴梅村十郡大社，归里后亦举大社，后归入原社。（《社事始末》）

嘉善曹勋不应清诏，与弟曹溪等十六人结小兰亭社，以诗文自娱。（《明遗民录》卷二三、《江苏诗征》卷四〇、《（光绪）金山县志》卷二四）

桐城方授卒，湖上诗人以故罢诗会者期年。（全祖望《方子留湖楼记》）

此际，娄县曹尔堪起有墨林诗画社。（《国朝画识》卷五、颜光敏《颜氏家藏尺牍附姓氏考》、《国朝耆献类征》卷四二四）

此际，江都王方歧隐居不仕，与李宗孔、汪懋麟、吴绮订有闲闲社。(《明遗民录》卷六)

此后，娄县曹元曦尝续举小兰亭社。(《江苏诗征》卷四一)

**1654年　甲午　清顺治十一年　南明永历八年**

此前，嘉定严钰乱后隐迹吴门，与林云凤、陆坦结方外社。(《(康熙)嘉定县志》卷一七)

春，原社刻有二集。(《社事始末》)

四月，原社会于读易山房，张陈鼎、周玫所创之真社欲入之，不果。(《社事始末》)

十月，吴江朱鹤龄乱后闭户著述，与归庄、侯泓、金俊明、叶襄等人会于张奕之假我堂，赋诗唱酬。(《归玄恭年谱》、《皇明遗民传》卷四、钱谦益《冬夜假我堂文宴诗》)

秋，乍浦王涟、陆亦樵等人倡结兰社，邀李天植主盟，社中部分成员亦属忘机吟社。(陆亦樵《九山游草跋》、《平湖经籍志》卷九)

陈确与祝二陶、许大辛诸人为轮岁之会，作有《山中约》。(《陈乾初先生年谱》)

此际，江浦丁雄飞居太平庵，与黄虞稷、汤濩立古欢社，互相考订史籍。(《金陵通传》卷二一、《国朝金陵诗征》卷四一)

至次年间，昆山叶方蔼倡同声社，周爱访、董闇附之。(《(乾隆)震泽县志》卷三八)

**1655年　乙未　清顺治十二年　南明永历九年**

顾廷文卒，尝与兄景文、从叔堅、僧读彻等结诗社于忍草庵。(《忍草庵志》卷二、《梁溪诗钞》卷一七)

上元，胡紫霞招祁德琼、王静淑、王端淑、黄媛介、赵东玮、陶履坦、张婉等社集于山阴浮翠轩。(黄媛介《乙未上元,吴夫人紫霞招同玉隐、王玉映、赵东玮、陶固生诸社姊集浮翠轩,迟祁修嫣、张婉仙不至,拈得元字》、王端淑《上元夕浮翠吴夫人招,同黄皆令、陶固生、赵东玮、家玉隐社集,拈得元字》、《名媛诗纬初编》卷四二)

滨社以书招陈确,确辞谢不赴。(《陈乾初先生年谱》)

## 1656年 丙申 清顺治十三年 南明永历十年

松江陶悷于里中创诗会,所刻《棠溪诗选》,凡已仕者不入。(《江苏诗征》卷四三)

此年或稍后,漳州郑亦邹结庐白云洞,倡南屏文社。(《(光绪)漳州府志》卷三三)

至康熙二年间,万言同其叔斯大、斯备、斯同及同城子弟举文会,会凡二十九人。(万言《李重明墓志》)

## 1657年 丁酉 清顺治十四年 南明永历十一年

此前,常熟毛晋结有隐湖社,社有刻。(顾梦麟《和友人诗序》)

五月,彭师度联结陶怜兄弟、董含兄弟、莫筵、姜垒如、王宗蔚、田茂遇诸人,另立恒社,以与原社抗衡。(《社事始末》)

八月,新城王士禛游历下,集诸名士于明湖,举秋柳诗社。(《渔洋山人自撰年谱》卷上)

九月,太仓陈瑚与友人集苏州含绿堂结吟社,昆山葛芝、太仓陆世仪、长洲袁骏、吉水施男诸人与之。(陈瑚《重阳后一日,含绿堂吟社初集,袁重其索赋》、施男《重阳后一日,社集含绿堂,次家又王》、陆世仪《重阳后一日,含绿堂吟社雅集,分韵得七虞》)

潘陆、李楷、孙枝蔚诸人在镇江结丁酉社。(孙枝蔚《与李岸翁、潘江如初订丁酉社,喜医者何印源招饮》)

翁叔元与同里缪渊、赵朔德、陈协、陈令、闻龙乘、陆曜等人为文会。(《翁铁庵年谱》)

**1658 年　戊戌　清顺治十五年　南明永历十二年**

顺德罗孙耀解组归,隐居石湖,与陈恭尹、梁梿、彭睿壦、吴文炜、刘云汉结社。(《(咸丰)顺德县志》卷二五)

此际,蠡吾彭通与上谷张秉曜结有北邙社。(李塨《彭山人传》、《雪桥诗话》卷一)

**1659 年　己亥　清顺治十六年　南明永历十三年**

春,新郑教谕李一榴、县令冯嗣京立起社,寓起衰救弊之意,与者八十余人。(冯嗣京《两河起社序》、李一榴《两河起社后序》)

青浦周篆与桐乡张考夫、吴江张佩葱王寅旭、昆山顾宁人、乌程严颖生等共结讲学之会。(《草亭先生年谱》)

此际,河南新郑应武举子结有谋野社,文事武备合于一社。(冯嗣京《谋野社序》、李一榴《谋野社跋》)

**1660 年　庚子　清顺治十七年　南明永历十四年**

江宁顾梦游卒,南京陷落后梦游为畅风雅,尝邀同志考古课诗。(宋㵞《顾与治诗序》)

正月,礼科给事中杨雍建上《严禁社盟陋习以破朋党之根事》疏,二月即颁旨禁止士子结订社盟。(《杨黄门奏疏》)

此年前后,淄川蒲松龄与邑人李尧臣、张笃庆、张履庆、王甡诸人结郢中诗社,聚不以时限,诗不以格拘。(《淄川县志》卷六、蒲松龄《郢中社序》、张元《柳泉蒲先生墓表》)

至次年间，吴宏人、吴闻夏、吴汉槎兄弟与同志推广慎交社事。(《(乾隆)震泽县志》卷三八)

## 1661年　辛丑　清顺治十八年　南明永历十五年

娄县宋庆远登进士，此前偕同人结振几、振雅二社。(《(嘉庆)松江府志》卷五六、《(乾隆)娄县志》卷二五、《(光绪)重修华亭县志》一二)

几社领袖徐孚远从郑成功流亡海外，与卢若腾、沈荃期、张煌言、陈士京、曹从龙诸人为社集，别称海外几社。(《续甬上耆旧诗》卷二)

顺治末，蒙化陈佐才与彭印古、杨廷斌、王国信诸人结有雪峰社。(陈佐才《雪峰社》)

顺治间，江阴章耿光、陈芝英、陈廷策、周俊声、薛日宣诸人举有芳园雅集。(《(光绪)江阴县志》卷三〇)

顺治间，桐城朱万锜教谕德清，立正谊社以课士。(《(光绪)桐乡县志》卷一五)

顺治间，会稽商景兰有二媳四女，暇日登临角韵，一时传为胜事，秀水黄皆令慕名访之。(《两浙𬨎轩录》卷四〇、《静志居诗话》卷二三)

顺治间，松江教授章霖有古香斋，与顾开雍等结诗社于此。(《(光绪)松江府续志》卷三八)

顺、康间，平湖闺秀黄德贞与归素英辈结社唱酬，共辑《名闺诗选》。(《(光绪)桐乡县志》卷一八)

顺、康间，番禺黄登居羊城谢恩巷，尝开探梅诗社，延南海梁佩兰主衡之，梁无技、僧成鹫预焉。(《(民国)番禺县续志》卷四〇、《胜朝粤东遗民录》卷一、《粤台征雅录》)

顺、康间，杭州有蕉园诗社，前期以徐灿、柴静仪、朱柔则、林以宁、钱凤纶等"蕉园五子"为首，后徐灿、朱柔则离杭，林以宁重开结社，新增张昊、毛媞、冯娴、顾姒四人，复号"蕉园七子"。(《国朝杭郡诗辑》卷三〇、《国朝闺秀正始集》卷四)

顺、康间，上海王天章与周汝谊、徐天麟互相唱和，因号鼎社。(《(民国)上海县续志》卷一九)

顺、康间，武进庄朝生告官归，与尤侗、宋实颖诸人为耆年会。(《武进阳湖合志》卷二六)

顺、康间，大兴邵瑸结有吟社。(《情田词》卷一)

此际，通州陈世祥结有社。(陈世祥《菩萨蛮·社集看菊》《满江红·社集又赋红白菊》)

**1662年　壬寅　清圣祖康熙元年　南明永历十六年**

夏，王士禛、杜濬、陈维崧等修禊于扬州红桥，有《红桥唱和词》，吴县袁于令流寓金陵，访至扬州与会。(《渔洋诗话》卷上、《香祖笔记》卷一二)

常熟钱憎邀吴伟业、钱龙惕、邓林梓、王抃等会于拂水山庄。(《王巢松年谱》)

武进唐宇昭邀王翚、恽寿平会于四并堂。(《王石谷年表》)

康熙初，娄县沈迥与沈荃、王日藻、周茂源、曹伟谟及王项龄兄弟倡有文社。(《(光绪)娄县续志》卷一六、《(光绪)金山县志》卷二一)

康熙初，无锡刘齐、刘学洙、吴世焜、吴曾锳、施焘、孙祈雍、秦道然等七人为文会，人号蓉湖七子。(《锡金识小录》卷四、《无锡金匮县志》卷四〇)

此际，嘉定苏瀜尝与周人玉结社石佛庵。(《(光绪)嘉定县志》卷二七)

## 1663年　癸卯　清康熙二年　南明永历十七年

此前，宝应王有容与乔可聘、刘心学倡有同善会。（《（道光）重修宝应县志》卷一八）

至次年间，萧山毛奇龄避居山阳，望社张新标大会名士于曲江楼，奇龄赋《明河篇》。（《（光绪）淮安府志》卷四〇）

此际，宝应乔可聘结有结真率会，与者王言绪、王有容、蔡尚廉、朱尔弼、朱尔远等。（《（道光）重修宝应县志》卷一九）

## 1664年　甲辰　清康熙三年　南明永历十八年

春，莫毕、陈维崧、林古度、杜濬等十七人，会于扬州北郭之依园，会有图，各系以诗。（陈维崧《依园游记》）

常熟陶元淳、曾倬举文会于里中绳武堂。（《曾一川自序年谱》）

至十一年间，嘉定苏渊、苏瀜兄弟召友人结有石佛庵诗社，所与皆一时知名士。（陈瑚《湄浦吟社记》、王欣夫《蛾术轩书跋》）

## 1665年　乙巳　清康熙四年　南明永历十九年

吴兆骞流徙宁古塔，与张缙彦、姚琢之、钱威、钱虞仲、钱方叔、钱丹季为七子之会，又名七谪会，后以戍役分携，会遂罢。（吴兆骞《寄顾舍人书》）

新城王士禄游杭州西湖，与宋琬、曹尔堪唱和《满江红》词，往复各至数十首，后曹尔堪游苏州，又与尤侗、宋实颖唱和，辑有《三子唱和词》《后三子词》。（《王考功年谱》、《峡流词》卷下）

邵潜、陈维崧、许嗣隆、杜濬、王士禛等集如皋冒襄水绘园修禊，太仓毛师柱与之。（《香祖笔记》卷五、《古文汇钞二集》卷二二）

**1666 年　丙午　清康熙五年　南明永历二十年**

此际，王士禛在京师结有文社。（《国朝先正事略》卷六）

**1667 年　丁未　清康熙六年　南明永历二十一年**

至次年间，余姚陈夔献在甬上创设讲经会，搜故家经学之书，与同志讨论得失。（黄宗羲《陈夔献偶刻诗文序》《陈夔献五十寿序》《陈夔献墓志铭》）

**1668 年　戊申　清康熙七年　南明永历二十二年**

河阳赵士麟知容城，集环邑之士成立金容会。（赵士麟《金容会语》）

华亭张安茂与顾景星等举菊会。（《白茅堂集》卷一四）

**1669 年　己酉　清康熙八年　南明永历二十三年**

丹徒吴期远至南京，与樊圻、胡玉昆、邹喆、吴宏等举行集会，松江叶欣与之，福建黄虞稷作长歌纪其事。（《读画录》卷四）

**1670 年　庚戌　清康熙九年　南明永历二十四年**

长洲彭定求举莳溪文会，陆芝庭、蒋公逊阅其社文。（《南畇老人自订年谱》）

郑国任与屠彦征、毛莹、徐如璞社集兰芷轩，结四老社。（《贞丰诗萃》卷一、《（光绪）周庄镇志》卷四）

安徽施闰章客扬州，与汪楫、刘体仁、程邃等会于红桥。（《愚山年谱》）

此际，昆山屠彦征屡遭播迁，与陶唐谏、郑任、方九皋、僧广明等人为耆英社，彦征执牛耳。（《（光绪）周庄镇志》卷四）

**1671 年　辛亥　清康熙十年　南明永历二十五年**

桐城方以智卒，晚年尝结宗、雷之净社。（《静志居诗话》卷一九）

甬上高宇泰慎选有道遗民，为南湖九子社，又名梓乡耆会。（《续甬上耆旧诗》卷四九、全祖望《湖上社老董先生墓版文》）

陈瑚移家海滨，与陆世仪、盛敬、宋龙、郁法、顾士琏、王撰、陆羲宾、王育、江士韶为娄东十老之会。（《安道公年谱》卷下、陈陆溥《娄东十老图诗歌序》、《（嘉庆）直隶太仓州志》卷六〇）

华亭曹尔堪至京师，倡和秋水轩，与者龚鼎孳、周在浚、纪映钟、陈维岳、王士禄、宋琬、曹贞吉等二十余人，所作辑为《秋水轩唱和词》。（《秋水轩唱和词》）

此际，甬上林时对、周立之、高斗权、朱钘、董剑鄂诸人结为南湖五子社。（全祖望《湖上社老董先生墓版文》）

**1672 年　壬子　清康熙十一年　南明永历二十六年**

五月，嘉定苏渊、苏瀴兄弟招延少长缁素四十余人续举石佛庵诗社，别名湄浦吟社，请太仓陈瑚作记。（陈瑚《湄浦吟社记》、陈瑚《次和或斋惕庵眉浦村居二首，是日惕庵大举吟社，座客四十余人》）

此前，太仓王撰与周肇、许旭、黄与坚、顾湄暨王昊、王揆、王抃、王摅等结课赋诗，吴伟业选刻之，名《娄东十子》。（《江苏诗征》卷四七）

钱塘沈丰垣、张台柱、吴仪一、俞士彪在西陵订立词社。（陆进《巢青阁集序》）

**1673 年　癸丑　清康熙十二年　南明永历二十七年**

六月，松陵重举慎交社，改名时习。（《国朝松陵诗征》卷一）

沈光文、韩文琦、华衮、宗城等遗老在台湾结福台新咏社。（《续甬上耆旧诗》卷一五、全祖望《沈太仆传》、徐祚永《闽游诗话》）

杜登春、张渊懿、董俞、田髴渊诸人于松江春藻堂举社，社员主要来自原社。（《江苏诗话》卷六九、《社事始末》、《(乾隆)江南通志》卷一六六）

**1675年 乙卯 清康熙十四年 南明永历二十九年**

林时对与同榜葛世振、族弟必达、同里孙荣旭诗筒酒社，徜徉泉石间。（《(雍正)宁波府志》卷二十八）

**1676年 丙辰 清康熙十五年 南明永历三十年**

至次年间，松江有大雅堂之会。（《江苏诗话》卷六九、《社事始末》）

**1677年 丁巳 清康熙十六年 南明永历三十一年**

此际，嘉定范光佑尝与施麟瑞结社唱和。（《(光绪)嘉定县志》卷一八）

**1678年 戊午 清康熙十七年 南明永历三十二年**

武进恽日初卒，尝设立续证人社。（恽日初《续证人社约诫》）

余杭严沆卒，晚年与方象瑛、汪麟在京结有社。（《健松斋集》卷一三）

**1679年 己未 清康熙十八年 南明永历三十三年**

山阴张岱卒，尝结丝社、蟹会。（《陶庵梦忆》卷三、卷八）

纳兰性德邀姜宸英、顾贞观、朱彝尊、严绳孙、曹寅等作渌水

亭雅集。(《通志堂集》卷一三)

## 1680 年　庚申　清康熙十九年　南明永历三十四年

此前，嘉定许自俊与苏溦等人结有岁寒社。(许自俊《岁寒社饮同三侬和惕庵韵》)

鄞县李文胤卒，尝仿场屋之例，主盟鉴湖社。(《雪桥诗话》卷一)

## 1681 年　辛酉　清康熙二十年　南明永历三十五年

吴江朱虹任扬州府学教授，与顾樵、吴绮、宗元鼎等举诗会。(《新柳堂集》卷四)

华亭唐昌世、林子卿、沈麟、董含等在里举尚齿会，王原作《东皋尚齿会记》。(《西亭文钞》卷八)

淄川唐梦赉与钱塘吴陈琰同游吴越，沿途唱和，辑有《辛酉同游倡和诗余后集》，何采、曹溶、林云铭、徐喈凤皆曾步和。(《志壑堂诗集》卷之上)

## 1682 年　壬戌　清康熙二十一年　南明永历三十六年

吴江吴兆骞在京，与顾贞观、严绳孙、姜宸英、朱彝尊等集纳兰性德宅，举有灯夕之会。(《湛园未定稿》卷八)

此际，长洲顾嗣协构有依园，每集骚人韵士为胜会，金侃、潘镠、黄份、金贲、蔡元翼、曹基与之酬唱最多，时人称为依园七子。(《吴门园墅文献》卷一)

## 1683 年　癸亥　清康熙二十二年　南明永历三十七年

康熙前期，王之蛟尝修葺东皋诗社，取为别业，聘屈大均、陈恭尹、梁佩兰主其中。(《(民国)番禺县续志》卷四○)

吴江叶燮与黄始、蔡垣、周京、杜岕、程邃、王概举有秋会。（《天延阁后集》卷八）

释石涛客南京，与周京、黄云、程邃等作有重九会。（《石涛系年》）

**1684 年　甲子　清康熙二十三年**

此前，华州白奂彩尝率同志结社。（《清史稿》卷四八〇）

开封周在浚在京，与阎若璩、洪昇、黄虞稷等月举一会。（《曝书亭集》卷一二）

赵士麟巡抚浙江，集绅士僚属为武林会。（赵士麟《武林会语》）

至次年间，平湖陆葇里居，与李期叔、沈南疑、陆嫩真数辈倡和，有《当湖唱和诗》。（朱彝尊《洛如诗钞序》）

**1685 年　乙丑　清康熙二十四年**

昆山徐秉义旅武昌，与顾景星等会于吸江阁。（《白茅堂集》卷二五）

安徽袁启旭居里，与梅清修社于鼇峰培风阁。（《天延阁后集》卷一〇）

王奭、孙致弥、吴世杰、钱金甫、王源等在京作岁寒会。（《敬业堂诗集》卷六）

**1686 年　丙寅　清康熙二十五年**

赵士麟移抚江苏，举金阊会于苏州。（赵士麟《金阊会语》）

吴江叶燮大会文士于二弃草堂，冠带之集，几遍江浙。（《江苏诗征》卷一六一）

荆溪路传经举应社。（路传经《贺新郎·丙寅竹醉日应社诸子

集史幼方斋中斗文赌酒》）

冬，孔尚任在广陵疏海，召友人听雨分韵，如约集者十六人，一时江南北传播。（孔尚任《广陵听雨时序》、《湖海集》卷一）

**1687 年　丁卯　清康熙二十六年**

睢州汤斌卒，尝创有志学会。（汤斌《志学会约》）

三月，孔尚任在海陵大会诗人于署园北楼，与者二十余人。（孔尚任《海陵登楼记》、《湖海集》卷二）

四月，江都吴绮、蒋易、卓尔堪与龚贤、僧石涛、孔尚任、查士标、闵麟嗣等二十余人在扬州共会春江社。（《湖海集》卷二）

十一月，孔尚任大集名士五十余人于琼花观看月，即席分韵。（孔尚任《琼花观看月序》、《湖海集》卷三）

如皋冒襄、泰州邓汉仪到兴化访孔尚任，谋举花洲社，未果。（《湖海集》卷三）

**1688 年　戊辰　清康熙二十七年**

三月，孔尚任大会群贤于扬州红桥修禊，与者二十余人。（孔尚任《红桥修禊序》、《湖海集》卷四、《淮海英灵集》甲集卷一）

八月，孔尚任大会同人于广陵观涛，与者三十二人。（《湖海集》卷五）

此际，长洲顾嗣立与俞犀月结社于秀野园，唱和者钱澄之、曾灿、杜濬、费密、吴绮等十余人。（《闾邱年谱》）

**1689 年　己巳　清康熙二十八年**

南海梁佩兰告归，结兰湖诗社，与屈大均、陈恭尹共同主持社事。（《粤东诗海》卷六七）

孔尚任游南京，与阮柽、郑簠、陈垲等十余人会于冶山。（《湖

海集》卷七)

吴绮、王方岐、卓尔堪、乔寅等与孔尚任同集扬州禅智寺修重阳故事,江都蒋易与之。(《湖海集》卷七)

**1690年　庚午　清康熙二十九年**

此际,海宁查慎行有《桔社集》,当曾结社。(《敬业堂诗集》卷一二)

**1691年　辛未　清康熙三十年**

嘉定陆元辅卒,尝与张懿实结有启社。(《(光绪)嘉定县志》卷一九)

仲夏,青浦唐璟、唐瑗、唐管兄弟集名士共二十一人结素心社,泛舟小镜湖,觞咏竟日。(《江苏诗征》卷六八、《蒲褐山房诗话》卷下、《(嘉庆)松江府志》卷八三)

安徽郑昂与吴绮等在扬州重举春江社。(《林蕙堂全集》卷一〇)

**1692年　壬申　清康熙三十一年**

康熙中,无锡士人续结碧山吟社,与者秦实然、秦五辑、华子山、荣涟、邹景何等,凡有二十一人。(杜诏《题碧山吟社新图》《再续碧山吟社并序》)

康熙中,青浦唐士恂尝与里人举文会于文昌祠。(《(嘉庆)珠里小志》卷六)

康熙中,松江黄渡僧荫天工吟咏,尝与王坚、夏时中、沈会丰、汪存夜、陈兆桢等结社联吟,风雅最盛。(《(光绪)松江府续志》卷四〇、《(光绪)青浦县志》卷三〇)

康熙中,嘉定夏时中与范超兄弟结有淞湄诗社。(《(光绪)嘉

定县志》卷二七)

## 1693年　癸酉　清康熙三十二年

至次年间，华亭秦望山庄两举耆年会，钱陆灿、盛符升、尤侗等原复社几社成员与之，皆苏松地区之耆宿。(《(光绪)重修华亭县志》卷二四)

## 1694年　甲戌　清康熙三十三年

三月初三，昆山徐乾学举遂园禊饮，江南士人钱陆灿、尤侗、盛符升、王日藻等十余人应召齐集，徐氏辑有《遂园禊饮集》。(《藏园群书题记》卷二、徐乾学《遂园诗》)

石为崧、吴世焘、姚弘绪等在京，会于赵吉士宅寄园。(《林卧遥集》卷下)

## 1695年　乙亥　清康熙三十四年

武进唐恽宸、胡香昊、陈錬、董大伦等作浣花会以纪杜甫。(《毗陵名人小传稿》卷二、《武进阳湖合志》卷二六)

长洲彭定求邀同里地主作豆腐会。(《南畇诗稿》卷一)

平湖陆葇致政归里，与里中耆旧结真率会，尤类香山之会。(朱彝尊《雅坪诗稿序》)

顾汧自礼部致仕归苏州，招集小园为九老之会。(顾汧《凤池园诗集自序》)

秋，长洲顾嗣立在京师秀野园举鸿笔文社，大会江浙八郡名士。(《闾邱年谱》)

## 1697年　丁丑　清康熙三十六年

吴江潘耒、钮琇、徐釚、张尚瑗等在里中举人日会。(《南州草

堂续集》卷一）

此际，兴化李沂有作《诸老燕会记》，当曾举会。（《鸾啸堂集》）

## 1698年　戊寅　清康熙三十七年

四月，吴县张景崧邀沈德潜结诗文会于家中。（《沈德潜年谱》）

## 1699年　己卯　清康熙三十八年

江阴曹禾卒，尝集里中后进孔毓玑、汤大辂、耿人龙、徐恪、高玉行辈为文会。（《（道光）江阴县志》卷一七）

苏州蒋树存倡送春会于绣谷园，与者尤侗、朱彝尊、惠士奇、张大受、沈德潜等，常熟王翚绘有图。（《沈德潜年谱》、《清稗类钞·园林类》）

此际，于汉翔、吴熿、刘凡、黄元治、孔尚任、龙燮等在京，仿王世贞、李攀龙故事，以郎官结社。（《（光绪）金坛县志》卷九）

## 1700年　庚辰　清康熙三十九年

昆山徐履忱卒，尝读书郡城与诸名流结社唱和。（《（光绪）昆新两县续修合志》卷三一）

安徽方仲舒在南京结皓社，作有《皓社吟》。（《国朝金陵诗征》卷六）

## 1701年　辛巳　清康熙四十年

春，休宁吴翟结泰春会讲。（吴翟《讲学议》）

长洲张士俊在查山构六浮阁成，朱彝尊、徐釚、顾嗣协、顾嗣立、蒋深等同集，作"二月初二夜月"联句，长州徐葆光与会。

(《曝书亭集》卷二〇)

## 1702年 壬午 清康熙四十一年

嘉定张大受得王武旧所,与朱彝尊、高不骞、徐昂发等以此联句,述沈周、唐寅事。(《曝书亭集》卷二〇)

此后,番禺汪后来尝倡社汾江,远近吟士多仰为职志,尝邀同广郡中名辈二十五人。(《粤台征雅录》)

## 1703年 癸未 清康熙四十二年

青浦王昶在京与朱筠、翁方纲、钱载等举消寒之会。(《春融堂集》卷四〇)

## 1705年 乙酉 清康熙四十四年

彭定求招沈德潜会文。(《沈德潜年谱》)

## 1706年 丙戌 清康熙四十五年

山阴王端淑卒,尝结社以问业四方名流。(《稗说》卷二)

至四十七年,平湖陆载昆读书西皋,与群从昆弟结为洛如诗会,推其叔奎勋为都讲,先后与会者四十多人,成诗两千两百余首,有《洛如诗钞》。(陆奎勋《洛如诗钞序》、陆载昆《约言五则》、朱彝尊《洛如诗钞序》)

此年前后,宜兴储掌文与徐双南、徐西庚、徐紫来、陈永若、张景云、史搴斋、吴文锡八人联丽社,互相切劘课文,后广至二十余人。(储樵《先府君云溪公行状》)

此际,大兴翁方纲集王友亮、吴锡麟、宋葆淳等数举寿苏诗会。(《复初斋诗外集》卷一五、卷二一、卷二五)

## 1707年　丁亥　清康熙四十六年

朱彝尊、蔡垲、唐绍祖等冒雨举会于扬州平山堂。(《曝书亭集》卷二二)

长洲沈德潜、与张锡祚、张景崧、徐夔等在里中结城南社。(《沈归愚自订年谱》、《沈德潜年谱》)

宜兴复举荆南社，社中多耆英老宿，储梅隐执牛耳，储掌文以少年驰骋其中。(储樵《先府君云溪公行状》、《重刊宜兴县志》卷三)

此际，宜兴叶翘、储欣、储善庆、储方庆、许凤、周雪、周涟等人在宜兴联荆南八俊课，后广之为十二人。(储樵《先府君云溪公行状》、《宜兴县旧志》卷八)

## 1710年　庚寅　清康熙四十九年

至次年间，太仓王时翔在里中举诗社，又与同里毛健、顾陈垿倡词社，王策、王轱、王嵩、王愫、徐庚诸人起而应之。(王时翔《小山词自跋》、《莲子居词话》卷四、《赌棋山庄词话》卷一一)

## 1712年　壬辰　清康熙五十一年

嘉定张大受与宫鸿历、顾嗣立、周起渭、查慎行等会于京师樵沙道院。(《敬业堂诗集》卷四〇)

## 1713年　癸巳　清康熙五十二年

嘉定张揆方中举，此前与同里张觐光、张锡爵、昆山朱厚章结有诗文社。(《(光绪)宝山县志》卷九)

## 1714年　甲午　清康熙五十三年

无锡顾贞观卒，晚年家居，尝结社于忍草庵。(《忍草庵志》

卷二)

　　五月，金山戴有祺创立吟社，诸同人咸集赋诗，题曰《风萍闲兴》，施道园为序。(《(嘉庆)松江府志》卷八三)

**1718年　戊戌　清康熙五十七年**

　　洪都沈琦侨寓于粤，于白燕堂开粤台古迹八咏诗社，征诗城乡吟侣，匝月间收三千余卷，延蒋容江、万字兆、许苍岚同为评阅。(《粤台征雅录》)

　　平湖姚廷瓒邀湖中诸名士结诗酒社，名曰花社，自春徂秋极觞咏唱酬之乐，辑有《鹦湖花社诗》。(陆奎勋《修竹庐稿序》、《(光绪)平湖县志》卷一七、《(光绪)金山县志》卷二一)

**1721年　辛丑　清康熙六十年**

　　黄淳耀曾侄孙女适虬江施氏，早寡，结社南翔东林庵，与同人唱和于佛火香灯之侧。(《(民国)嘉定县续志》卷一五)

**1722年　壬寅　清康熙六十一年**

　　三月，长洲沈德潜举北郭诗社，与者张景崧、冯念祖、徐夔、陈睿思、释岑霱、张锡祚等十余人，时有"十友"之号。(沈德潜《诗社诸友渐次沦没不胜盛衰聚散之感作歌一章柬旧同好》、《沈德潜年谱》)

　　康熙末，太仓唐孙华致仕，坚卧不出，与里中老友杖履相存，文酒数会二十余年，又与曾祖嶙辈结有诗社。(王吉武《东江诗钞序》、钱大昕《敬亭弟墓志铭》)

　　康熙后期，松江有消夏诗社，社有《于野集》，与者张琳、张志京、张天授、朱霞、朱子儒、陆圃玉、陈咸京、董宏辅、徐景于等。(《江苏诗征》卷五八、《(光绪)娄县续志》卷二〇)

康熙间，嘉定张大受与何焯、惠士奇、徐梅、释灂睿等结诗社于吴门。(《(民国)吴县志》卷五七、《(道光)苏州府志》卷一二〇)

康熙间，陆经远、蒋文澜、张孟球、陈世安、宋聚业、章豫诸人尝于沧浪亭修香山洛社故事。(《沧浪亭志》卷六)

康熙间，青浦任潢尝与董黄、周纶、王原为文酒之会，有《南轩唱和集》。(《(光绪)青浦县志》卷一九)

康熙间，上海徐殷辂尝与诸名流结诗社。(《(民国)上海县续志》卷一九)

康熙间，吴县金綖结有社。(金綖《村居答社中诸子》、《江苏诗征》卷八八)

康熙间，任大任、应嗣寅于吴江结有狷社。(《江苏诗征》卷八九)

康熙间，长洲陆志熙尝与归庄、王晨、吴殳辈结社赋诗。(《(道光)苏州府志》卷一〇四)

康熙间，金坛有金沙十子社，与者汤格、蒋超、于云石、高东生、汤栻等。(《京江耆旧集》卷三、《江苏诗征》卷六一)

康熙间，常熟王誉昌诸人结有诗社，与者薛熙、严熊、张远、王材任、孙扬光等。(《(乾隆)常昭合志》卷九)

康熙间，常熟诗人许天锦结有吟梅之会，与者悉为海内知名之士。(《海虞诗苑》卷一〇)

康熙间，无锡朱襄尝与同邑诸人续碧山吟社，有《续碧山吟》之刻。(《无锡金匮县志》卷二二、《梁溪诗钞》卷二七)

康熙间，武进吕祖辉、刘文定、刘圃结有文社。(洪亮吉《文学吕先生墓表》)

康熙间，裴之仙、储欣诸人尝立中孚社于常、镇地区，士论推服。(《(光绪)丹徒县志》卷三二、储欣《在陆草堂文集序》)

康熙间，李一贞、计侨、陈檀禧、贺燕征、陈文荐、张孝思等尝于丹徒立有合社。(《江苏诗征》卷七五、《京江耆旧集》卷一〇)

康熙间，青浦胡大成、张奂曾、周文选、张世禄、屠起泰结有诗社，称金溪五老。(《（光绪）青浦县志》卷一九)

康熙间，江阴有从野堂诗会，与者十有五人。(《（道光）江阴县志》卷二八)

康熙间，江阴高煃与储欣、王诒燕等立有金沙社。(《（道光）江阴县志》卷一六、卷一七)

康熙间，无锡秦保寅与严绳孙、蒋遵路辈结有诗社。(《锡山秦氏诗钞·今集》卷一)

康熙间，靖江时浚与朱漾、羊球、朱凤台结有吟社。(《靖江县志》卷一四)

康熙间，无锡有敬业会，会以时艺，显达者为张泰开，他如曹辑五、顾预、顾景、华宏宪、顾赞、钱基等皆登科甲。(《无锡金匮县志》卷四〇)

康熙间，嘉定柯炘主有南翔诗社，有社刻行世。(《（光绪）嘉定县志》卷一九)

康熙间，嘉定李安世与汪骧、杜玠、周定鼎倡为诗社，柯炘、金汝钰、李燧、李焕及流寓唐瑀、朱瀚相与唱和，辑有《槎溪唱和诗》。(《（光绪）嘉定县志》卷二八)

康熙间，上海张锡怿与里中倡有放生会、同善会。(《（乾隆）上海县志》卷七、张铎庵《同善会倡和诗》)

康熙间，青浦高一桂与邵玘、金瑜、杨敬授结有九老会，谭燕终日。(《（嘉庆）珠里小志》卷一二)

康熙间，青浦姜璜如尝偕诸懋敏、范逸等结有文社。(《（光绪）松江府续志》卷二五)

康熙间，嘉定赵俞宦归，每年人日，结有淡成社，与同志从容觞咏；又有寻乐社，乾隆间续举于赵丕烈；又与同县诸耆旧结为文社。(《春融堂集》卷六五、《(嘉庆)石冈广福合志》卷四、张大受《定陶知县赵君墓志铭》)

康、雍间，无锡有夕阳社，李崧为社长。(沈德潜《李芥轩墓志铭》、《梁溪诗钞》卷二六)

康、雍间，吴江有岁寒吟社，与者沈凤举、孙元、许硕辅、顾寿开、吴惠、吴然、赵文然等，人称"十逸"。(《江苏诗征》卷一〇〇)

康、雍间，释妙复与荣涟、杜诏结有诗社，号九峰三逸。(《梁溪诗钞》卷五八)

康、雍间，无锡杜诏尝偕同人结社。(《梁溪诗钞》卷二七)

康、雍间，丹徒有春草堂社，先后与者张恕可、余京、章江蒿、夏晓堂、杨石滨、周静植等。(《京江张氏家集》卷三)

康、雍间，娄县张梁与杜诏、陈聂恒、兄维煦等结有词社，名噪一时。(《(乾隆)娄县志》卷二六、《(嘉庆)珠里小志·凡例》)

此际，南海张河图结有西园十二堂吟社，后何成远诸人仿之为后十二堂，作有《十二楼社诗》。(《粤台征雅录》)

此际，青浦陆文启尝与蔡敦、李旅应月举文会。(《(嘉庆)珠里小志》卷一三)

## 1723年 癸卯 清世宗雍正元年

雍正初，许名仑在吴县结有社，与者僧心鉴、霏玉、希古等。(《(道光)吴门补乘》卷五)

## 1727年 丁未 清雍正五年

平湖陆奎勋乞归，举赓花雅集，亦名赓花诗课。(陆奎勋《小石林诗二集序》、张云锦《艺舫试帖新编自序》)

## 1730年　庚戌　清雍正八年

钱塘林以宁卒，尝与顾姒、曹鉴冰举有淀滨诗会。(《(光绪)青浦县志》卷二三、《青浦闺秀诗存》)

## 1731年　辛亥　清雍正九年

平湖张云锦预修《浙江通志》，与沈德潜结社杭州西湖，有《续艺舫诗集》。(《平湖经籍志》卷二九)

## 1735年　乙卯　清雍正十三年

雍正间，娄县徐启晃、陈枚、朱镇、季骏等结有西郊吟社。(《(乾隆)娄县志》卷二七)

雍正间，华亭鞠澹如与同里钦善、高崇瑞、改琦、姜埧及武昌僧铁舟结祈雪社于东阳道院。(《墨林今话》、《(光绪)重修华亭县志》卷一六)

雍正间，番禺韩海于广州东皋别业结有诗社。(《广州城坊志》卷六)

雍、乾间，吴江释大持结有社，与者皆吴江少年僧。(《(乾隆)吴江县志》卷三七)

雍、乾间，常熟陈祖范、王应奎、汪沈琇、侯铨结有海虞诗课。(沈德潜《归愚文钞》《国朝诗别裁集》)

雍、乾间，丹阳孙宏孝与同邑杨志达、眭修年、虞玉辈结有诗酒社。(《京江耆旧集》卷二)

雍、乾间，程天保、沈德潜等十数人在金沙社后又举有九贤堂澹园社。(《(道光)江阴县志》卷一七)

雍、乾间，番禺钟瓒居郭中献玉堂，名流数十辈，时相过从倡和，有《献玉堂雅集诗》。(《粤台征雅录》、《(乾隆)番禺县志》卷一五)

此际，华亭王镠尝举锡朋、振雅诸社，延奖后进。(《(光绪)重修华亭县志》卷一六)

此际，嘉定赵镜屡试不售，晚年移居浴日堂，续举其祖俞之淡成社。(《(嘉庆)石冈广福合志》卷二、《(光绪)宝山县志》卷一〇)

**1736年　丙辰　清高宗乾隆元年**

钱塘厉鹗下第，居傍南湖，与马曰琯、张四科、陆钟辉等结韩江吟社，后全祖望将社集作品编为《韩江雅集》。(汪沆《樊榭山房文集序》、《国朝先正事略》卷四二、张四科《让圃八咏》)

乾隆初，顾思照、黄之隽、周吉士诸人在娄县结有诗社。(《(光绪)娄县续志》卷一六)

乾隆初，松江姜尔荣、尔耀兄弟尝偕王永祺、卫柱、王澄、廖景文等结社于香穗园。((光绪)《松江府续志》卷三八)

乾隆初，新埭谈玉璜与周霞村、沈怡村结为星社，吟咏无虚日，有《新溪唱和集》。(《平湖经籍志》卷一七)

乾隆初，嘉定杜纬武延上海姜桂结诗社，唱和者沈之英、戴焯、吴衍庆、金德音、姚葵等。(《(光绪)嘉定县志》卷二八)

**1738年　戊午　清乾隆三年**

青浦池树仪官蒙城教谕，日设文会于明伦堂以课士，一时称盛。(《(光绪)青浦县志》卷一九)

**1740年　庚申　清乾隆五年**

宜兴史承谦、储国钧、汪溥等会于南园，作阳羡古迹诗。(《江苏诗征》卷七二)

嘉定周笠、吴县张宗苍等客淮安，集程嗣立菰蒲庄举画会。

(《水南遗集》卷二)

## 1741年　辛酉　清乾隆六年

陈大钧主盟续举碧山吟社，先后与者二十余人。(《梁溪诗钞》卷三四)

此际，南海陈炎宗与李易简、吴函、左业光结社汾江，流连文酒，时人目为懒园四子，后易简弟松筠入社，合称五子。(《粤台征雅录》)

## 1742年　壬戌　清乾隆七年

娄县章鸣鹤卒，尝偕董之隽、徐是傚诸人结诗社。(《(光绪)松江府续志》卷二五)

丹徒管兆桂与同里张曾、鲍皋、钱为光等共举浣花会以纪杜甫。(《江苏诗征》卷一〇六)

此年前后，无锡士人结有蓉湖吟社，朱廷钟主之。(《梁溪诗钞》卷三八)

## 1743年　癸亥　清乾隆八年

厉鹗、全祖望与马曰琯、方士庶、王藻等在扬州举陶潜诗会。(《樊榭山房文集》卷六)

## 1744年　甲子　清乾隆九年

此际，吴江李重华与张鹏翀、沈德潜等在京结有社。(《震江人物续志》卷四)

## 1745年　乙丑　清乾隆十年

此际，安徽吴敬梓与吴培源、龚元忠、顾国泰、樊明征、冯祚

泰等在南京芦渡园举有消寒会。(《雪村编年诗賸》卷一二)

**1746年　丙寅　清乾隆十一年**

此际,山阳洪基任宝山训导,甫至即约诸生为文会。(《(光绪)宝山县志》卷七)

**1747年　丁卯　清乾隆十二年**

沈德潜偕诸人于二弃草堂举九老之会,与者叶长扬、顾嘉誉、张钬、谢淞洲、薛雪、沈岩、周之奇等。(《沈归愚自订年谱》)

**1748年　戊辰　清乾隆十三年**

二月,青浦王昶与张熙纯、赵文哲、凌应曾辈十六人为文酒之会。(《述庵先生年谱》卷上)

**1749年　己巳　清乾隆十四年**

春,常州庄氏与里中老人为南华九老会,各系以诗,年及六十而未预斯会者复二十一人,各依韵和之,有《南华九老会唱和诗谱》存世。(洪亮吉《南华九老会唱和诗序》、张惠言《南华九老会唱和诗谱序》)

长洲沈德潜解京职归,举会于虎丘塔影园。(《沈归愚自订年谱》)

**1751年　辛未　清乾隆十六年**

无锡秦氏族人年六十以上者九人迎驾于寄畅园,奉命和诗,成九老之会,九人为孝然、实然、敬然、荣然、寿然、瑞熙、芝田、东田、莘田。(浦起龙《秦氏耆英里记》、《无锡金匮县志》卷三八)

长洲吴泰来与王昶、王鸣盛、钱大昕、惠栋、僧逸云等十余人在木渎镇遂初园结社唱和。(《(道光)吴门补乘》卷五、《蒲谒山房

诗话》)

吴县叶长扬与虞景星、李果、薛雪、袁枚等会于吴门,作品辑为《旧雨集》。(《随园诗话》卷三、《郘园读书志》卷一一)

**1753 年　癸酉　清乾隆十八年**

此际,青浦张纪宗与诸生陶本华等联有吟社。(《(光绪)松江府续志》卷二五)

**1754 年　甲戌　清乾隆十九年**

春,仪征郑澐诸人在扬州结社,绘图谱词。(郑澐《一枝春词序》)

**1755 年　乙亥　清乾隆二十年**

此际,平湖张云锦重举洛如吟社,又名东湖吟社,叶鋆、叶庄、陆培、程光昱、胡云霁、张浩、方树本、茅应奎等先后入社,有《续洛如诗钞》《再续洛如诗》。(徐熊飞《绸斋先生墓志铭》《咏花轩遗稿序》、厉鹗《叶筠客叠翠诗编序》)

此际,南海陈昌言尝结社汾江朋桥。(《粤台征雅录》)

**1757 年　丁丑　清乾隆二十二年**

袁枚与陈毅、周榘、王箴舆、汪思回等社集于汤阴岳梦渊竹轩,岳氏作有《竹轩诗社即事》诗。(《海桐书屋诗钞》卷七)

**1759 年　己卯　清乾隆二十四年**

丹徒张学林约戚友叙齿,举九老会于里中,初与者九人,后增一、二人。(《京江张氏家集》卷四)

蒋业鼎倡后送春会于苏州绣谷园,去其祖树存倡此会已六十

年,以沈德潜为首座,与者二十余人,王存愫绘有图。(《沈德潜年谱》、《清稗类钞·园林类》)

甘泉黄文旸、崇明何忠相、丹阳彭澧等在南京结秦淮大会。(《群雅集》卷一四)

## 1760年 庚辰 清乾隆二十五年

此年前后,侯官许琛丧夫归里,与廖淑筹、庄九畹、郑徽柔、郑镜蓉、黄淑窕、黄淑畹等闺秀诗人结社倡和,诗学益进。(《清代闺阁诗人征略》卷四)

## 1762年 壬午 清乾隆二十七年

武进钱维城视学浙江,其女孟钿偕婿崔龙见来省,与诸昆弟结为浣青诗社,维城偶与其事。(钱维城《孟钿诗抄序》)

## 1763年 癸未 清乾隆二十八年

吴江袁景辂、顾我鲁、顾汝敬、王元文、沈芥舟、陈毓升、沈梦祥、沈培生等在里结竹溪诗社,就正于沈德潜。(《北溪诗集》、《(光绪)吴江县续志》卷二一)

程晋芳、陆锡熊、吴省钦、曹仁虎等在京集会,以京中民俗为题,作《斗鹌鹑联句》。(《白华前稿》卷三四)

## 1764年 甲申 清乾隆二十九年

如皋汪之珩、汪干、黄振等在里举近社。(《斜阳馆日记》)

## 1765年 乙酉 清乾隆三十年

高宗南巡至苏州,抚慰沈德潜有加,德潜复举九老之会。(《沈德潜年谱》)

此际，阳湖洪亮吉从舅氏曙斋问业，时表兄馨、从表兄定安皆授徒于家，三人朝夕往还，有《春园唱和集》，又与里中诸名士结社订交，有《题阿房宫图》诸诗。（《洪北江先生年谱》）

此际，奉贤顾鸿志与马光裘辈结有诗酒之会。（《（光绪）重修奉贤县志》卷一一）

## 1766年 丙戌 清乾隆三十一年

春，娄县诸煌与徐王昱、朱龙鉴、冯勤忠、宋永均、金铨、吴弼、吴翳、沈天德为尚齿之会，次年春沈大成归自广陵，合成十老会。（《（光绪）娄县续志》卷一六、沈大成《同里十老会序》）

## 1768年 戊子 清乾隆三十三年

至次年间，吴江朱方穀结有社，推王逸虬主盟。（《垂虹诗胜》卷八）

## 1769年 己丑 清乾隆三十四年

十一月，松江李宗袁集里中老人举诗会，与者凡一十九人。（钱载《敬承会诗并序》）

## 1770年 庚寅 清乾隆三十五年

秋，无锡邹二知、张有堂、曹之琰、邹捷、华西植、施禹言、华希闵诸人会于慧川园，续举碧山吟社，绘十老图，并系以诗。（顾建元《续碧山吟社诗并序》）

此际，南海文斗尝与诸吟侣社集西禅寺，吴函、陈仲鸿在座。（《粤台征雅录》）

## 1772年 壬辰 清乾隆三十七年

泰州仲振宜、仲振宣姊妹与其嫂赵笺霞更倡迭和，订有兰盟。

（赵笺霞《留云阁合稿序》）

## 1773年 癸巳 清乾隆三十八年

嘉定周颢卒，尝与程景陶、浦方山、周心友、陆声宏、陆志先、侯绪皇、金应銮、张擔伯辈结尚齿会。（《马陆志》卷四）

## 1774年 甲午 清乾隆三十九年

阳湖杨伦、洪亮吉、孙星衍与武进赵怀玉、黄景仁、吕星垣、徐书受创文会于里中，称毗陵七子。（《洪北江先生年谱》、《孙渊如先生年谱》、杨芳灿《亦有生斋集总序》）

## 1775年 乙未 清乾隆四十年

二月，袁枚六十生辰，仿康海故事，集女校书于苏州唱《百年歌》，作雅会。（袁枚《与苏州孔南溪太守》）

杨潮观、顾光旭、吴省钦等会于成都扶雅堂，光旭、省钦各纪以诗。（《响泉集》卷一〇）

钱孟钿在其夫崔龙见频阳官舍结社赋诗，与者钱维乔、钱锴、杨梦符、崔龙见、崔景仪、管世铭等，皆族内亲友，有《鸣秋和籁集》一卷。（崔龙见《浣青夫人钱恭人行略》）

此后，吴江计瑸归里，与严树、汤钟、陈尊源辈结诗社于读书乐园。（《（民国）盛湖志》卷九）

## 1777年 丁酉 清乾隆四十二年

元和王周士等在苏州成立光裕社。（《光裕社纪念册》）

## 1779年 己亥 清乾隆四十四年

阳湖洪亮吉与黄景仁、程晋芳、张坝、翁方纲、蒋士铨、吴锡

麒等在京结都门诗社。(《洪北江年谱》)

### 1780年　庚子　清乾隆四十五年

青浦张藻卒,尝与诸女伴结有诗社。(张藻《岁暮有怀旧社诸伴》)

### 1782年　壬寅　清乾隆四十七年

娄县廖景文举会于小檀园,辑限韵诗一卷。(王昶《修禊吟序》)

武进庄勇成、庄绳祖、庄选辰与程景傅、赵怀玉、蒋熊昌等在里举吟社,拈题分体,各出觞政。(赵怀玉《文学庄君墓志铭》)

吴县石韫玉会试归里,与张邦弼、赵基、王芑孙、张诒、沈起凤、沈清瑞结碧桃诗社,每月一会。(赵韫玉《赵开仲乳初轩诗序》)

冬,镇洋毕沅官陕西巡抚,集僚友严长明、洪亮吉、孙星衍、王开沃、吴泰来、钱坫、诸葛庐、王心钟等于所居静寄园作消寒会,长明辑有《官阁消寒集》。(《官阁消寒集》、《卷施阁诗》卷四、《灵岩山人诗集》卷三一和卷三二)

至五十一年,毕沅以苏轼曾任凤翔通判,在西安署内为轼设祀,集会唱和凡四,辑有《苏文忠公生日设祀诗》。(《苏文忠公生日设祀诗》、《弇山毕公年谱》)

### 1784年　甲辰　清乾隆四十九年

春,常州庄祖绳谋举后南华九老会,侵寻未就,所列庄氏耆老继相殂谢。(庄宇逵《南华九老会倡和诗谱跋》)

奉贤戴天颜、卫琛捐建瑞宜禅院,并设文社。(《(光绪)重修

奉贤县志》卷二〇、《（光绪）松江府续志》卷三八）

通州胡长龄、范崇简、李懿曾等在里结山茨社。（《扶海楼诗集》卷二）

汪焰、黄之纪、王开沃等集西安，与王昶共作联句送吴泰来赴开封。（《春融堂集》卷一八）

**1785 年　乙巳　清乾隆五十年**

吴江徐熿与金学诗、王元文、杨复吉诸人先后会于播琴堂等地。（《北溪诗集》卷一九）

新杭宋景和偕同志在吴江小沧浪筑屋如舟式，结诗社于中。（《（光绪）盛湖志补》卷一）

**1787 年　丁未　清乾隆五十二年**

元和沈三白在安徽绩溪做幕，观花果会，作有记。（《浮生六记》卷四）

**1788 年　戊申　清乾隆五十三年**

此际，苏州张允滋、张芬、陆瑛、李嫩、席蕙文、朱宗淑、江珠、沈纕、尤澹仙、沈持玉结为清溪吟社，又名林屋十子吟社、吴中十子社，张允滋将十人诗词作品选录为《吴中女士诗钞》，经其夫任兆麟阅定后于是年刊行。（《梧门诗话》卷一五、《名媛诗话》卷四、《（民国）吴县志》卷七四下）

**1789 年　己酉　清乾隆五十四年**

吴县詹应甲旅京，与孙星衍、张燮、顾王霖等会于陶然亭。（《五是堂诗集》卷三）

阳湖张琦、陆继辂、庄曾仪与江阴祝百十、祝百五等举文会于

常州。（《崇百药斋续集》卷三）

至嘉庆四年间，金匮杨芳灿官宁夏灵武，与侯士骧、周为汉、陆芝田、杨夔生等分题选韵，月凡三集，所得诗词录为《荆圃唱和集》。（杨芳灿《荆圃唱和集序》）

## 1790年　庚戌　清乾隆五十五年

春，钱塘袁枚回杭州扫墓，女弟子孙碧梧邀女士十三人，大会于西湖湖楼。（《随园诗话补遗》卷一、孙云凤《湖楼送别序》、《湖海诗传》）

阳湖刘嗣绾在里，谋续举碧山后社，辑此年诗为《碧山后社集》。（《国朝诗人征略》卷五七）

丹徒张絃、张鉴、茅元铭、郭堃、鲍文逵等以文字相结合，称松溪五友。（《张夕庵年谱》）

## 1792年壬子　清乾隆五十七年

春，钱塘袁枚重游天台，返程途径杭州，再次招集女弟子七人作诗会。（《随园诗话补遗》卷五、孙云鹤《随园先生再游天台归，招集湖楼送别，分得归字》）

此际，吴江袁棠与任椒圃、朱铁门、郭频伽、马蕉庵、顾青庵结续竹溪诗社，又称竹溪后社。（《松陵诗征续编》卷七、《铁箫庵文稿》卷四）

## 1794年　甲寅　清乾隆五十九年

会稽潘素心随夫汪润之仕宦京师，与汪韵梅诸闺友结有吟社。（汪韵梅《王父雨园官詹官京师，所居西园桃花最盛，王母潘太夫人常开吟社，幼侍游燕，俯仰今昔，追忆成咏》）

## 1795年　乙卯　清乾隆六十年

王芑孙、孙星衍、张问陶、吴锡麟等集于京师樱桃传舍，张氏作有图。（《有正味斋诗集》卷一一）

乾隆末，武进程景傅归里后偕年相若者汤铭书、汪萍洲、杨靖叔等为同甲会，乡称人瑞。（《武进阳湖合志》卷二六）

乾隆后期，阳湖刘琬怀家园中有红药数十丛，与诸昆仲及同堂姊妹常聚集其间，分题咏物，填有长短调六十阕，名《红叶阑词》。（《国朝常州词录》卷二八）

乾隆间，武进吴龙应罢归，与里中诸老仿洛阳会，优游以终。（《武进阳湖合志》卷二二）

乾隆间，吴江王逸虬倡春江吟课，偕同志谈论。（《（道光）苏州府志》卷一〇二）

乾隆间，夏间君兄弟在莺湖平波台结有诗社。（《垂虹诗胜》卷六）

乾隆间，长洲有雅言堂诗社，与者张邦弼、酆云倬、王元辰等。（《（道光）苏州府志》卷一〇二）

乾隆间，常熟周棨与同学结有诗社。（《（乾隆）常昭合志》卷九）

乾隆间，吴江沈宗湘、沈大本诸人立有岁寒诗会。（《垂虹诗胜》卷八）

乾隆间，吴江沈斯盛结社吟课，一时名士咸集于江干草堂，辑有《结社吟课》。（《垂虹诗胜》卷八）

乾隆间，吴江有城南诗社，金学诗、周味闲为社长，陈懋、姚梓生、朱尔澄、倪天钧、叶兆泰、周京等与之，刻有《松陵唱和草》。（《垂虹诗胜》卷八）

乾隆间，昭文蒋宝龄与诸友结为红梨社，作选诗酒会。（《（乾隆）盛湖志》卷一一）

乾隆间，吴江赵汝砺尝与殷增结社吟诗。(《垂虹诗胜》卷二)

乾隆间，曹沆尝联公荣唫社，与诸名士置酒赋诗，有《公荣社诗集》。(《江苏诗征》卷四一)

乾隆间，昆山徐二矶尝与邑人惠阆孙、朱桐香、邵来九为诗会，时号四狂。(秦瀛《外祖徐二嵋先生诗序》)

乾隆间，太仓毛上炱、王瑜、陆元迈、朱璇、金聚奎诸人举有诗社。(《(民国)镇洋县志》卷九)

乾隆间，太仓毛序、毛健兄弟结有诗社。(《(宣统)太仓州志》卷二〇)

乾隆间，华亭杨汝谐家居，与同人结有东皋吟社。(《(光绪)重修华亭县志》卷一六)

乾隆间，上海秦梦鹤与金秋厓等结有文社。(秦梦鹤《金秋厓下榻张氏别业因集四方同志结文社于其中蒙示以诗次韵奉酬》)

乾隆间，青浦倪泌每逢春秋佳日，必作文酒之会。(《(光绪)青浦县志》卷一九)

乾隆间，青浦诸联、陈琮诸人结有苔岑诗社。(《(光绪)青浦县志》卷一九、《(光绪)松江府续志》卷二四)

乾隆间，上海曹锡辰喜交游，暇日聚同人结诗文社。(《(同治)上海县志》卷二一)

乾隆间，贺宿寓毗陵，尝与邹祗谟、陈玉璂诗文结社。(《京江耆旧集》卷三)

乾隆间，无锡士人结有素心吟社，戴礼为社长，蔡鼎、任甸、顾湜等二十余人与之。(《梁溪诗钞》卷四〇)

乾隆间，无锡华毓荣结有社。(华毓荣《忆同社诸子》)

乾隆间，高政、钱宪尝结肆情社于无锡。(秦瀛《咏梁溪杂诗一百首》自注)

乾隆间，顺德陈华封时偕郡邑名流结社于所居晚成堂，其子举

则有忘年社之号。(《粤东诗海》卷七八、《粤台征雅录》)

乾隆间,山阴胡慎容尝与诗社活动。(胡慎容《云海》诗注)

乾隆间,宝山袁佳士工吟咏,于城西古檀林精舍结诗社。(袁翼《先府君事略》《过檀林追怀许三澍严鱼山两先生》、《(光绪)宝山县志》卷一〇)

乾、嘉间,镇洋汪学金尝结社于太仓。(《(宣统)镇洋县志》卷九)

乾、嘉间,金山程运与同邑卢祖潢、庄映台、金嘉遇、曹相川、汪梦雷等结有文社。(《(光绪)(光绪)松江府续志》卷二五)

乾、嘉间,崇明黄廷琛尝与杨澧、董曰甫结社唱和。(《(光绪)海门厅图志》卷一六、《民国崇明县志》卷一二)

乾、嘉间,荆溪朱受结有社。(朱受《春日招蒙溪先生暨同社诸子集斋中》)

此际,青浦郭鸿磐举有颐正堂文会。(《(光绪)青浦县志》卷三〇)

此际,崇明张诒尝设文社奖掖后进。(《(民国)崇明县志》卷一二)

## 1796年　丙辰　清仁宗嘉庆元年

唐山窦莲溪卒,尝结有社。(窦莲溪《燕题八咏分得窥帘》诗注)

常熟屈轶、黄廷鑑等在里结文社。(《第六弦溪文钞》卷二)

## 1798年　戊午　清嘉庆三年

羊城诗人开即席吟社于东皋别业,同人咸集,当堂成诗、评阅、贴示,极一时之盛。(《广州城坊志》卷六)

阳湖洪亮吉与崔瑶、蔡元春等社集金陵莫愁湖,奉贤陈廷庆作

诗纪之。(《江苏诗征》卷二二、卷二八)

**1800 年　庚申　清嘉庆五年**

吴县潘奕隽与潘奕藻、范来宗、张凤翼等在里中举消寒会。(《小浮山人年谱》)

**1802 年　壬戌　清嘉庆七年**

春，汪度与词友联社唱和。(汪度《醉蓬莱》词注)

阳湖洪亮吉游黄山归，与同里少年刘嗣绾、丁履恒、陆继辂、陆耀遹、黄乙生等时时举会。(《洪北江年谱》)

**1803 年　癸亥　清嘉庆八年**

湘潭张九钺卒，尝预粤中词社。(张九钺《瑶花·红豆，用粤中词社元韵》)

至次年间，钱塘袁通入京，与京中名流杨夔生、程同文、陈文述、朱渌等二十余人，同结探春词社，唱和诗裒成《燕市联吟集》。(《燕市联吟集》)

**1804 年　甲子　清嘉庆九年**

元旦，松太道李廷敬延邑中凌鹤辉、郑盈山、全志南、陈熙、胡纲文、乔凤山、桂心堂七人饮于嘉荫堂，合岷州知州乔钟吴共为九老。(《(同治)上海县志》卷三二)

花朝，凌鹤辉、郑盈山、桂心堂复会于李廷敬吾园，合沈文炘、陈叙东、唐尔孝、桂海、杨继东、黄荣堃，亦称九老，绘图赋诗，传为盛事。(王应桂《甲子花朝吾园中集百岁翁三人作九老会主人赋诗纪事用作长歌鸣盛》、《(同治)上海县志》卷三二)

刘墉、纪昀、王杰、徐绩、朱珪在京结五老会。(《养吉斋从

录·余录》卷一〇、《显考南厓府君年谱》）

**1805 年　乙丑　清嘉庆十年**

潘尊沂、蒋镕经举尊经文会于苏州时习堂。（《小浮山人年谱》）

**1808 年　戊辰　清嘉庆十三年**

太仓徐元润、镇洋王宝仁等在里共结莼羹社。（《徐秋士自订年谱》）

**1809 年　己巳　清嘉庆十四年**

此际，吴县张绚霄、毕慧、孔璐华、刘文如、江秀琼、侯芝、张因、鲍之蕙、张少蕴等一时名媛集于瓜州曲江亭，赓和盈秩，华亭王燕生选刻为《曲江亭唱和集》。（《梧门诗话》卷一〇、《江苏诗征》卷一六六）

**1811 年　辛未　清嘉庆十六年**

此年前后，钱塘袁通在家乡随园主盟唱和，汪瑚、汪度等十余人与之，词作辑为《讨春合唱》。（《讨春合唱》）

至次年间，松江士人结有泖东诗课，娄县、青浦诸多士子及长洲王嘉禄与焉，辑有《泖东诗课》一卷，王芑孙为之序。（《（光绪）松江府续志》卷四〇、《（光绪）重修华亭县志》卷二四）

**1812 年　壬申　清嘉庆十七年**

四月，历城范坰与友人周乐、何林泉、谢焜、徐子威、李儞、郑云龙、张文简诸人结鸥社于大明湖，每饮必有作。后范坰辞世，周乐继主社事，吟啸自适，三十年而未绝。（马国翰《历下八家

江阴王苏自汴归，与徐镇、许椿颐等举会，许氏作有《观水嬉》诗。（《江上诗钞》卷一五九）

长洲王芑孙重游松江，与泖东诸子方结课会文，社饮郊游，绘有《泖东莲社图》，图凡二十四人。（王芑孙《泖东莲社图记》）

番禺黄乔松开红棉诗社，各赋七律十首，与者七十余人。（《粤岳草堂诗话》卷二）

黄培芳、张维屏等七人结诗社于白云山云泉仙馆。（《（宣统）番禺县续志》卷四〇）

至次年间，袁通与邵广铨、许诰等在京师宣武城南结联吟之社，先后和者数十人。（许诰《书消寒词后》、孙原湘等《消寒词》）

## 1813年　癸酉　清嘉庆十八年

三月，仁和魏成宪与莫漼、高家骏、朱邦经、高树程诸同年在杭州结苔岑兰会，赋诗作图，月必有集。（魏成宪《仁庵自记年谱》、陈灿《题春松观察〈苔岑兰会图〉，即次元韵》）

婺源程珮琳生，尝结有社。（程珮琳《碧腴词》）

## 1814年　甲戌　清嘉庆十九年

吴县董国华在京师约同人举消寒诗社，间旬日一集，集必有诗，朱琦、陶澍、钱仪吉、胡承珙、梁章钜等十三人与之，后改称宣南诗社、宣南吟社。（胡承珙《消寒诗社图序》）

## 1815年　乙亥　清嘉庆二十年

秀水方洞卒，尝结社于吴江莺脰湖。（《（光绪）黎里续志》卷一一）

夏，仪征阮元巡抚江西，得元版韦珪之《梅花百咏》一卷，继

室孔璐华爱之，约亲友六人同赋五律百首和之，诗作编为《拟元人梅花百咏》一卷。(孔璐华《拟元人梅花百咏序》)

湖南魏邦鲁官青浦，创立文社，聚士课之。(《(光绪)青浦县志》卷三〇)

此际，常熟屈秉筠招集女史十二人，宴于蕴玉楼，谋作雅集，图以久传，与者谢翠霞、言彩凤、鲍遵古、屈宛清、叶苕芳、李餐花、归佩珊、赵若冰、蒋蜀馨、陶菱卿、席佩兰，长幼间出，不以齿也。(《天真阁集》外集卷六、张玉珍《西子妆》词注)

## 1816年　丙子　清嘉庆二十一年

此前，邵广铨、董国华、赵植庭等在京师举有消寒唱和，词作辑为《樽酒消寒词》。(《樽酒消寒词》)

荆溪任安上与潘允喆等共举南兴九老会。(《长溪草堂文钞》卷下)

十一月，武进赵怀玉与庄炘、崔龙见、龚际美、樊雄楚为五老之会。(赵怀玉《同里庄刺史(炘)年八十二，永济崔观察(龙见)年七十六，同里龚刺史(际美)、襄阳樊总戎(雄楚)皆年七十二，余年七十，亦得次焉。总戎集五人为五老会，以"五人三百七十二"为首句，即席成诗，时嘉庆丙子十一月二十四日也》)

吴县戈载延请董国琛、朱绶、沈彦曾、陈彬华、吴嘉洤等齐集半树书屋赏花，创为词筹，又与蒋志凝、沈汐曾、沈传桂、吴锦等结词社同赋四春，作品辑为《四春词》。(沈彦曾《金缕曲·集调名》词注、朱骏声《疏影序》)

此后，嘉兴沈涛擢守燕北，尝与任丘边浴礼、嘉兴戴锡祺、英山金泰等八人唱酬于洺州，作品编为《洺州唱和词》。(《赌棋山庄词话》续编卷三)

## 1818 年　戊寅　清嘉庆二十三年

此前，娄县朱鼎玉与兄鼎揆及金珏辈结有诗社。(《(嘉庆)松江府志》卷六一)

夏，钱塘屠倬丁忧在杭，立潜园吟社以觞咏，钱师曾、马履泰、陈裴之、王积顺等迭为宾主，先后入社三十余人，社有图，作品辑为《潜园吟社集》。(屠倬《潜园吟社集序》、《蕉廊脞录》卷三)

此际，金陵有盋山诗会，上元严骏生、管同等与之。(《金陵通传》卷三四)

至次年间，吴县董国琛举延秋吟社，戈载、朱绶等与之唱和。(戈载《一萼红·董琴涵琢卿举延秋吟社，约赋赪桐花，用姜白石体》)

至次年春，昭文孙原湘与吴震、张尔旦等大举消寒词会，与者九人，始倡者吴震。(许诰《书消寒词后》、孙原湘等《消寒词》)

## 1819 年　己卯　清嘉庆二十四年

此前，福鼎林纫秋与黄汉章、鲍台、黄铨、华文漪、谢淞等结有兰社，林氏主盟，刻有《兰社诗略》。(《兰社诗略》)

## 1820 年　庚辰　清嘉庆二十五年

昭文蒋宝龄与李书吉、陆鼎、翁广平等举同岑会于铁砚山房。(《琴东野屋集》卷一)

吴县董国琛、戈载、朱绶等有延秋续集。(《绨锦词》卷一)

戈载、董国琛、朱绶、沈传桂、陈彬华等吴中诸子举消寒之会，先后九集。(《翠薇花馆词》卷一一、《绨锦词》卷一)

嘉庆间，华亭朱钰、朱鼐等结有泖东文社，时称"大小朱"。(《(光绪)松江府续志》卷二四)

嘉庆间，马德溥等结文社于松江小普陀禅院。(《(光绪)松江府续志》卷三八)

嘉庆间，松江叶珪在怡园中与张祥河、黄仁、姚椿、姚楗、顾夔、何其超等时为文酒之会。(《(光绪)松江府续志》卷四〇、《词综补遗》卷三三)

嘉庆间，吴朴、应让、鲍文逵、张学仁、顾鹤庆、钱之鼎、王豫等尝结诗社于丹徒，辑有《京江七子诗集》。(《(光绪)丹徒县志》卷三三)

嘉庆间，吴江郭麐结有春湖吟社。(郭麐《清平乐·春湖吟社扇面为梦华作》)

嘉庆间，无锡有汐社。(顾翃《水龙吟·落叶》)

嘉庆间，广东盐商吴氏在莆田大开诗社，投卷者以万计，番禺张维屏之女秀端与之，主人以为女子压卷恐招物议，遂以黄星洲卷易之。(《清代闺阁诗人征略》卷九)

嘉庆间，平湖钱洪、钱椒父子倡结红藕花馆吟社，相与唱和者恒数十人。(《平湖经籍志》卷二四)

嘉庆间，番禺潘有原尝结社联吟。(《(宣统)番禺县续志》卷四〇)

嘉庆间，句容骆绮兰与江珠、毕汾、毕慧、鲍之兰、鲍之蕙、鲍之芬、周澧兰、卢元素、张少蕴、潘耀贞、侯如芝、王琼、王倩、王怀杏、许德馨、秦淑荣、叶毓珍等江南才女多有题诗唱和，作品辑为《听秋馆同人集》。(骆绮兰《闺中同人集序》)

嘉、道间，上海刘枢引疾归，春秋佳日偕黄仁、姚楗等为尚齿会。(《(光绪)松江府续志》卷二四)

嘉、道间，娄县朱光纶与祁子瑞、黄仁等结有老友会。(《(光绪)娄县续志》卷一七)

嘉、道间，上海郑樨归里，主文社数年。(《(同治)上海县志》

卷二一、《(光绪)松江府续志》卷二四)

嘉、道间,吴县潘曾沂、吴嘉淦、朱绶、彭蕴章、沈传桂、王嘉禄、韦光黻结有社,称吴门七子。(《(民国)吴县志》卷七九)

嘉、道间,吴江黄以正、周之桢等结有吟红诗社,唱和多人。(《垂虹诗胜》卷四)

嘉、道间,石鸣玉、任泰、胡淦、鼓虎文等尝在宜兴倡森社。(《重刊宜兴县志》卷八)

嘉、道间,宜兴杨树嘉尝与里人荆履吉、林植本、虞攀桂、刘守中、蒋圻等结社,极一时人文之盛。(《丹阳县志》卷二○)

嘉、道间,金匮杨芸与长洲李佩金俱从宦京师,结社分题,裁红刻翠,都中女士传为美谈。(《国朝常州词录》卷二七、《清代闺阁诗人征略》卷七)

嘉、道间,嘉定钱瑛尝与女伴结社联吟。(《清代闺阁诗人征略》第八)

嘉、道间,乌程徐德馨随父宦于章江,与吴浣素慈结社唱和。(《名媛诗话》卷九)

嘉、道间,湘潭郭氏闺秀结有梅花诗社。(郭佩兰《元夕寄怀笙愉女侄》、王继藻《见梅花初开有怀郭笙愉姊》、郭秉慧《留别杨畹香纫仙、张仙藁诸同社》》)

嘉、道间,钱塘陈文述知江都,广收江左女弟子三十余人,时时举行诗词吟咏。(陈文述《客有以随园十三女弟子湖楼诗业图求售者为题四绝以当说法》《题仁和钱蕊仙女史凝珠遗诗》)

此际,阳湖刘芙初举有销寒雅集。(顾翰《翠楼吟·刘芙初编修邀同人作销寒雅集,咏残菊》)

## 1821年　辛巳　清宣宗道光元年

此前,无锡僧超挙尝与诸名士结寒香社。(《江苏诗征》卷一

八〇）

潘曾沂、梁章钜、吴嵩梁等在京师举宣南诗社。(《小浮山人自订年谱》)

至次年间，吴县戈载、董国琛、朱绶、宋翔凤诸人续举消寒会，复增王嘉禄、宋翔凤等人，亦为九集。(《翠薇花馆词》卷一一、王嘉禄《桐月修箫谱》)

此际，焦山水晶庵僧雪舫移锡松江，与袁翼、喻蓝田、刘瑞琼、印铭祚、王曰纶结有檀林诗社。(《(光绪)宝山县志》卷一四)

## 1822 年　壬午　清道光二年

九月，吴县黄丕烈与吴云、彭希郑、阳达枝、蒋寅在苏州举五同年会。(《黄荛圃先生年谱》)

青浦何其超为诸生，与陈渊泰、沈莲结二卯文社。(《(光绪)青浦县志》卷一九、《(光绪)松江府续志》卷二五)

## 1823 年　癸未　清道光三年

正月，吴县黄丕烈与同郡尤兴诗、彭希郑结问梅诗社，邀石韫玉入社，每月一会，会必作诗，后张吉安、彭蕴章、董国华、潘世璜、韩崶、朱珔、吴廷琛诸人相继与之，潘世恩、梁章钜、陶澍、林则徐等皆参与唱和，至道光十三年共集一百三十余会。黄丕烈辑有《问梅诗社钞》。(石韫玉《题问梅诗社图诗引》、韩崶《题问梅诗社图卷序》、李元度《右春坊右赞善前翰林院侍讲朱兰坡先生传》)

昭文张金吾与同里陈揆结社课文。(张金吾《言旧录》)

闽籍文人曾元海、杨庆琛等在京结荔香吟社，始犹偶句，继乃兼作七绝，有《击钵吟》。(《停云阁诗话》卷一五、何大经《击钵吟偶存序》、何刚德《诗事数往》)

此际，番禺冯询、汉军旗人徐荣等在广州结有南园诗社。(《(光

绪）广州府志》卷一六二、冯询《杭州呈徐铁孙太守荣》诗注）

## 1824年　甲申　清道光四年

四月二十三日，黄丕烈举问梅诗社第十五集。(《黄荛圃先生年谱》卷下)

夏五望后三日，尤春樊举问梅诗社第十六集于延月舫。(《黄荛圃先生年谱》卷下)

夏至后三日，黄丕烈举问梅诗社第十七集于琢堂先生家。(《黄荛圃先生年谱》卷下)

六月，黄丕烈邀潘世恩、吴廷琛、吴信中三人在苏州举状元会。(黄丕烈《同人唱和诗集》)

海昌吴衡照假馆武林驿汪远孙之东轩招邀结社，名东轩吟社，历时约十年，与者七十余人，先后集会百余次，汪氏辑为《清尊集》，费丹旭绘有《东轩吟社图》。(《清尊集》)

陈文述在杭州西湖主持重修冯小青、菊香、云友三女士墓茔，广征题咏，赋诗纪事，结为《兰因集》，入者二十六位才女。(《兰因集》)

盱眙王锡元生，尝与同人结有销寒会。(王锡元《梦影词》)

## 1825年　乙酉　清道光五年

春，南海谭莹与徐荣、熊景星、梁梅、徐良琛、郑荣、邓泰等结西园吟社，同宴集者二十余人。(《(光绪)广州府志》卷一六二、《乐志堂诗集》卷一和卷一一)

四月，黄丕烈、石韫玉、张吉安等在彭希郑新居举问梅诗社集会，希郑侄蕴章与会。(《诒穀老人自订年谱》)

## 1826年　丙戌　清道光六年

仪征汪潮生与陈逢衡、谢塈等在广陵西园举上巳会。(《半园诗

录》卷二）

华亭张祥河在京与吴嵩梁等共举欧阳修生日会。（张祥河《诗舲诗录》）

仁和吴藻奉母至吴，陈文述女弟子招为碧城墨会。（吴藻《忆江南·寄怀云裳妹八首》）

冬，宿迁王相构消寒小斋，邀同人作九九诗会，轮转邀集，凡十二会，会诗辑为《白醉题襟集》。（《白醉题襟集》）

至次年间，平湖朱逢盛首倡诗社，俞古水、朱六皆、吴听涛、朱雀桥、庄莘田、陈芦雪等远近属和者十余人，历时十余载。（《平湖经籍志》卷二八、《两浙輶轩续录》卷四〇）

**1827年　丁亥　清道光七年**

湖南陶澍巡抚江苏，重修沧浪亭，与潘奕隽、吴云、石韫玉、韩崶举沧浪亭会。（陶澍《沧浪五老图序》）

此际，宿迁王裴之、禹畴兄弟与钱樾坡、黄慎之等结有乞巧吟社。（王相《乞巧吟社诗序》）

**1828年　戊子　清道光八年**

夏，钱塘邹绅移居武林斜桥，与吴鉴、蔡焜、蒋梅、俞薪传、魏谦升、钟荣、邵懿辰、吴理综及二子邹志路随兴结为古藤书屋诗社，成诗若干。（邹志初《古藤书屋诗社图记》）

慈溪叶元阶与姚燮、厉志、孙家谷等倡立枕湖吟社，月以三集，与者十余人。（姚燮《叶仲兰文学诔》、《姚燮年谱》）

**1829年　己丑　清道光九年**

陶澍与同科进士顾莼、朱珔、朱士奇、吴廷琛、梁章钜、卓秉恬集会于苏州沧浪亭，称沧浪七子会，珔撰有《七友图并记》。

(《沧浪亭新志》卷四)

江西黄爵滋在京,邀潘曾莹等共举欧阳修生日会。(《名贤生日诗》卷一)

## 1830年　庚寅　清道光十年

二月,吴江沈曰寿、曰富倡红梨社,推周梦台为社长,月举一二会,与者唐寿荂、冯泰、张沅、仲湘、沈彬、吴山嘉、蒋宝龄等近三十人,陈希恕辑为《红梨社诗钞》。(周梦台《红梨社诗钞跋》、《红梨社诗钞》)

此际,丹徒严保庸登进士,尝与同人结社都中。(严保庸《探春慢·游徐氏壶园,登台凭眺,极为旷远。园中蓄一孔雀,问其雌,于去冬亡矣,为之怅然》)

## 1831年　辛卯　清道光十一年

江宁顾槐三与江厚之、王步康、杨乐山、凌鞠坪、吴兰坪、周竹恬、车秋舲诸君订交,起苔岑社。(《然松阁诗钞》卷下)

## 1833年　癸巳　清道光十三年

此前,泽州张敦仁侨居金陵,与唐冕、方体、孙源潮、王玙、钱军、瞿曾辑有七老会,唐冕、方体辞世后合汤贻汾、任泰仍为七老之会。(《汤贞愍公年谱》)

新埭陆增卒,尝与邹霞轩、杨莲塘诸君结为诗社。(《平湖经籍志》卷二六)

## 1834年　甲午　清道光十四年

宝山袁文炤卒,尝与同邑蒋一元辈结为古檀林诗社,乃其父佳士之旧社,释鹫峰与之唱和。(《(民国)宝山县续志》卷一〇)

## 1835年乙未　清道光十五年

秋，番禺仪克中与熊景星、黄培芳、黄子高、释智度、释成果等十八人在当地长寿寺结菊花吟社。(释成果《题仪墨农先生大集后》)

仪征刘文淇与包世臣、梅植之等在扬州补举黄庭坚生日会。(《刘孟瞻年谱》)

## 1836年　丙申　清道光十六年

夏，平湖张乙舟效其五世祖云锦聚远近同志十余人为艺舫续课，从祖定闰及其从子金镛炳堃兄弟、平湖诸生沈廷禄钦禄兄弟皆与之，定闰选有《续艺舫诗钞》八卷。(张定闰《续艺舫诗钞自序》、《平湖经籍志》卷三一)

沭阳王钦霖与黄爵滋、汪喜孙、潘德舆等会于陶然亭，上元温肇江作有《江亭展禊图》。(《颐志斋文集》卷一二)

## 1837年　丁酉　清道光十七年

上海张明信、何秉礼、周国珍、朱莹然、陈梦洙、程廷焜、毕学海在西城秋水亭为耆年之会，与者二十三人。(《(同治)上海县志》卷三二、《(光绪)松江府续志》卷四〇)

## 1839年　己亥　清道光十九年

丹徒严保庸客南京，与黄爵滋、汤贻汾等举秋会于凭虚阁。(《汤贻汾年谱》)

昭文蒋宝龄至沪消暑，集诸名士会于小蓬莱，宾客列坐，操翰无虚日。(高邕《海上墨林叙》、《宋元明清书画家年表》)

秋，钱塘沈善宝与钱塘项章、仁和许延礽、嘉兴钱伯芳、满族顾春在京师结秋红吟社，许云姜、栋鄂少如、富察蕊仙、栋鄂修篁等亦尝预之，次年秋仍有活动。(《名媛诗话》卷六、卷八)

## 1840年　庚子　清道光二十年

华亭周萼芳偕其友范蕃、张鸿、吴墀、沈履田、冯东骧、曹垣、凌若驹、张铭为九老之会，黄仁、唐曦、姚培柱、侯法地先后与之，其会岁不恒举，举必作终日饮，饮必成诗，阅五载而存者适得九人。（《（光绪）松江府续志》卷二六、《（光绪）重修华亭县志》卷二四）

至咸丰二年，上海张伟、黄家锟、黄步瀛、贾履上、黄煴与王式金、诸士瓒、鞠有芳及释空澄等结竹冈吟社，辑有《竹冈吟社诗钞》。（《竹冈吟社诗钞》）

## 1841年　辛丑　清道光二十一年

此年前后，苏州潘氏家族立有梅社，里中董国华、韩崇与之。（《佛香酬唱集》）

## 1842年　壬寅　清道光二十二年

此前，福州有吟秋诗社，与者陈大枢、高金榜、林穆人等，联吟既久，佳句遂多。（《屏麓草堂诗话》卷一五）

吴县戈载客游袁浦，与张泰初、沈鋆、尤坚、王香谷等结有消寒词会。（张泰初《花影吹笙谱》、沈鋆《留沤吟馆词草》）

至次年间，宝山蒋敦复易僧服避于南汇，与王润、顾成顺等相与订方外交，结有词社，酬唱不断。（王润《赏眉斋自喜集》、《芬陀利室词话》卷一）

此际，蒋敦复以僧服结社于松江北郭兰若。（《芬陀利室词话》卷三、于源《题红阁词钞》）

## 1843年　癸卯　清道光二十三年

二月，顺德李应田与沈世良、许玉彬在广州学海堂倡设越台词社,与者张维屏、黄玉阶、陈澧、陈良玉、谭莹、徐灏等二十二人,月举一会,凡有五会。(谭宗浚《李研卿前辈遗集序》、陈澧《忆江南馆词》、陈良玉《八月廿二日集三元道院作》)

江宁秦耀曾与孙若霖、孙廷鑅、孙麟趾等在金陵结江东词社,邀戈载、雷葆廉参与,时汤贻汾退寓南京,评阅诸人社课,并辑有《江东词社词选》。(《清词玉屑》卷四、汤贻汾《江东词社词选》、雷葆廉《莲社词》)

**1844 年　甲辰　清道光二十四年**

此前,吴江仲湘尝招沈西雕、陈云伯、董琴南等为延秋词集,凡有四举。(《笠泽词征》卷一七、《国朝词综续编》卷一〇、《宜雅堂词》卷一)

七月,华亭张鸿卓邀秦耀曾、顾怀三、许丙椿、左星谷、程恩绶、戴钧衡、孙麟趾及同邑雷良树、雷葆廉等集金陵五松园作吟秋会。(张鸿卓《绿雪馆词钞》)

七月,闽县林寿图自京归,与乡人结西湖诗社,与者沈绍九、周麟章、萨大滋、陈福嘉等九人,后刘端、孙翼谋亦加入,有《西湖社诗存》。(《西湖社诗存》、谢章铤《赏四品顶戴团练大臣前陕西布政使林公墓志铭》)

钱塘袁祖德捐宝山县丞,与邑人结词社。(《芬陀利室词话》卷三、《(光绪)宝山县志》卷七)

**1845 年　乙巳　清道光二十五年**

江都秦巘在扬州招同人为淮海词社,分调拈题,一月一会,社不下二十人,刻有《意园酬唱集》行世。(秦巘《思秋吟馆词集》、《蕙风词话续编》卷二、《(民国)江都县续志》卷二四)

**1846 年　丙午　清道光二十六年**

春，昆山立有棠巢吟社，韩来潮为社长，与者陶煦、戴其章、戴其相、陶焘、戴肇晋、陶甄等。（《（光绪）周庄镇志·第宅》）

**1847 年　丁未　清道光二十七年**

此前，华亭丁步洲尝与同人结社，名茸城近课。（《橙窗琐话》卷六）

绍兴周星譽、星誉、星诒兄弟暨同郡周光祖、李慈铭、王星诚等起言社，朝夕切廨诗法，后推孙垓为社长，每年秋冬两会，先后与者十余人。（孙垓《退宜堂诗集自叙》、孙德祖《退宜先生小传》）

此际，道州何绍基在京结有吟社。（何绍基《忆顾祠》）

**1848 年　戊申　清道光二十八年**

立夏，华亭张鸿卓偕黄金台、柯尧桂、丁廷鸾、袁璈、孙福清、姜白榆、陈春圃、孙元匡、丁瀛等人，作饯春会于嘉善魏塘。（张鸿卓《绿雪馆词钞》）

江宁端木埰与同邑金鳌、杨朴庵、许仲常、钱渐之、僧花雨、端木西园、端木锡嘏等八人结听松词社，和金氏《秋影》《秋声》词。（端木埰《碧瀣词自叙》）

昆明戴䌘孙与王开甫、倪海查等结消寒词集。（戴䌘孙《味雪斋词》）

**1849 年　己酉　清道光二十九年**

此际，吴江张钟茸有心精微馆，春秋佳日小集同契作文酒之社。（《（光绪）平望续志》卷七）

道光后期，通州孙超与徐攀桂等人结有秋棠吟榭。（孙超《秋

棠吟榭诗余》）

道光后期，无锡沈蓥尝与龚自珍、朱蔗根、江春舲、程小松、万渊北等为延秋会。（沈蓥《留沤吟馆词草》）

道光后期，永康应宝时尝结词社于里中。（《射雕词》卷上）

道光后期，娄县黄仁罢官归里，多有结社，与张鸿卓、雷葆廉等举嬉春词社，嘉兴张鸣珂与之；又与张祥河、顾夔等结词社于莲花寺，称莲花社；又与华亭雷葆廉等举有消寒词集。（张鸣珂《疏影》《声声慢·春声嬉春词社分赋》、《莲社词》卷一）

## 1850年　庚戌　清道光三十年

道光间，昆山有和声文社，邑人陈燮与之。（《（光绪）昆新两县续修合志》卷二九）

道光间，上海徐德杰喜与后生结文字缘，尝集张焕纶、凌贞镛、林曾望诸人就所居咏华馆设文社。（《（民国）上海县续志》卷一八）

道光间，嘉善袁荫槐居上海，倡有文会，至者如云。（《（同治）上海县志》卷二三）

道光间，太仓吴中顺馆于上海，执文社牛耳。（《（同治）上海县志》卷二三）

道光间，何其超、陈渊泰、沈莲诸人结二卯文社于青浦。（《（光绪）松江府续志》卷二五）

道光间，香山邓大林辟有杏林庄，招熊景星、许玉彬、陈璞、陈良玉等吟赏唱和。（《（宣统）番禺县续志》卷四〇）

道光间，宁乡丁梅娥与女侄结有诗社。（丁梅娥《南归留别诸女侄》）

道光间，福州王直方、吴小林在当地组织筠心社，作嵌字格诗钟。（《诗钟史话·诗钟之吟集》）

道光间，阳湖张氏族女结有兰苔之社。（沈善宝《淡菊轩初稿序》）

道光间，延平廖柄奎主盟梅花诗社，江阴闺秀陈蕴莲随夫宦津门，参与唱和。（陈蕴莲《梅花诗社咏梅花四影》《梅花诗社咏海光寺海棠》《梅花社长廖豸峰大令挽诗》）

道光末，绍兴周星誉告老家居，创益社于浙东，一时胜流如许棫、孙垓、余承普、周光祖、陈寿祺、孙廷璋、李慈铭及其兄星譽、弟星诒皆在社籍，时有益社六子、续六子、后六子、广六子之目。（金武祥《二品顶戴广西盐运使周公传》、《鸥堂日记》卷三）

道、咸间，满族长秀引疾归，在京与瑞泉、钟石帆等结有红兰吟社。（《词综补遗》卷首、卷五五）

道、咸间，元和顾文彬举秋词社于都中，与者数十人，拈百二十题，各限一调，自作三十余阕。（《憩园词话》卷三、卷六）

道、咸间，吴县潘遵璈结有延秋词社，又结有消寒词集。（潘遵璈《香隐庵词》）

道、咸间，合肥赵对澂结有社。（赵对澂《小罗浮馆词》）

道、咸间，嘉定章树福结有社。（章树福《竹鶂词续稿》）

道、咸间，宝山朱焘偕太仓词友结消夏会唱和。（朱焘《箫材琴德庐词稿》）

道、咸间，仁和葛景莱结有消寒词社。（葛景莱《蕉梦词》）

道、咸间，承龄尝结有消夏会。（承龄《大小雅堂诗余》）

道、咸间，吴江有灵莹文社，与者殷汝述、刘德熙、金华、沈莹生等。（《垂虹诗胜》卷四）

道、咸间，宝应刘异尝结诗社于吴江。（《垂虹诗胜》卷三）

道、咸间，吴江金械尝集彭城诗社。（《垂虹诗胜》卷五）

道、咸间，唐张煜尝立文社，督课塾徒甚严。（《（光绪）昆新两县续修合志》卷二八）

道、咸间，上海翁尊三与张本均结有文社。（《（光绪）松江府续志》卷二四）

道、咸间，青浦胡家濂尝与华亭蒋树本等结文社。（《（光绪）松江府续志》卷二四）

道、咸间，青浦陈鏻筑娱甘别墅于城东，结有吟社。（《（光绪）松江府续志》卷二四、《（光绪）青浦县志》卷二一）

道、咸间，平湖沈筠游金山卫，与张鸿卓等结有诗社。（《（光绪）松江府续志》卷四○）

道、咸间，丹阳束允泰结有社，尝三举会，以甘星阶、周熙庚、薛晓帆为社长，先后与者二十余人。（束允泰《曲阿文社烬余序》、《续丹阳县志》卷二○）

道、咸间，瓯宁许赓皞尝举梅崖词社于里门，同社十一人，大半出其指授。（《赌棋山庄词话》卷一）

道、咸间，黄玉阶、谭莹、许玉彬、沈世良、叶衍兰、徐灏、陈良玉诸人尝集花埭花田联吟。（《（宣统）番禺县续志》卷四○）

道、咸间，桂林韩琦尝集酒旗诗社以征闺秀吟咏。（况周颐《玉栖述雅》）

道、咸间，奉贤余观尝于镇东止庵倡设文社，造就甚众。（《（光绪）重修奉贤县志》卷一二）

道、咸间，松江顾作伟与杨云言等结有诗社。（《（光绪）松江府续志》卷三八）

道、咸之际，在京闽籍官员散值后，每就福清馆憩息，擘笺分韵，作击钵、折枝之娱。（《邴庐日记二·六月》）

此际，江宁何兆瀛结有菊影吟社。（何兆瀛《心庵词存》）

此际，平湖张定闰尝集竹林诗社，兄子金镛、炳堃俱入之，为士林佳话。（《两浙輶轩续录》卷三三）

**1851 年　辛亥　清文宗咸丰元年**

吴江仲湘结虹桥词社。（吴震《癸丑题仲湘辛亥虹桥秋禊图》、陈文述《题虹桥词社图》）

华亭张鸿卓与孙麟趾等结词社于苏州，是年冬又与戈载举九九消寒会。（张鸿卓《绿雪馆词钞》《绿雪轩论词》）

冬，吴县王寿庭与戈载、张鸿卓、盛艮山等结消寒社于吴中。（王寿庭《摸鱼子·翠薇花馆吊戈顺卿先生》）

至次年间，长洲宋志沂与词友结销夏词课，先后九集。（宋志沂《梅笛庵词剩稿》）

**1852 年　壬子　清咸丰二年**

冬，恩锡与辇下词人结会消寒，至同治元年仍有社事活动。（恩锡《蕴兰吟馆诗余》）

至次年间，钱塘王堃在浙江布政使黄乐之署衙与应敏斋同年、世兄黄伯垂、郝存昆玉两太史作夹句雅集，每集多至五六十。（《自怡轩对联缀语》卷一）

**1853 年　癸丑　清咸丰三年**

钱塘袁祖德卒，晚年结庐为吟社，颜曰杨柳楼台，与诸名士邮筒唱和。（《（民国）上海县续志》卷二一）

九月，闽中林斋韶、黄经、梁鸣谦、马凌霄、林天龄等结南社，以诗文相切靡。（《陔南山馆诗话》卷四、《课余续录》卷二、《（民国）长乐县志》卷二三）

至次年间，番禺沈世良、金锡龄、许其光与南海谭莹在广州结为山堂吟社。（《（民国）番禺县续志》卷一九）

至十年间，仪征张安保、吴熙载、张丙炎等十余人结有午桥词社，作品刻为《淮海秋笳集》。（李肇增《淮海秋笳集序》、王鹏运

《莺啼序·辛峰寄示与张丈午桥唱和近作,依调赋寄,并呈张丈》)

此际,仁和高望曾与蒋恭亮、高桢、高锡恩、高炳麟等在杭州结有吟秋词社。(高望曾《茶梦庵烬余词》)

此际,宝山陆文键喜填词,与从叔豫结社联吟,酬唱甚多。(《(光绪)宝山县志》卷一○)

## 1854年 甲寅 清咸丰四年

华亭张鸿卓举消寒诗社,召陈凝福、朱焘、秦兆兰和同邑程庭鹭、周之锦、周之镈、周道恒、张庆泰等共九人为第一集,至次年正月有消寒九集,祝白香山生日。(秦兆兰《听松涛馆词稿》)

平湖郁载瑛、俞铨倡结古欢社,顾蓉坪、崔吟珊、丁鹤俦、蒋竹音、黄鹤楼、贾芝房、林寿椿诸人入社,推王大经主盟,约以规条,郁氏辑有《古欢集》。(《两浙輶轩续录》卷三九、王大经《味雪斋诗钞序》)

此年前后,平湖顾鸿熙、顾长清结三十六鸥吟社,刻有《三十六鸥吟社诗》。(钟步崧《黄姑竹枝词题辞》)

## 1855年 乙卯 清咸丰五年

此前,青浦金玉、俞廷飏、庄世骥、庄世骐、李继膺、熊其光、李隽结有吟花诗社,称青溪七子。(《(光绪)松江府续志》卷二五、《(民国)南汇县续志》卷一六)

夏,阳湖吴唐林、杨汀鹭、管才叔、赵惠甫、汤伯温等八人在里中修云溪词社。(吴唐林《留云借月盦词叙》)

南海冯树勋令南汇,开芸香草堂诗文会,月以经史诗赋课士。(《(光绪)青浦县志》卷一九、《(民国)南汇县续志》卷一○)

至同治二年间,长乐谢章铤授读于福州刘勷家,暇倡聚红榭词社,先后与者几二十人,作品辑为《聚红榭诗词录》。(谢章铤《聚

红榭雅集词》《赌棋山庄词话》、谭献《聚红榭诗词》)

此际，新建勒方锜与同人在京结有香冢词社。(《憩园词话》卷三、《清词玉屑》卷五、勒方锜《太素斋词》)

**1856年　丙辰　清咸丰六年**

此前，元和高万培寓居松江，与郡中黄仁、姚楗诸人结有诗社。(《(光绪)松江府续志》卷二七)

高邮王敬之卒，尝结有消寒词集。(王敬之《三十六陂渔唱》)

八月至次年三月，平湖沈金藻与丁彭年举洛如嗣音社，先后得二十人，朱壬林操选政，有《洛如嗣音集》《续集》。(沈金藻《洛如嗣音集小引》、朱壬林《洛如嗣音集序》、《两浙輶轩续录》卷三二)

南海谭莹与许其光、陈沣、沈世良、金锡龄、徐灏等结西堂吟社。(谭莹《西堂吟社第一集，补和沈氏〈白燕堂粤台古迹八咏〉，同集者许涑文太史、陈兰甫沈伯眉两学博、金芑堂孝廉、徐子远上舍》《西堂吟社第二集，即事感赋得诗十二首，时丙辰八月二十六日也》)

咸丰中，甘泉黄锡禧、王茨与仪征汪鋆等在扬州举有消夏词会，觞咏于黄氏栖云山馆。(李肇增《淮海秋笳集》)

**1858年　戊午　清咸丰八年**

长洲潘钟瑞与同人访小市桥遗址，结有嬉春吟社，又与嘉定程庭鹭结秋社分咏秋花。(潘钟瑞《香禅词》卷三、卷四)

此际，宝山陈升与周文禾、沈穆孙、朱诒泰、周日簋等在里中订有消夏之集。(陈升《尺云楼词钞》)

**1859年　己未　清咸丰九年**

三月，吴县黄丕烈邀同人赏花，仿黄尧夫谈社之举，作竟日谈。(《佛香酬唱集·三集》)

## 1860年　庚申　清咸丰十年

嘉定钱锳卒，尝与女伴结社联吟，赋《柳絮词》四首，一时和者甚众。（《清代闺阁诗人征略》卷八）

至次年间，钱塘吴宗麟在上海县学署问字亭组建蘋花吟社，辑有《蘋花社消寒诗课》一卷。（吴宗麟《蘋花社消寒诗课序》《蘋花社诗并引》、潘钟瑞《梅子黄时雨·蘋花吟社赋黄梅雨，限用此调》）

## 1861年　辛酉　清咸丰十一年　清穆宗祺祥元年

此前，奉贤漳泉寺设有兰言文社，文会极盛。（《（光绪）重修奉贤县志》卷二〇）

夏，秀水杜文澜与郭夔、李肇增等在扬州竹抱轩结消夏词集。（杜文澜《采香词》、朱德慈《近代词人行年考》）

此年前后，湘潭罗汝怀与词友结有社。（罗汝怀《研华馆词》）

咸丰后期，乍浦沈筠结吟红社于故里。（沈筠《胭脂·吟红社分题》）

咸丰间，宝山陈升尝与程庭鹭、朱燨、沈穆孙、钱恩棨、杨敬傅、汪承庆辈结词社唱和，称后娄东七子，词作刻为《沧江乐府》行世。（钱溯耆《沧江乐府》、《芬陀利室词话》卷三）

咸丰间，吴县吴嘉洤归田，主盟社事，与者潘钟瑞、王寿庭、宋志沂等。（张鸿卓《香禅词跋》）

咸丰间，吴县郭凤梁与人招集宴饮，结有吟社。（《憩园词话》卷五）

咸丰间，宝山陆文键结有消夏词集。（陆文键《余园词稿》）

咸丰末，江都丁至和结有消寒词社、消夏词集，与友人唱和。（丁至和《萍绿词》）

咸丰间，上海张伟尝与华亭王式金诸人结诗社。（《（光绪）松

江府续志》卷二六）

咸丰间，许相光启诗社于珠江袖海楼。（《（宣统）番禺县续志》卷四〇）

咸丰间，常熟才媛吴兰畹于闺中唱和，作品刻为《沅兰词》，绘《退食联吟图》，一时传为佳话。（《国朝常州词录》卷二九）

咸丰间，重庆王增生与蜀中闺秀熊枝霞等十二人结社吟咏。（《（光绪）铜梁县志》卷一〇）

咸、同间，无锡俞敦培在京结有消寒会。（俞敦培《艺云词》）

咸、同间，钱塘孙佑培结有吟秋社。（孙佑培《味红阁词》）

咸、同间，全椒薛时雨在杭州结有社。（薛时雨《藤香馆词》）

咸、同间，甘泉黄锡禧结有消寒词集。（黄锡禧《栖云山馆词存》）

咸、同间，钱塘张景祁尝与杨锦雯、高望曾等结社。（张景祁《金缕曲·吴中寄怀同社，和晚岚韵》）

咸、同间，吴县王炳燮、金兰、沈渊、贝青乔、贝信三、王炳、缪嘉榖、汪正、陶宣烓、金文榜、吴庆诸人在木渎镇结有碧螺吟社。（《（民国）吴县志》卷六八）

咸、同间，丹徒夏铭与名流结有诗社，辑有《京江后七子诗》。（《续丹徒县志》卷一三）

咸、同间，吴县许起尝立诗社于清风亭，唱酬其中。（《（民国）吴县志》卷六八）

咸、同间，泗州王素筠至高邮，与当地名媛吕筱君、吴玉卿等结为诗社。（《壶天录》卷下）

咸、同间，大兴朱韫珍与李毓娴、陆翰缘订有兰因文社。（朱韫珍《韵琴姊以皋兰李荔耘夫人书来订予姊妹入兰因文社奉答代束》）

此际，太仓吴锡邕授经月浦，设文社以倡风雅。（《（民国）宝

山续县志》卷一四)

**1862 年　壬戌　清穆宗同治元年**

立夏，吴县朱和羲招秦兆兰诸人举饯春会于沪上，各谱有新调。(朱和羲《采莼秋煮碧》)

夏，钱塘吴宗麟集江浙诸名士于城西牧龙道院之自在楼船，仍名曰萍(苹)花社，凡六集，与者二十四人，推俞少甫、顾梦芗为社长，绘有《萍花社集雅图》。(吴宗麟《萍花社集雅图题记》)

秋，嘉善金安清在扬州创九秋词社，以军中秋绔、秋栎、秋堠、秋灶、秋镝、秋幢、秋幕、秋角、秋堞为题，与者蒋春霖、宗源瀚、杜文澜、钱勋、黄文涵、黄泾祥、姚辉第、张熙等。(《憩园词话》卷三、《清词玉屑》卷四、姚辉第《菊寿庵词》)

冬，丰润赵国华官济南，与张锡华、隋福、赵钟华等三十人起诗钟会于寓所，晨夕过丛，致有韵味，所作辑为《鹊华行馆诗钟》一卷。(赵国华《鹊华行馆诗钟记》《自订年谱》)

腊月，江阴金武祥知会昌，结有湘江吟社，士女共集，探梅成诗，与者施立之、蒋醉园、石丛吟、孙吴樵、黄曾慰、沈珂、黄馥等。(金武祥《陶庐杂忆续咏》、《清代闺阁诗人征略》卷一〇、《国朝常州词录》卷二九)

阳湖左锡嘉居于成都浣花溪杜甫草堂侧，与其女曾懿、曾彦、曾鸾芷结有浣花诗社。(《晚晴簃诗汇》卷一九二)

同治初，仁和高锡恩乱后归杭，与钱塘吴振械、许乃钊、张应昌等人结为九老之会，春秋佳日，一觞一咏。(谭献《千龄初集记》《清故中宪大夫道衔候选府同知高先生行状》)

同治初，满族宗韶、宝廷、志润等与京师士大夫结探骊吟社，社事废兴数次，历时十年，联吟者五十余人，所作辑为《日下联吟集》。(《日下联吟诗词集》、《天咫偶闻》卷三)

## 1863年　癸亥　清同治二年

三月，吴县朱和羲避难沪上，招张鸿卓、秦兆兰等为饯春会，又自夏至起按九一课举销夏之会。（朱和羲《万竹楼词选》、《香禅词》卷四）

嘉定周保璋结雪鸿吟社于里中。（《（民国）嘉定县续志》卷一一、周保璋《镜湄长短句》）

## 1864年　甲子　清同治三年

松江僧福本重修湛然庵，仇炳台、章耒于此设文社，并与吴迪方等为惜字会。（《（光绪）松江府续志》卷三八）

此际，闽县沈绍九在台湾儒学府开郡斋钟局，李崧臣雅擅诗钟之伎，亦常设钟局，竞为诗钟之戏。（施士洁《诗畸补遗自序》）

## 1865年　乙丑　清同治四年

冬，崇明童叶庚在杭州与同人启消寒之会，闲作诗钟社，即席阄题，以语工而成速者为上，作品辑为《雕玉双联》。（童叶庚《雕玉双联序》）

此际，湘潭罗汝怀与黄海萼、李次青等在长沙结有消寒会。（《研华馆词》卷三）

## 1866年　丙寅　清同治五年

蒙自杨文斌侨寓奉贤青村，与林仲葵、阮味荪晨夕过从，诗酒缔约。（昆池钓徒《海滨酬唱词序》）

侯官沈葆桢主持福州船政局，与幕僚十余人暇则作钟局，一月数会。（沈葆桢《福州船政局沈葆桢臣僚诗钟会集》、谢章铤《船司空雅集录序》、施士洁《诗畸补遗自序》）

松江监生张观澜在泗泾倡捐泗上文会，月凡二课。（《（光绪）

松江府续志》卷一七、《（光绪）娄县续志》卷七）

**1867 年　丁卯　清同治六年**

此际，灌阳唐景崧在京师为官，尝与朋辈作文字饮，诗钟之聚尤多，与者李嘉乐、黄殿荃、王鹏运及其弟景崶等二十人。（唐景崧《诗畸序》）

**1869 年　己巳　清同治八年**

至十年间，杨士昕、魏襄、方履篯、董基诚、董佑诚、赵植庭诸人举词社于京师宣南，武进陆循应与之。（汤成烈《鸥汀词序》、《感知集》卷上）

**1870 年　庚午　清同治九年**

三月，前华亭县知县张泽仁、娄县知县金福曾设孝廉会课，一年十课，专课举人。（《（光绪）娄县续志》卷七）

至次年间，蒙自杨文斌与黄天河、马骝、贺少楼、陆少葵等七人此唱彼和，辑有《海滨酬唱词》。（《海滨酬唱词》）

归安吴承潞知太仓，结社会文。（《（宣统）太仓州志》卷一二）

**1871 年　辛未　清同治十年**

冬，在京豫籍士人袁保龄、李嘉乐、黄殿荃、萧子仁等十二人起诗钟会，十日一集，命为雪鸿吟社，所作辑为《雪鸿吟社诗钟》二卷。（袁保龄《雪鸿吟社诗钟序》、李嘉乐《诗梦钟声录序》）

**1872 年　壬申　清同治十一年**

冬，吴县吴佩湘随夫宦广东，与当地闺友组织消寒之会。（吴佩湘《壬申冬日，余寓居羊城，集闺友数人作九九消寒会，迭为宾

主，分题斗酒，洵称乐事，爰录诸作，不计工拙，聊志鸿雪云尔》）

## 1873 年　癸酉　清同治十二年

此年前后，平湖葛其龙侨居沪上，与词友结有聚星吟社。（葛其龙《海滨酬唱词序》）

此际，仁和徐琪结有九秋会。（徐琪《玉可庵词存》）

此际，泰顺潘其祝在杭州结有词社。（潘其祝《须曼那馆词草》）

## 1874 年　甲戌　清同治十三年

同治间，吴县朱和羲尝与吴嘉洤、顾文彬、丁丙诸人结社吴下。（《清词玉屑》卷二）

同治间，丹徒陈克劭结有社。（陈克劭《红豆帘琴意》）

同治间，胅道人与晁彤文、薛寿等在京结有消寒词集。（胅道人《石琴词》）

同治间，临海周郇雨尝在京结消夏词集。（周郇雨《黍苓词》）

同治间，无锡范镜堂与张晓帆、秦姚臣、许静山、侯翔千诸人结有诗文社，多唱和之作。（《续梁溪诗钞》卷一五）

同治间，丹徒刘炳勋与邑人周伯义、解为干结有诗社，名岁寒集。（《续丹徒县志》卷一三）

同治间，沈学渊举有消夏词集。（沈学渊《疏帘淡月·红蕉吟馆消夏第四集，分题得风灯》词）

同治间，满洲镶黄旗奭良举有词社。（奭良《绛都春·社题咏徐虹亭双椿老屋》）

同、光间，仪征张兆兰尝在京结社。（张兆兰《醉经斋词钞》）

同、光间，上海城北有徐园诗会，邑人徐允临相与吟咏。

(《（民国）上海县续志》卷二〇）

同、光间，汪人骥尝率人举文社于上海南园蓬山不远斋，每集二三十人，踵其后者为步瀛社，约课邮寄平湖马承昭，评阅邑中掇科第者。(《（民国）上海县续志》卷三〇）

同、光间，潘元达、王斯恭、吴喻、康乃希、潘宅仁、释扫叶诸人在宜兴结有社。(《光宣宜荆续志》卷九）

同、光间，福州兴折枝之社，桥南有郑淑璋、罗义合主持之可社，水部有林纾、杨文增主持之琼社，两社最为有名。后又有观社、西社、简社、亦社等，皆盛极一时。(《希微室折枝诗话·折枝组社第六》)

此际，上海贾勋结有莲社，有《莲社诗盟》一卷。(《（民国）上海县续志》卷二六）

**1875年　乙亥　清德宗光绪元年**

光绪初，仪征张集馨在京结有消寒会。(张集馨《时晴斋词钞》)

光绪前期，鄞县蔡鸿鉴寓上海，建别业以起吟社，王子裳、褚叔篔、万剑盟辈皆馆于家，刻烛分题，倡和成集。(蔡鸿鉴《二百八十峰草堂集》)

光绪前期，吴县俞廷瑛在杭州结有社。(俞廷瑛《琼华室词》)

**1877年　丁丑　清光绪三年**

方楷、刘庠在京相约为倚声之会，依谱填词，汇为《消寒词续录》。(《消寒词续录》)

此际，龙阳易顺鼎随父宦贵州，在治所古州与蒋次香、张子蕃、阮敦甫等文士结社联句，极游览唱和之盛。(易顺鼎《诗钟说梦》)

此际，蜀中彭仲珊幕游楚北，与李篁仙、丁荣甫、周子谦诸名流结鹤楼吟社，仿诗钟体，屡为主盟，所制尤多，辑有《鹤楼吟社诗钟》。(《仕隐斋涉笔·诗钟》、易顺鼎《诗钟说梦》)

**1878 年　戊寅　清光绪四年**

至九年间，任丘边葆枢在京结有词社。(边葆枢《剑虹庵词》、吴唐林《侯鲭词》)

至十一年间，钱塘吴兆麟招沈映钤、丁丙、吴庆坻、胡凤丹等在所居铁花山馆结社，名铁华吟社。(《国朝杭郡诗三辑》卷五二、《松梦寮诗稿》卷四、《蕉廊脞录》卷三)

**1879 年　己卯　清光绪五年**

此前，宝山有罗阳吟社，社有集。(《(光绪)宝山县志》卷一二)

金匮邓恩锡卒，尝结有社。(邓恩锡《沁园春·之官浙江留别同社诸子》)

奉贤王国珍同考争元不售，结社文坛，名士毕集。(《(光绪)重辑枫泾小志》卷五)

此年前后，龙阳易顺鼎与王绰、胡政举、蒋文鸿、张景昌、张泰寿、萧泽、易顺豫等十余人在贵州结有榕社。(易顺鼎《榕社课存词》、林葆恒《词综补遗》)

**1880 年　庚辰　清光绪六年**

山阴王诒寿卒，尝与王继香、陶方琦等结皋社唱酬。(王继香《醉庵词》)

此年前后，龙阳易顺鼎与张景昌、蒋文鸿同居黔东，立岁寒三友社、旧鸥新雨社于张氏容园，酬唱无虚日。(易顺鼎《岁寒三友

社言》《旧鸥新雨社言》、张景昌《容园词综》）

至次年间，临桂龙继栋与王汝纯、韦业祥、王鹏运、唐景崧等集聚京师，填词唱和于所居觅句堂。（《词综补遗》卷四、王汝纯《醉芙诗余》、韦业祥《醉筠居士词》）

**1881 年　辛巳　清光绪七年**

冬，仪征张丙炎约汪鋆、王荛、方濬颐、刘淮年等在扬州举消寒词会，凡为七集。（刘淮年《古香凹诗余序》《约园词》、《受辛词》卷下）

**1882 年　壬午　清光绪八年**

此际，嘉定张承松与同人结煎茶诗社于秦氏墓庐，辑有《徐滨晚唱》四卷。（《（民国）嘉定县续志》卷附、《钱门塘乡志》卷九）

**1883 年　癸未　清光绪九年**

春，任丘边保枢结有社。（边保枢《少年游·癸未春，偶拈南浦调赋新柳，同社和者数人。转眴一年矣，顷维舟江上，夹岸垂杨，同黄转绿，晓风残月，旖旎向人，再成此解》）

此际，宗室宝廷与同人数举消寒结社，每九分题赋诗。（宝廷《偶斋诗草》）

**1884 年　甲申　清光绪十年**

华亭朱彦臣与王萃仁、顾雨青、钱小芸、沈子云等人结为吟社。（朱彦臣《片玉山庄词存》）

光州李嘉乐赴任江苏按察使，与潘祖同等九人共创修梅社于苏州，专作诗钟，作品辑为《诗梦钟声录》，绘有《诗梦钟声图》。（李嘉乐《诗梦钟声录跋》、俞樾《诗梦钟声录序》）

定远方濬颐与刘淮年等在扬州结延秋社。（刘淮年《约园词》）

夏初，吴县潘尊祁与里中顾文彬、彭慰高、吴艾生、蒋德馨、吴嘉椿、潘曾玮举七老会，即席呈和，后艾生、曾玮辞世，复邀蒋德澄、蒋斗文入社。（《佛香酬唱集》）

孟秋，宝廷结迟菊诗社，逢九出题，收诗至重阳，共七课。（宝廷结《重阳后十日，迟菊诗社同人集偶斋赏菊，分韵得悠字》）

至次年间，大城刘淮年举消寒会于扬州。（刘淮年《约园词》）

至十四年间，端木埰、许玉瑑、彭銮、王鹏运、况周颐等薇省词人唱和频繁，彭銮辑端木、许、王、况四人词作成《薇省同声集》行世。（《薇省同声集》、《薇省词钞》、《行素斋杂记》卷下）

此际，宝廷在京数结消夏社。（宝廷《山居杂兴小序》、寿富《先考侍郎公年谱》）

## 1885年　乙酉　清光绪十一年

十月，宝廷与王芷亭及其子富寿结戊因诗社。（《偶斋诗草外次集》卷七）

冬，桐乡严永华随夫宦京师，结有消寒吟社。（严永华《乙酉冬马船西甥自汴来，时虬芗侄试后留都课琳儿读，许橐卿夫妇亦同依官廨。岁阑无事相约为消寒吟社，推余执牛耳，因拈得藏冰、烹雪、酒旗、猎火四题，先成示诸子》）

冬，汉军正蓝旗赵尔萃在济南举有诗钟社，武陵王以敏应邀加入，同社者成昌、赵国华、萧应椿等十二人。（王以敏《湘烟阁诗钟序》）

冬，济南陈冕与同人李德新、吴宝三、法伟堂、朱钟洛、赵尔萃、成昌等十九人共创诗钟社，亦邀王以敏加入，作品辑为《诗钟录》一卷。（王以敏《诗钟录序》）

冬，吴县秦云、秦敏树同聚杭州，拈题作钟，籍以消遣，作品

辑为《百衲琴》二卷。(秦云《百衲琴序》、俞廷瑛《百衲琴跋》)

腊月，闽县陈宗瀍于南京开诗钟会，至十四年元宵方止，与者郑孝胥、曾屺望、吴学廉、陈燮嘉等十三人，作钟千余联，辑为《围炉集》。(陈宗瀍《围炉集序》)

龙阳易顺鼎随父宦蜀中，与弟易顺豫、妹易瑜、妹婿黄玉宗及张祥龄、曾彦夫妇等开有诗钟社，亦称蜀社，作品辑为《仿建除体分句诗抄》四卷。(易顺鼎《诗钟说梦》、赵熙《香宋杂记》、《清稗类钞·文学类》)

此年前后，番禺杨其光结有销寒词集。(杨其光《花笑楼词四种·花笑词》)

此际，宁乡程颂万结有消寒词会。(《美人长寿庵词》卷一、程颂万《齐天乐·人日竹延招饮六缘馆，为消寒第九集》)

## 1886年　丙戌　清光绪十二年

三月，龙阳易顺鼎会试入都，与陈三立、文廷式、杨锐、顾印愚、曾广钧等起诗钟之会，友朋文酒，盛极一时。(易顺鼎《诗钟说梦》)

成昌、盛昱等在京开榆社以作诗钟，历时岁余，与者志锐、志润、志钧等十余人，皆八旗子弟，所作辑为《榆社诗钟录》。(震钧《榆社诗钟录序》、《榆社诗钟》)

灌阳唐景崧任台湾兵备道，仿闽地诗钟故事创立斐亭吟社，与者施士洁、丘逢甲、谭嗣襄等二十余人，所作辑为《诗畸》六卷。(唐景崧《诗畸序》、唐赞衮《台阳见闻录》、施士洁《诗畸补遗自序》)

自此年始，汉军正黄旗郑文焯举吴社于苏州，专以联句和白石词为程课，与者文廷式、张祥龄、蒋文鸿以及易顺鼎、顺豫兄弟等，有《吴波鸥语》《吴社集》《吴社诗钟》等行世。(易顺鼎《〈连句和白石词〉序》、《小三吾亭词话》卷三、《吴社诗钟》)

## 1887年　丁亥　清光绪十三年

武陵王以敏与满洲镶黄旗成昌复兴社事，三数年中所得诗无虑千联，辑为《湘烟阁诗钟》一卷。（王以敏《湘烟阁诗钟序》）

晋江蔡德辉在台湾彰化开荔谱吟社，律绝诗钟并课，与者吴德功、傅于天、张纲、蔡香邻、张希衮、周维垣诸人，十七年蔡氏卒，社事方散。（《瑞桃斋诗话》卷四）

## 1888年　戊子　清光绪十四年

此年前后，吴江袁汝夔结有社。（《笠泽词征》卷二〇）

## 1889年　己丑　清光绪十五年

张之洞总督湖广，与幕僚起诗钟之会于武昌，文酒流连，殆无虚日，与者缪荃孙、易顺鼎、樊增祥、梁鼎芬、蔡乃煌、杨锐、汪康年等。（易顺鼎《诗钟说梦》、《清稗类钞·文学类》）

## 1890年　庚寅　清光绪十六年

李龄寿卒，尝重结小沧浪诗社。（李龄寿《九月二日同人重结小沧浪诗社》《席上醉示同社诸君》）

此年前后，金武祥、汪瑔、叶衍兰等在广州结有鹿园词社。（刘炳照《菩萨蛮·题淮生〈粟香室词稿〉》、汪瑔《水龙吟·鹿园词社咏藕丝》、《粟香随笔》二笔卷八）

此年前后，太谷王汝纯与贾筱云、刘蔼如、李荫墀等在京举有消寒词集。（王汝纯《醉芙诗余》）

## 1891年　辛卯　清光绪十七年

此前，魏塘丁卓峰乡居，集知名士为文社，每届期，娄县陈飞鱼自镇徒步赴社。（《（光绪）重辑枫泾小志》卷五）

此前，金山吴豫尝与黄蕃、顾超邕辈结诗社，有《红字百叠韵》刻烛而成。（《（光绪）重辑枫泾小志》卷六）

正月，钱塘汪曾唯召同乡十六人为千龄之集，酒酣赋诗，仂兴偶作。（谭献《千龄初集记》）

二月，宁乡程颂万联湘社于长沙蜕园，与者易顺鼎顺豫兄弟、何维棣、郑襄、姚肇椿、袁绪钦、吴式钊等，月必数集，诗词诗钟兼课，刻有《湘社集》行世。（易顺豫《湘社集序》、程颂万《美人长寿庵词》、《复堂日记》卷八）

南汇王保奭丁内艰归，暇创城北文社，诱掖后进。（《（民国）南汇县续志》卷一三）

光绪中，上海杨振录尝与邑中名流结社联吟。（《（民国）上海县志》卷一五）

光绪中，上海王萃仁尝与杨兆椿、耿道冲辈结社唱酬，辑有《碧纱笼初集》《二集》。（《（民国）上海县志》卷一六）

**1892 年　壬辰　清光绪十八年**

春，唐景崧任台湾布政使，邀台士百数十人，创为诗钟例，得曹州牡丹若干，遂名为牡丹吟社。（林辂存《台阳诗话跋》、连横《雅言》、林鹤年《开春连旬陪唐方伯官园宴集有呈》）

冬，弢荠之父与诸文友组织消寒之会，名曰酒国长春雅集，凡举十次，作钟百联。（弢荠《诗钟话旧》）

至二十六年间，东台蔡映辰结有九秋吟社。（蔡映辰《绿云庵诗词合刊》）

**1893 年　癸巳　清光绪十九年**

至二十四年间，南陵徐乃昌游京师，与况周颐、盛昱、胡延、陈锐、朱祖谋、冯煦等辈相庚和，辑有《同声集》。（《词综补遗》

卷六)

### 1894年　甲午　清光绪二十年

歙县程松生、吴承烜等结藕香吟社唱和。(程松生《香雪庵词剩》)

阳湖恽毓巽举消寒词集于里中。(恽毓巽《剪红词》)

此年前后,阳湖恽毓巽侄辈在里中创红鸳词社,毓巽亦与之。(恽毓巽《剪红词》)

### 1895年　乙未　清光绪二十一年

黑龙江王舒毓卒,与苏荣轩、迎善卿、色子明、陈全斋、常兰亭、双三乐诸人结有词社,又与成员王性存、廖景森、林煜南、孟振林、延宪、孙家穆等结词社以咏歌。(《(民国)黑龙江志稿》卷六〇、卷五五)

七月,汉军正黄旗郑文焯结鸥隐词社于苏州城西艺圃,自任社长,先后与者十五六人。(刘炳照《复丁老人诗记》、夏孙桐《悔龛词自记》、蒋萼《醉园斋白词》)

此年前后,汉军正白旗继昌在京结有词社。(继昌《左庵诗余》)

此际,阳湖刘炳照与谭仲修、吴晋壬、邓筱臣、宗啸吴、边竹潭诸人续举西泠诗社,迭为宾主。(朱锟《复丁诗记跋》)

### 1896年　丙申　清光绪二十二年

春,历城马国翰召王德容、周乐、谢焜、朱诵泗、何邻泉、李纬、彭以竺诸人在大明湖续举鸥社,嗣后春秋佳日,互为主宾,吟咏唱和。(马国翰《历下八家诗钞》)

夏至次年冬,什邡冯誉骢时任云南东川知府,为提倡风雅而倡开翠屏诗社,亦名翠屏诗课,规定每月十五会课一次,先后参与社事者达六十余人,有《翠屏诗社稿》传世。(冯誉骢《诗社牌示》、冯誉骢《东川府续志序》)

## 1897 年　丁酉　清光绪二十三年

仁和朱祖琪任知清平,赵尔萃知夏津,境壤相接,时时往来为诗钟之会,所作辑为《蜕庐钟韵》。(叶景葵《卷盦书跋》)

新竹蔡启运在邑成立竹社。(赖子清《古今台湾诗文社》)

上海袁希濂创立城南草堂文社,月会一次,课文为主,兼及诗词、诗钟,次年天津李叔同入社,将社中诗钟编为《诗钟汇编初集》,又辑有《李庐诗钟》。(袁希濂《余与大师之关系》、李叔同《诗钟汇编初集序》《李庐诗钟序》)

## 1898 年　戊戌　清光绪二十四年

新仓钱厚贻与奚其芬、张叔雍、朱维椿、周志刚、龚侣黄等结为月桥吟社。(周志刚《吟鸥吟馆诗存序》)

台中林朝崧倡栎社,和者数十人。(连横《栎社沿革志略序》)

至次年间,临桂王鹏运在京举咫村词社,自任社长,月两三集,郑文焯、朱祖谋、张仲炘、裴维侒、王以慜、夏孙桐、易顺豫、高燮曾等与之。(易顺豫《琴思楼集》、郑文焯《木兰花慢小序》、《郑叔问先生年谱》)

## 1899 年　己亥　清光绪二十五年

黄岩王棻卒,晚年尝结社于古檀林,提创风雅。(《(民国)宝山县续志》卷一四)

朱祖琪署泰安,赵尔萃卜居徂徕山,遂复开诗钟之会,所作附于《蜕庐钟韵》后。(叶景葵《卷盦书跋》)

阳湖刘炳照与谭献、郑文焯等在苏州结寒碧词社,刘氏为社长,月两期,飞笺唱酬。(顾廷龙《艺风堂友朋书札》、左运奎《小薛荔园词钞序》、金石《蔗畦词》)

冬,南京陈作霖数举消寒之会。(《可园词存》卷一)

## 1900年 庚子 清光绪二十六年

婺源江人镜卒,尝与同人举传杯会。(江人镜《双桥小筑词存》)

春,常熟黄人与同邑庞树松、树柏创三千剑气文社,后并入南社。(庞树析《哭黄摩西先生即题其遗稿》)

北京有城南词社,樊增祥与之。(樊增祥《五十麝斋词赓》)

朱祖谋、刘福姚在京,避乱于王鹏运家,三人约为词课,每日唱酬,有《庚子秋词》行世。(钟德祥《半塘定稿序》、《庚子秋词》)

秋,武进左运奎与金石、徐沅、张鸣珂等在杭州结词社。(左运奎《小薛荔园词钞序》、张鸣珂《蔗畦词序》、徐沅《瀼溪渔唱序》)

十二月至次年三月,王鹏运、朱祖谋、刘福姚三人唱和增至十一人,与者郑文焯、张仲炘、于齐庆、恩溥、左绍佐等,辑有《春蛰吟》。(《春蛰吟》、《词综补遗》卷一五)

此际,阳湖刘炳照掌南浔电局,暇结风余词社,与张鸣珂、左运奎、金石、金武祥、恽毓巽、孙德祖、宗彭年等邮筒往复。(刘炳照《复丁老人诗记》、朱锟《复丁老人诗记跋》、顾廷龙《艺风堂友朋书札》)

## 1901年 辛丑 清光绪二十七年

四月,常州金武祥、刘树屏创鲸华社,先后与者四十余人,或一月再三集，或间三四月一集，至二十九年十月止，凡四十集，所作选为《鲸华社诗钟》二卷。(孟昭常《鲸华社诗钟序》、《清稗类钞·文学类》、金武祥《粟香二笔》)

此际，梁启超、冒广生、梁鼎芬等都士人结为寒山诗社，月必数集，雅歌消遣，与者八十余人。(樊增祥《樊园五日战诗记》)

## 1902年 壬寅 清光绪二十八年

台中林朝崧、林资修复开栎社，与者赖绍尧、陈怀澄等九人，旋作旋息，诗稿亦散佚。(林资修《栎社沿革志略序》、陈怀澄《吉光集序言》)

岁杪，丹徒丁立棠结消寒词集唱和。(丁立棠《寄沤词》)

至次年间，左运奎、刘炳照、金石等在杭州结鸥梦词社。(左运奎《迦厂词》)

## 1903年 癸卯 清光绪二十九年

成昌、乐泰、定信、庆珍等十七人在京开诗钟会，所作选为《惠园诗钟》。(《惠园诗钟》、庆珍《题诗钟鸣盛集》)

绍兴萧惠清在开封与友人春霆、梓琴、公阜、萃航、立斋及郑君毓琴等结秋心社，半月一集，以齿轮流值课。(萧惠清《梁社嘤鸣集序》《衡门社诗钟选序》)

太仓许泰游娄江，参与歙人周品珊所创吟社，集者千余人。(许泰《梦罗浮馆词钞序》)

## 1904年 甲辰 清光绪三十年

闽县陈宝琛在福州光禄吟台与友人数举诗钟社，每数日必有会，每会必十余人或二十余人。(易顺鼎《诗钟说梦》、陈宝琛《十一月廿六日玉尺山房诗集，实甫同年归有四叠之作，四叠奉正》)

至宣统元年，丘逢甲任职广东，暇辄在公所南园内为诗钟之会，与者高凤岐、方子顺、陈午星、姚伯怀等。（丘逢甲《南园感事诗五首》）

**1905 年　乙巳　清光绪三十一年**

仪征张丙炎卒，尝受属题湖山春社图。（张丙炎《卜算子·研山属题湖山春社图》）

**1906 年　丙午　清光绪三十二年**

台南赵钟麒、谢石秋、连横等创立南社，推泉州蔡国琳为社长，先后与者七十余人，每月命题，公开征诗，春秋佳日亦小集击钵。（赖子清《古今台湾诗文社》）

崇阳刘栉宦河南，创寄社于开封，或曰梁社，与者樊增祥、黄璟、宗威等十余人，每周一聚，即席联吟，所作辑为《寄社诗钟选录》。（刘栉《寄社诗钟选序》、宗威《梁社诗钟》）

开封秋心社改称梁社，辛亥革命后渐趋沉寂，部分成员加入衡门诗钟社，所作辑为《梁社诗钟》。（萧惠清《梁社嘤鸣集序》《衡门社诗钟选序》、许钧平《衡门社诗钟选序》）

瑞安黄绍箕提学湖北，喜为诗钟之会，从弟叔庸尤为酷嗜，龙阳易顺鼎亦常应邀同作。（易顺鼎《诗钟说梦》）

**1907 年　丁未　清光绪三十三年**

咸阳李岳瑞旅粤，暇辄从朋辈为诗钟之会，与者虞汝钧、况仕任、陈涛、陈少衡、陈埙伯等。（李岳瑞《春冰室野乘》、《清稗类钞·文学类》）

夏，大兴张瑜在京设陶情社以课诗钟，所作辑为《陶情社诗钟》一卷。（《陶情社诗钟》）

七夕，陈去病创神交社，召同人修禊于上海愚园，与者吴梅、柳亚子、高旭、刘钟龢等，后俱入南社。（陈去病《神交社雅集小启》、柳亚子《神交社雅集图记》、郑逸梅《南社成立前的酝酿》）

## 1908年　戊申　清光绪三十四年

此前，江宁邓嘉纯在京与二三朋好结有消寒会。（吴唐林《侯鲭词》）

此前，嘉善钱明训结有消寒词集。（《词综补遗》卷二八）

此前，上海王萃仁迁茸城，尝与耿道冲、杨兆椿辈结社唱酬。（《词综补遗》卷三八）

正月至三月间，杭州许宝蘅与冒广生、张曾畴、陈衍、顾瑗、易顺鼎、朱益藩、吴士鉴、曾习经、王式通、郭曾炘等诸多友人在京先哲祠数举诗钟之会。（《许宝蘅日记》）

二月，陈去病、徐自华为纪念秋瑾在杭州西湖倡立秋社，一时与会诸子咸赞同焉。（陈去病《秋社启》、柳亚子《南社纪略》）

五月，上海王萃祥集乡中诸老于豫园翠秀堂为千龄会，与者凡二十四人。（《海藻》卷一八）

番禺沈宗畸在京发起著涒吟社，诗词钟同课，曾不逾一月入者达百余人，辛亥革命爆发，诗社星散，所作辑为《著涒吟社诗词钞》。（刘垿《著涒吟社同人录序》、沈宗畸《著涒吟社词钞小引》）

樊增祥宦江宁，数主诗钟之会，无越五日不敲钟，所作诗钟以辛亥兵事起付于劫灰。（王汉章《诗梦钟声集》）

陈宝琛、林纾、陈衍在福州乐群社内创立志社，后来移入大妙山去毒社内，蒋逢午、马晓峰、翁心坦等先后主盟，与者多达百人，至今尤存。（林苍《志社新建诗楼记》、《希微室折枝诗话·折枝组社第六》）

冬，遵义宦应清与《公论新报》同人创汉上消闲社于武汉，诗

词钟兼课,一时称盛,作品辑为《汉上消闲社集》及《汉上消闲社外编》。(《汉上消闲社集》)

此年前后,满洲正白旗阔普通武在京结有词社。(阔普通武《华鬘室词》)

光绪间,满洲正白旗续廉尝与同人结社,以诗词相赓答。(《左庵词话》卷下)

光绪间,况周颐、王鹏运与江阴缪荃孙等约结词社,拟月祝一词人,未果。(《蕙风词话续编》卷二、况周颐《香海棠馆词话》)

光绪间,闽县李宗祎尝在福州结社。(李宗祎《双辛夷楼词》)

光绪间,番禺沈泽棠结有社。(沈泽棠《忏庵词钞》)

光绪间,丹徒周天麟在扬州结有词社。(周天麟《水流云在馆词钞》)

光绪间,江阴何震彝结有社。(何震彝《鞿芬室词甲稿》)

光绪间,善化瞿鸿禨尝与友人结社唱和。(《词综补遗》卷一五)

光绪间,长沙章华与曹元忠、王景沂等在京结有词社。(章华《淡月平芳馆词》)

光绪间,无锡程鸿仪尝与二三知己结虚白社,吟咏酬唱。(《续梁溪诗钞》卷一八)

光绪间,海宁陈菊贞在室时尝与诸姊妹起惜阴社以为娱。(《江苏省通志稿》卷三)

光绪间,宜黄谢漱馨与同门戚族赓倡,所作辑为《晚香堂诗社稿》。(《晚晴簃诗汇》卷一九二)

光绪间,临桂沈湉在蜀年老,犹与鬈龄女弟子结社,吟诗唱和不辍。(《晚晴簃诗汇》卷一八七)

光绪间,宝山耆宿潘履祥、朱诒泰、杨均、周时亮辈觞咏于小罗浮轩,后凋零十余年又复设诗社,大江南北多有应和者,刊有

《小罗浮唱和诗存》四卷。(《(民国)宝山续县志》卷一六)

光绪间,上海姚文栋等尝结社以倡国学,侯庚吉归隐预之。(《(民国)宝山县再续志》卷一四)

光绪间,武进恽敏巽与其侄宝元创有诗钟社。(包天笑《钏影楼回忆录》)

光绪末,扬州臧谷在徐园内主盟冶春诗社,每值花晨月夕,醵金为文酒之会。(《芜城怀旧录》、《扬州览胜录》)

光宣间,无锡有碧山词社。(《碧山词社帆影词录》)

光宣间,长乐高乃超在扬州设惜馀春茶社,聚集文人酬唱,间作诗钟谜语。(《惜馀春轶事》、《清稗类钞·文学类》、孔剑秋《心向往斋谜话》)

光宣之际,钱塘陈栩联合徐元贞、王润之、佘啸尘、沈竹荪等人在上海组织丽则吟社,又名海上丽则洁身社,社员轮流值课,诗词联钟同作,作品辑为《丽则吟社诗词杂著》,又编有《国魂丛编》刊行。(《丽则吟社诗词杂著》、《丽则吟社词选》、诉鸥《诗钟琐话》)

光宣之际,张之洞入值枢府,与南书房、翰林院、御史台三署人物起寒山社,屡会于会贤堂、松筠庵、畿辅先哲祠诸处。辛亥以后南海关赓麟等继起社事,与者多达到一百六十人。(《清稗类钞·文学类》、刘成禺《世载堂杂忆》)

## 1909年　己酉　清末帝宣统元年

二月,《台湾日日新报》记者谢汝铨、林馨兰在台北倡设瀛社,应者多至一百五十余人,推洪逸雅为社长,谢汝铨副之。(赖子清《古今台湾诗文社》)

五月,上海孙家振与王文濡、姚洪淦诸人创立谜社,辛亥革命后命为萍社,每周三、六由社员轮流当值,风雨不更,盛时达四十

余人。(东雷《萍社第五周纪念会廙词汇录》、王文濡《望古遥集楼笔记》、孙玉声《萍社同人迷粹小引》)

高邮王树藩、潘普恩、季逢元等结射湖社。(王树藩《竹帘馆词》)

秋,高燮组织寒隐社,以己号名之,社友后多入南社。(高燮《寒隐社小启》)

十月,陈去病、柳亚子、高旭等在苏州创立南社,首集一十七人。(柳亚子《南社纪略》、郑逸梅《南社丛谈》)

冬,江陵邓裕聪举消寒之会,薄具酒肴,与者每九日轮作主人。(邓裕聪《乔园诗余存稿》)

至次年,海丰吴對在南京倡为诗钟大课,蔡乃煌、易顺鼎、杨士琦、潘飞声、叶德辉、汪洵等皆从各地寄送钟作,凡课有十余次。(王汉章《诗梦钟声集》)

此际,南海潘之博结有曼陀词社。(潘之博《弱庵词》)

## 1910年　庚戌　清宣统二年

九月,嘉义林维朝在邑创立罗山吟社,以诗会友,月恒数次雅集。(赖子清《古今台湾诗文社》)

华亭张本良创立春晖文社,张汝舟、周璞华、盛景葵等预之,社以交换智识、保存国粹为宗旨,辛亥后屡举社事,社友多达百余人,辑有《春晖文社社选》。(张本良《春晖文社社选弁言》)

澎湖蔡汝璧、陈梅峰、陈锡如在邑创立西瀛吟社,月月聚会击钵,按期制题作课。(赖子清《古今台湾诗文社》)

番禺蔡乃煌官苏松太道,与汪洵、陈三立、王仁东、吕景端等十一人在上海絜园起诗钟会,盛一时之觞咏,所作辑为《絜园诗钟》及《絜园诗钟续录》。(蔡乃煌《絜园诗钟序》、《清稗类钞·文学类》)

此年前后，吴县徐沅在天津结有消寒词集。（徐沅《小薛荔园词钞》）

**1911年　辛亥　清宣统三年**

冬，南海关赓麟任京汉铁路总办，与杨士琦、蔡乃煌等人借京汉铁路同人会会所作诗钟会，后易顺鼎入社，命为寒山诗钟社，社事历时八九年，著籍者四五百人，钟聚两百五十余次，辑有《寒山社诗钟选甲集》《乙集》《丙集》，《丁集》编成而未版。（关赓麟《稊园吟集甲稿编终杂述》、易顺鼎《寒山诗钟选甲集序》、易顺鼎《诗钟说梦》）

清末，扬州有惜余春社。（倪澄瀛《再续扬州竹枝词余稿》）

此际，林静观、李冰壶在高雄创立凤岗吟社，尝一度中辍，后由郑坤五、陈皆兴、李晓楼等重兴。（赖子清《古今台湾诗文社》）

此际，福州有源社，任沛珂、叶玉如等先后主事，社诗喜隶事，非有来历难以录取。（《希微室折枝诗话·折枝组社第六》）

此际，福州有托社，林天遗、陈聿睢等先后主事，借折枝吟以消遣。（陈海瀛《师友感逝录》、《希微室折枝诗话·折枝组社第六》、林苍《志社新建诗楼记》）

此际，福州有还社，亦林天遗主事，与托社之人相聚为吟集。（《希微室折枝诗话·折枝组社第六》）

此际，福州有晓社，沈露湛主事，吟所设在城边街涛园。（《希微室折枝诗话·折枝组社第六》）

此际，旅粤闽人每周日辄集沈赞清桐庐为折枝吟，后社员多归福州，再续社事。（《希微室折枝诗话·折枝组社第六》）

此际，福州有则社，为托社之分支，吟所无定。（《希微室折枝诗话·折枝组社第六》）

此际，闽县陈海梅结有退闲吟社，与者十余人，所作辑为《退

闲吟社诗本》。(《退闲吟社晚寒七唱》)

此际,桃源简楫在邑创立桃园吟社,简称桃社,常与瀛社社员吟集。(赖子清《古今台湾诗文社》)

此际,吴县江家桢结有诗钟吟社。(吴痴汉《诗钟魂小序》)

# 主要参考书目

朱倓:《明季社党研究》,台湾商务印书馆1945年版。
李尚英:《明末东林党》,中华书局1982年版。
龚鹏程:《江西诗社宗派研究》,文史哲出版社1983年版。
柳亚子著,柳无忌编:《南社纪略》,上海人民出版社1983年版。
张慧剑:《明清江苏文人年表》,上海古籍出版社1986年版。
王进、杨江华:《中国党派社团辞典》,中共党史资料出版社1989年版。
刘联珂:《中国帮会三百年革命史》,河北人民出版社1990年版。
朱培高:《中国古代文学流派辞典》,湖南出版社1991年版。
范泉:《中国现代文学社团流派辞典》,上海书店1993年版。
王世刚:《中国社团史》,安徽人民出版社1994年版。
濮文起:《民间宗教与结社》,国际文化出版公司1994年版。
胡大雷:《中古文学集团》,广西师范大学出版社1996年版。

李尚英:《源同流分——民间宗教与结社》,辽宁人民出版社1997年版。

刘健清:《社团志》,上海人民出版社1998年版。

杨洪承:《文学社群文化形态论》,安徽文艺出版社1998年版。

郭英德:《中国古代文人集团与文学风貌》,北京师范大学出版社1998年版。

沈松勤:《北宋文人与党争》,人民出版社1998年版。

欧阳光:《宋元诗社研究丛稿》,广东高等教育出版社1998年版。

[美]丹尼尔·贝尔著,李琨译:《社群主义及其批评者》,三联书店2002年版。

古俊贤编著:《中国社团发展史》,当代中国出版社2002年版。

何宗美:《明末清初文人结社研究》,南开大学出版社2003年版。

陈文新:《中国文学流派意识的发生和发展——中国古代文学流派研究导论》,武汉大学出版社2003年版。

王日根:《明清民间社会的秩序》,岳麓书社2003年版。

吴震:《明代知识界讲学活动系年:1522—1602》,学林出版社2003年版。

何宗美:《公安派结社考论》,重庆出版社2005年版。

[美]高彦颐著,李志生译:《闺塾师——明末清初江南的才女文化》,江苏人民出版社2005年版。

韦海英:《江西诗派诸家考论》,北京大学出版社2005年版。

冯小禄:《明代诗文论争研究》,云南人民出版社2006年版。

邓洪波:《中国书院史》,东方出版中心2006年版。

谢国桢:《明清之际党社运动考》,上海书店2006年版。

[日]小野和子著,李庆、张荣湄译:《明季党社考》,上海古籍

出版社 2006 年版。

何宗美：《明末清初文人结社研究续编》，中华书局 2006 年版。

［英］阿米·古特曼等著，吴玉章、毕小青等译：《结社理论与实践》，三联书店 2006 年版。

许俊雅：《黑暗中的追寻——栎社研究》，东方出版中心 2006 年版。

陈时龙：《明代中晚期讲学运动 1522—1626》，复旦大学出版社 2007 年版。

全汉升：《中国行会制度史》，百花文艺出版社 2007 年版。

周扬波：《宋代士绅结社研究》，中华书局 2008 年版。

熊海英：《北宋文人集会与诗歌》，中华书局 2008 年版。

秦宝琦、孟超：《秘密结社与清代社会》，天津古籍出版社 2008 年版。

高有鹏：《庙会与中国文化》，人民出版社 2008 年版。

孟宪实：《敦煌民间结社研究》，北京大学出版社 2009 年版。

蔡少卿：《中国近代会党史研究》，中国人民大学出版社 2009 年版。

黄乃江：《台湾诗钟研究》，复旦大学出版社 2009 年版。

乔志强：《中国近代绘画社团研究》，荣宝斋出版社 2009 年版。

王兆鹏：《宋南渡词人群体研究》，凤凰出版社 2009 年版。

于志鹏、成曙霞：《中国古代文学流派辞典》，山西人民出版社 2010 年版。

张玉法：《清季的立宪团体》，北京大学出版社 2011 年版。

张玉法：《清季的革命团体》，北京大学出版社 2011 年版。

何宗美：《文人结社与明代文学的演进》，人民出版社 2011 年版。

丁国祥：《复社研究》，凤凰出版社 2011 年版。

万柳:《清代词社研究》,中州古籍出版社 2011 年版。

[日]平山周:《中国秘密社会史》,商务印书馆 2011 年版。

尹奇岭:《民国南京旧体诗人雅集与结社研究》,中国社会科学出版社 2011 年版。

陈宝良:《中国的社与会》(增订本),中国人民大学出版社 2011 年版。

周育民、邵雍:《中国帮会史》,武汉大学出版社 2012 年版。

李玉栓:《明代文人结社考》,中华书局 2013 年版。

高平:《南社诗学研究》,河南文艺出版社 2013 年版。

王鹤龄:《风雅的诗钟》,河南大学出版社 2014 年版。

陈海瀛、萨伯森、郑丽生:《〈希微室折枝诗话〉〈诗钟史话〉合编》,长安诗钟社 2014 年复印本。

左靖:《碧山 04:结社与雅集》,金城出版社 2014 年版。

岳娟娟:《唐代唱和诗研究》,复旦大学出版社 2014 年版。

陈小辉:《宋代诗社研究》,江西人民出版社 2014 年版。

贾晋华:《唐代集会总集与诗人群研究》,北京大学出版社 2015 年版。

王文荣:《明清江南文人结社考述》,凤凰出版社 2015 年版。

郭鹏、尹变英:《中国古代的诗社与诗学》,商务印书馆 2015 年版。

黄乃江:《台湾诗钟社团及相关组织考略(1865—2014)》,人民出版社 2016 年版。

张涛:《文学社群与文学关系论》,人民文学出版社 2016 年版。

何宗美:《明代文人结社与文学流派研究》,人民出版社 2016 年版。

王桐龄:《中国历代党争史》,古吴轩出版社 2017 年版。

曾肖:《复社与文学研究》,人民文学出版社 2018 年版。

曾肖：《士人结社与古代文化论集》，中国社会科学出版社 2019 年版。

胡媚媚：《清代诗社初探》，香港汇智出版有限公司 2019 年版。

李玉栓：《明代文人结社研究》，复旦大学出版社 2020 年版。

邱江宁：《元代文人群体的地理分布与文学格局》，中华书局 2021 年版。

莫立民：《清代女子诗社研究》，中国社会科学出版社 2021 年版。

张艺曦主编：《结社的艺术：16—18 世纪东亚世界的文人社集》，广西师范大学出版社 2022 年版。

胡媚媚：《清代诗社研究》，中国社会科学出版社 2022 年版。

# 后　记

涉足文人结社研究始自跟从李时人师、严明师攻读博士学位时，屈指算来，倏忽将近二十个春秋。而今时人师已然长辞，自己亦已矗矗过中，但"结社"一题始终伴随着自己的成长。

2006年，做过多年行政工作、已过而立之人却想专心读书，于是负笈沪上，投入李师、严师门下。在两位老师的精心指导下，选做了《明代文人结社丛考》作为学位论文。三年后毕业时以同题申报教育部人文社科项目竟获准立项，论文也获得上海市优秀博士学位论文奖。2013年，经大幅修订后，毕业论文由中华书局正式出版。

2011年，申请进入复旦大学中文系博士后流动站。经黄霖老师指导，出站报告确定为《明清文人结社史》。同年，以"中国古代文人结社史"为题申报国家社会科学基金项目并获得立项，自此开始着手本书的撰写。没想到，这一写就是十几年。

2013年，李时人师获批国家社科基金重大项目"明代作家分省人物志"，有意让我做子课题负责人，并承担《僧道卷》的撰写。

我欣然应诺，于是开始转向明代作家特别是僧侣作家的研究。随后不久，李师积劳成疾，于2015年将我作为项目助手调入上海师范大学，协助开展项目工作。2018年3月，李师辞世，由师兄俞钢带领同门继续攻关课题。2022年5月，课题正式结项，获得优秀等级。目前已与上海古籍出版社签订出版合同，正在努力将这一重大成果推给读者。

在做明代作家研究的这十年间，结社史的撰写明显放缓，只是按照原先设定的思路，断断续续发表了一些文章，国家社科基金项目也是一延再延，至2018年方才正式结项。2020年，将之前发表的有关明代文人结社的文章进行归纳整理，交由复旦大学出版社出版。2022年5月李师重大项目结项后，才得以将研究重心和主要精力重新投入本书的撰写。

回想博士毕业时，年壮气豪，曾言要从"考""论""史"三个层面对明代文人结社进行系统研究，如今《明代文人结社考》《明代文人结社研究》业已出版，《中国古代文人结社史》亦将问世，欣慰之余也颇有缺憾。欣慰的是，此书出版后，"考""论""史"三者齐备，对李师、严师和我自己都算有了一个交待。缺憾的是，由于时间、精力和学力的限制，三部小书均是勉强完成，特别是本书只能算是中国古代文人结社的"梗概"，相对于漫长、丰富而又繁杂的文人结社的发展历程来讲，目前还只是一份"史纲"，名其曰"史"，颇感汗颜，惟待日后还有进一步完善的机会。

在十余年的文人结社研究中，先后受到安徽省高校优秀青年人才基金项目（2008jqw018）、教育部人文社科研究基金项目（09YJC751002）、中国博士后科学基金面上资助项目（2011M500718）、国家社会科学基金项目（11CZW048）的支持，获助良多，深幸自己处在这样一个学术和文化大发展、大繁荣的时代。

# 后　记

　　本书得到上海师范大学人文学院"地方高水平大学"建设经费资助，并获查清华教授垂青，得以列入"中华典籍与国家文明研究丛书"，在此致以诚挚谢意！

　　本书出版之际，黄霖师在百忙之中赐题书名，学生既感且喜，当以此为勉，继续努力前行。

　　李思语、李雯雯、陈政雄、张杰群、瞿诺等帮忙查找资料，薛春黎、刘曼、聂梦婕、徐建芳、吕雯晴等帮忙核对引文，在此一并表示感谢。

　　上海古籍出版社为本书出版提供了诸多便利和帮助，精心审校之余，编审老师们还为本选题后续推进、相关成果出版提出了宝贵的意见和建议，在此致以由衷的感谢！

　　书中讹误与不足之处，敬请读者指正。

李玉栓<br>2024 年 11 月 20 日于上海金海湖寓所

**图书在版编目(CIP)数据**

中国古代文人结社史 / 李玉栓著. -- 上海：上海古籍出版社，2025.5. -- (中华典籍与国家文明研究丛书). -- ISBN 978-7-5732-1643-4

Ⅰ. D691.71

中国国家版本馆 CIP 数据核字第 2025MJ0333 号

中华典籍与国家文明研究丛书

**中国古代文人结社史**

（全二册）

李玉栓　著

上海古籍出版社出版发行

（上海市闵行区号景路 159 弄 1-5 号 A 座 5F　邮政编码 201101）

（1）网址：www.guji.com.cn
（2）E-mail：guji1@guji.com.cn
（3）易文网网址：www.ewen.co

上海展强印刷有限公司印刷

开本 890×1240　1/32　印张 19.125　插页 10　字数 485,000

2025 年 5 月第 1 版　2025 年 5 月第 1 次印刷

印数：1—1,800

ISBN 978-7-5732-1643-4

Ⅰ·3929　定价：118.00 元

如有质量问题，请与承印公司联系

电话：021-66366565